河南省科学院特聘研究员项目（220501003）、河南科技智库项目（HNKJZK－2024－95B）、河南省重点研发与推广专项（软科学）（242400411182）、河南省科学院科技智库研究项目（230701002）、河南省科学院青年博士项目（231801030）

# 农村土地要素市场化配置程度测度及影响机制研究

## ——基于国家战略的空间优化

王亚晨　著

The Research on the Measurement and Influence
Mechanism of the Market Allocation Degree of Rural Land
Elements：Spatial optimization based on national strategy

中国财经出版传媒集团

经济科学出版社
Economic Science Press

·北京·

**图书在版编目（CIP）数据**

农村土地要素市场化配置程度测度及影响机制研究 ：
基于国家战略的空间优化／王亚晨著．－－ 北京 ： 经济
科学出版社，2025. 1. －－ISBN 978－7－5218－6656－8

Ⅰ．F323. 211

中国国家版本馆 CIP 数据核字第 2025P0D477 号

责任编辑：杜　鹏　张立莉　常家凤
责任校对：靳玉环
责任印制：邱　天

农村土地要素市场化配置程度测度及影响机制研究
——基于国家战略的空间优化
NONGCUN TUDI YAOSU SHICHANGHUA PEIZHI CHENGDU CEDU
JI YINGXIANG JIZHI YANJIU
——JIYU GUOJIA ZHANLÜE DE KONGJIAN YOUHUA
王亚晨　著
经济科学出版社出版、发行　新华书店经销
社址：北京市海淀区阜成路甲 28 号　邮编：100142
总编部电话：010－88191217　发行部电话：010－88191522
网址：www. esp. com. cn
电子邮箱：esp@ esp. com. cn
天猫网店：经济科学出版社旗舰店
网址：http：//jjkxcbs. tmall. com
固安华明印业有限公司印装
710×1000　16 开　20 印张　320000 字
2025 年 1 月第 1 版　2025 年 1 月第 1 次印刷
ISBN 978－7－5218－6656－8　定价：126.00 元
（图书出现印装问题，本社负责调换。电话：010－88191545）
（版权所有　侵权必究　打击盗版　举报热线：010－88191661
QQ：2242791300　营销中心电话：010－88191537
电子邮箱：dbts@ esp. com. cn）

# 前　言

　　土地要素与农民息息相关，是农业、农村、农民生存与发展的根本，农用地、集体经营性建设用地和宅基地等是重要的生产资料。在新时代新阶段背景下，农民群众对美好生活的需求持续提升，但仍然存在我国农业对经济的贡献率较低、传统农业发展思路的限制较难突破、农村土地细碎化严重、土地利用效率低等问题。农村土地要素市场化配置程度提升是激活乡村沉睡资源的有效手段，也是全面实现乡村振兴的核心动力，建立健全与我国经济社会发展水平相适应的农村土地要素市场化配置机制，是我国土地制度改革的重要任务。而我国农村土地要素市场化配置程度如何、其影响机制与农村土地要素市场化配置程度之间的关系如何等，此类土地制度改革的重大理论和现实问题并没有得到很好的解决。因此，深入开展农村土地要素市场化配置程度测度及影响机制研究，具有重要的理论价值和实践意义。

　　本书聚焦农村土地要素市场化配置，以农村土地要素市场化配置程度测度及影响机制机理分析和学理分析为主线，以翔实的政策梳理和统计数据为依据，以科学的定性分析和严谨的学理分析为手段，综合利用公共管理学、区域经济学、博弈论、计量经济学等学科理论和研究方法进行研究分析。首先，通过文献分析，在对已有文献梳理的基础上，提出本书的研究框架，设定研究假设；其次，将定性分析以及严谨的定量分析作为工具，阐明我国农村土地要素配置现状，以调查研究和统计数据为依据，建立农村土地要素市场化配置程度的测算体系，对 2010～2019 年的我国农村土地要素市场化配置程度进行测度和分析；再次，探究农村土地要素市

1

场化配置的供求机制、竞争机制、利益分配机制以及配套机制四大影响机制的作用机理，从定性角度考察农村土地要素市场化配置影响机制的影响效果，从学理角度，用静态和动态回归模型，进一步探究农村土地要素市场化配置的供求机制、竞争机制、利益分配机制以及配套机制对农村土地要素市场化配置程度的影响效果；最后，总结主要结论和创新点，提出提升我国农村土地要素市场化配置程度及其效率的政策支撑体系和配套改革建议，并指出未来研究方向。

主要结论：第一，当前我国农村土地要素配置效率仍旧不高，仍有较多的问题。我国的农村土地改革是在农村人口结构变动、就业结构变化等背景下进行的，通过调整农村土地政策，逐步引导农村土地要素向规范化、规模化方向发展。但在当前制度条件下，我国农村土地要素市场化配置效率较低，土地要素供给和需求错位、土地要素市场竞争扭曲、土地要素增值收益难以实现公平性和共享性、市场化配置机制不健全。随着弱化政府对市场的直接干预，市场的基础性和决定作用得以发挥，应将提升农村土地要素市场化配置程度及其效率作为农村土地改革的主攻方向。

第二，虽然我国农村土地要素市场化配置程度逐年提高，但当前农村土地要素市场化配置程度仍然不高，配置效率低下，且地区间差距较为明显。市场化程度高的地区，农村土地要素市场化配置程度越高，市场化改革过程伴随着农村土地要素市场化改革。从全国和不同地区来看，2010 ~ 2019 年，农村土地要素市场化配置程度不断提高，且市场化程度越高，农村土地要素市场化配置程度越高。农村土地要素市场化配置程度增速先快后慢，呈现出阶段性特征，各一级指标对农村土地要素市场化配置程度的贡献不同，农村土地要素市场化配置程度二级指标水平整体不高且地区差异明显。同时，农用地市场、农村集体建设用地市场、征地市场、农村隐形流转土地市场的商品化程度差异明显；农村土地要素流转率低，农村土地要素市场上土地需求不足和供给过剩共存，市场化配置供给和需求错位，市场竞争扭曲；农民在土地要素配置中的收益极少，农村土地要素增值利益公平性和共享性较难实现；农村土地要素市场产权保护、资金支持、市场中介服务规模、信息化建设等配套措施不足，市场化配置配套机制不健全。

第三，供求机制、竞争机制、利益分配机制和配套机制是促进农村土地要素市场化配置程度提升的动力，健全农村土地要素市场化配置影响机制能够提高农村土地要素市场化配置程度，提升农村土地资源利用效率。农村土地要素市场化配置供求均衡水平、市场竞争强度、利益分配指数以及配套指数对市场化配置程度均表现出明显的驱动作用；由于农用地市场与农村集体建设用地市场的规范和竞争等方面较符合现代市场的特征，通过对农用地市场和农村集体建设用地市场影响机制的驱动作用实证研究发现，两者对市场化程度的驱动能力差异性明显，农用地市场化配置机制的驱动效果能够得到较好的发挥；在市场化配置影响机制的影响下，农村土地要素市场具有"惯性"，表现出明显的路径依赖；不同地区农村土地要素市场化配置影响机制的发育程度对农村土地要素市场化配置程度的驱动作用具有异质性；农村土地要素市场化配置影响机制的发育程度对农村土地要素市场化配置程度的驱动效果具有阈值效应。

特色和创新：第一，创新性地设定较为全面的农村土地要素市场化配置程度的测度范围。本书对农村土地要素市场化配置程度测度的范围进一步界定，尽可能地全面考虑农村发生的"地"和"钱"的所有交易，以农用地、农村集体建设用地、"四荒地"的四个流动方向作为研究切入点，从农用地市场、农村集体建设用地市场、征地市场、农村土地隐性流转市场四个方面对农村土地要素市场化配置程度进行探究。不同于已有学者从农用地市场或农村集体建设用地市场或征地市场出发来测度农村土地要素市场化配置程度的研究方法（已有文献多是针对某一类特定交易市场的独立研究），本书对更大范围的农村土地要素市场化配置程度进行测度，在研究范围上具有一定的创新性。

第二，探索性地构建了农村土地要素市场化配置程度测度体系。本书通过构建农村要素市场化配置程度的测度指标体系，将农村土地要素市场的商品化水平（FCD）、市场发育程度（DSD）、市场运行机制健全程度（OMD）、农民适应市场和政府调控市场的程度（FAGED）四个方面测度市场化配置程度的方法应用到农村土地要素市场化配置程度的测度中，从四个方向综合测度我国农村土地要素市场化配置程度。区别于已有的从市场化结果、市场化配置行为和内涵、外部环境因素出发的研究（其往往用单一指标或较少的几个指标复合，大多是只针对某一类特性的独立研究），本书充分考虑市场运行情况、市场主体、市场参与者等多方特征，探索我国农村土地要素市场化配置程度的时间特征和空间特征，是对现有研究的较有益的补充。

第三，有针对性地从学理角度分析农村土地要素市场化配置影响机制的作用机理和影响效果。本书探究了农村土地要素市场化配置供求机制、竞争机制、利益分配机制和配套机制的作用机理，在此基础上，从学理角度验证农村土地要素市场化配置供求机制、竞争机制、利益分配机制和配套机制对农村土地要素市场化配置程度的影响效果，证实了供求机制、竞争机制、利益分配机制和配套机制与农村土地要素市场化配置程度的内在联系，探索了影响机制对农村土地要素市场化配置程度的驱动作用和影响效果的地区异质性、市场化配置自我强化效应和影响机制促进作用的阈值效应。弥补了现有研究中关于市场化配置影响机制学理研究的空白，为农村土地要素市场化配置改革提供了理论和实证依据。

# 目　录 CONTENTS

# 第一章
## 绪　　论

　　农业、农村和农民问题是关系国计民生的根本性问题，农村土地要素配置制度创新能够激发农业农村内生动力，保证农业农村现代化的顺利实现。本书是关于农村土地要素市场化配置程度测度及影响机制的研究。首先，本部分介绍了本书的研究背景；其次，在此基础上，提出本书的研究目的及研究意义；最后，明确本书的研究思路和研究方法。

## 第一节　研究背景

　　新冠疫情全球肆虐，百年未见之大变局出现[1]，搅乱既有国际政经格局，猛烈冲击国际秩序，社会不确定性和动荡因素出现，我国或面临更复杂和变化多端的国际政经风险。对国家来说，首当其冲的是保持社会的稳定性和凝聚力，最根本的是要提升社会生产力，特别是充分释放农村地区的经济活力。《中国统计年鉴》数据显示，2019年底，我国农村人口占我国总人口的39.40%[2]，农村整体教育水平、卫生状况、生活水平等均落后于城镇地区，农村土地制度效率较低。在社会主义市场经济体制下，市场资源要素在追逐利益的前提下进行活动，社会资源涌向利益高的地区，

---

　　① 袁鹏：《新冠疫情与百年变局》，载于《现代国际关系》2020年第5期，第1~6页。
　　② 国家统计局（2020年10月）。

城乡之间资源分配不均衡，城乡二元结构明显。二元经济结构的存在是多种因素共同作用的结果，但是究其根源，很大程度在于农村生产力相对落后。农民群众对美好生活的需求持续提升，但农村落后的生产力带给农民的发展条件极其有限，农村资源总量匮乏、资源分配不合理，人均占有资源量较低，农村的资源配置不能满足村集体内部的需求。与此同时，2019年，农业对我国经济的贡献率仅为 7.1%，农业的发展需要建立现代产业模式，突破传统农业的发展思路限制，探索农业的多功能路径，推动农村三大产业的融合。

在农村地区，土地与农民息息相关，土地要素是农业农村生存的根本。农村土地要素自然地理条件差、土地产出效率低、土地碎片化严重制约了土地流转的规模。农村土地要素的市场发育迟缓[1]且最难以突破，土地交易成本增加，加剧了供给短缺的局面[2]。在当前生产力水平条件下，农村土地制度不尽合理，非市场化配置的交易模式造成大量的土地浪费，农村土地利用效率较低，农村土地资源优势并没有转变成资产优势，农民收益受到损害[3]。

逐步将市场化融入经济发展过程之中一直是中国经济改革的方向。党的十九大报告、2018 年中央一号文、2019 年中央一号文、2019 年 5 月 5 日《中共中央、国务院下发的〈关于建立健全城乡融合发展体制机制和政策体系的意见〉》、2022 年 4 月《中共中央、国务院关于加快建设全国统一大市场的意见》、2024 年 8 月 15 日《中共中央关于进一步深化改革、推进中国式现代化的决定》等，都提出当前改革的重点在于"产权制度和要素市场化配置"[4] 及"完善要素市场制度和规则"，实现"产权有效激励、要素

---

① 张合林：《以土地市场制度创新推动城乡融合发展》，载于《中州学刊》2019 年第 3 期，第 38 ~ 44 页。

② Wang X. L. "Different Roles of Land in Rural – Urban Migration: Evidence from China's Household Survey". China & World Economy, 2013, 21: 107 – 112.

③ 张合林、王亚晨、刘颖：《城乡融合发展与土地资源利用效率》，载于《财经科学》2020 年第 10 期，第 108 ~ 120 页。

④ 习近平：《决胜全面建成小康社会　夺取新时代中国特色社会主义伟大旗帜——在中国共产党第十九次全国代表大会上的报告》，载于《人民日报》2017 年 10 月 28 日，第 1 版。

自由流动……竞争公平有序"①②。《2020 年新型城镇化建设和城乡融合发展重点任务》中提出，实现五种要素的市场化配置，即土地要素资源、劳动力要素资源、资本要素资源、技术要素资源和数据要素资源的市场化配置，将土地要素放在五种要素的首位。2020 年 3 月，提出"构建更加完善的要素市场化体制机制"③。2021 年，中央一号文再次强调"完善农村产权制度和要素市场化配置机制"。

农村土地要素市场化配置仍处于探索阶段。从完善市场化配置的影响机制出发，推进农村土地要素市场化配置改革，维护农民利益共享的权利，在保证粮食安全和国家安全的前提下，推动农村土地要素配置体制机制创新，提高农村土地要素商品化程度，扩大土地市场化配置范围，解决市场化配置过程中规模化土地产权供应短缺和竞争扭曲的问题，维护农村土地要素产权完整，引导金融服务、中介服务以及信息化服务等配套服务向农村流动，健全市场化配置影响机制，保证市场参与者平等、规范、合法竞争，提升农民的管理能力和对市场的适应能力，提高农业生产的组织化程度，实现城乡间土地要素平等对流④。保证农村土地要素市场化配置的影响机制，充分发挥推动力，提升农村土地要素市场化配置程度⑤，盘活农村土地要素⑥，将农村土地要素"流动"作为实现乡村振兴的支点，引导人力资源、资本资源、信息资源流向农村土地要素市场化建设。

基于以上背景分析，"市场"逐步在我国资源配置中发挥"决定性作

---

① 匡贤明：《改革再出发：实现资源要素市场化配置》，载于《群众》2018 年第 9 期，第 13～15 页。

② 郭冠男：《深化要素市场化配置改革以"拆除藩篱"推动要素自由流动》，载于《中国经贸导刊》2019 年第 2 期，第 37～40 页。

③ 中共中央、国务院：《关于构建更加完善的要素市场化体制机制的意见》，载于《人民日报》2020 年 4 月 10 日，第 1 版。

④ 刘守英：《城乡中国的土地问题》，载于《北京大学学报》（哲学社会科学版）2018 年第 3 期，第 79～93 页。

⑤ 党国英：《农村要素市场改革要相互呼应》，载于《中国国土资源报》2009 年 2 月 23 日，第 5 版。

⑥ 钱忠好、牟燕：《乡村振兴与农村土地制度改革》，载于《农业经济问题》2020 年第 4 期，第 28～36 页。

用"，但农村土地要素的市场化配置仍需进一步完善，激活农村内生动力的问题引发了对"农村土地要素市场化配置程度"这一重要议题的广泛关注。当前对农村土地要素市场化配置程度和农村土地要素市场化配置影响机制的研究并不充分，致使对提升农村土地要素市场化配置程度的学理性支撑不足，农村发展潜力未完全激发。在这种现实状况下，亟待对农村土地要素配置背景、问题进行分析，构建更科学和更全面的农村土地要素市场化配置程度的测度体系，深入探究市场化配置影响机制对农村土地要素市场化配置程度的作用机理和影响效果，为加快农村土地要素市场化配置提供理论支持。

# 第二节　研究目的

本书通过研究农村土地要素市场化配置程度及影响机制，提出"农村土地要素市场化配置，并提高其配置程度及其效率是农村土地改革的主攻方向"，预期达到以下三个研究目的。

第一，推动要素市场化配置分析方法与我国农村实际广泛结合。除农用地市场、农村集体建设用地市场外，征地市场和农村土地隐性流转市场也是农村"钱"和"地"交易的重要市场。本书试图分析较为全面的农村"钱"和"地"交易活动，同时考察构建农用地市场、农村集体建设用地市场、征地市场和农村土地隐性流转市场4个市场的农村土地要素商品化程度，构成狭义的农村土地要素市场化配置程度指标体系；通过对农用地、农村集体建设用地、征地以及隐性流转的农村土地要素配置现状和政策梳理，探寻农用地市场、农村集体建设用地市场、征地市场和农村土地隐性流转市场的市场化配置程度、特征及问题，为农村土地要素市场化的高效配置提供新的解题思路，以发挥市场化配置的基础性作用，激活农村"沉睡"资源。

第二，阐明我国农村土地要素配置现状，测度我国农村土地要素市场化配置程度。本书从农村土地要素配置状况出发，从定性分析和定量分析两个角度，探究我国农村土地要素配置状况和目前农村土地要素市场化配置程度。在对要素配置改革背景、演变历程和基本情况分析的同时，将农村土地要素商品化程度、资金支持、信息化条件、政府调控、中介服务、农民组织等多项与农村土地要素市场化配置有关的因素都纳入考察范围中，试图建立更综合、科学和全面的农村土地要素市场化配置程度测度体系，利用全国、30 个省区市以及 4 大区数据，从时间和空间两个维度测度我国农村土地要素市场化配置程度的现状和动态变化规律，从而探寻我国农村土地要素配置的问题和症结，以提高农村土地要素市场化配置程度。

第三，探究我国农村土地要素市场化配置影响机制的作用机理和影响效果。运用定性分析的方法，从农村土地要素市场的供求机制、竞争机制、利益分配机制和配套机制 4 个方面探讨农村土地要素市场化配置影响机制的作用机理和影响效果；运用严谨的学理分析，探究影响机制对农村土地要素市场化配置程度提升的影响效果，特别是证实供求机制、竞争机制、利益分配机制和配套机制与农村土地要素市场化配置程度的内在联系，同时探索影响机制对农村土地要素市场化配置程度的驱动作用和影响效果的地区异质性、市场化配置自我强化效应和影响机制促进效果的阈值效应，为农村土地要素市场化配置改革提供理论和实证依据。

# 第三节　研究意义

本书聚焦于"农村土地要素市场化配置程度和影响机制"这一现实话题，试图廓清我国农村土地要素市场化配置程度的变动规律，证实农村土地要素市场化配置供求机制、竞争机制、利益分配机制以及配套机制均能推动农村土地要素市场化配置程度的提升，对于深入开展农村土地要素市场化配置程度测度及影响机制研究具有重要的理论意义和现实意义。

## 一、理论意义

第一，有助于推动本土农村要素市场化配置的理论研究。要素市场化配置理论是资源配置理论的重要组成部分，有诸多扩展和探索的空间，土地要素市场化配置研究为主要方向之一。当前研究大多集中在农村劳动力、资本的流动、城市土地要素市场化配置以及农村土地要素市场化配置内生激励的理论研究或是案例研究，研究对象较为单一，整体的、系统的研究较少，从农村土地要素市场化配置角度，探究农村土地要素市场化配置改革激发农村内生动力的学理性分析则更少。本书在阐述我国农村土地要素配置改革背景、演变历程和现状的基础上，提出我国农村土地要素配置问题，从 F - D - O - F 4 个角度建立我国农村土地要素市场化配置程度测度体系，系统性分析市场化在解决我国农村土地配置问题中的作用，这有利于完善要素市场化配置的理论研究。

第二，有助于推进农村土地要素市场化配置程度的理论研究。农村土地要素改革是当前"三农"问题的热点，但从市场化配置程度角度研究农村土地要素市场化配置的研究文献不多，特别是构建农村土地要素市场化配置程度测度体系的研究鲜少。本书在系统分析农村土地要素配置改革的基础上，建立广义农村土地要素市场化配置程度的 F - D - O - F 体系，运用算术平均法对我国近十年的农村土地要素市场化配置程度进行系统测度和分析，发现农村土地要素市场化配置程度在时间维度和空间维度的变动规律，这有利于丰富农村土地要素市场化配置程度的理论研究。

第三，有助于深化农村土地要素市场化配置影响机制的理论研究。目前，对农地流转的供求均衡和博弈方面的定性分析相对较多，探究农村土地要素市场化配置竞争机制和市场化配置配套机制等影响机制的研究尚处于较浅的理论探索阶段。在农村土地要素市场化配置程度研究中，仍未出现供求机制、竞争机制、利益分配机制和配套机制的学理分析。本书深入探究农村土地要素市场化配置中供求机制、竞争机制、利益分配机制、配套机制的作用机理，从静态面板回归分析、动态面板回归分析、不完全信息动态博弈分析、一元和多元统计分析等多个视角，从学理角度，深入分析农村土地要素市场化配置机制的影响效果，有利于拓展农村土地要素市场化配置供求机制、竞争机制、利益分配机制和配套机制的理论研究。

## 二、现实意义

第一，为农村改革提供新的解题思路。乡村振兴战略的实现需要乡村内生动力和外生动力的共同作用，农村土地要素改革是重要内生动力，市场化配置程度的提升能够最大程度地激发农村土地要素的潜力。因此，通过健全农村土地要素市场化配置供求机制、竞争机制、利益分配机制以及配套机制提高农村土地要素市场化配置程度，依靠农村土地要素市场化配置程度的提升来盘活农村土地资源，为农村改革提供新的思路。

第二，为农村土地要素市场化配置的政策制定者提供理论依据。农村土地要素配置如何从内生角度促进乡村振兴，是当前迫切需要解决的重大现实问题。本书通过梳理我国农村土地要素配置的改革历程，提出我国农村土地要素改革存在的问题，帮助政策制定者更加明确市场化配置程度的提升对农村土地要素配置的作用，有利于政策制定者从提升市场化配置程度的角度制定农村土地要素配置相关政策。

第三，为农村土地要素市场化配置影响机制的构建提供学理依据。农村土地要素市场化配置以农村土地要素为核心，是农村错综复杂的社会关系、多重制度体系的总和，本书从供求机制、竞争机制、利益分配机制和配套机制入手，从农用地市场、农村集体建设用地市场、征地市场以及农村土地隐性流转市场四个横向维度出发，并从农村土地要素产权制度改革、农村金融改革、农村土地要素市场化税制改革、农村土地要素市场中介服务体系、信息化平台构建、农村土地专业合作社组建以及农村社保完善七个纵向维度出发，构建农村土地要素市场化配置配套体制，构筑横向和纵向的农村土地要素市场化配置体制网络，为我国农村土地要素市场化配置改革提供决策参考。

# 第四节 研究思路

本书以农村土地要素市场化配置作为研究对象，将提高农村土地要素市场化配置程度作为最大程度激发农村土地要素潜力的重要手段，明确农村土地要素市场化配置影响机制的影响效果。本书综合利用区域经济学、博弈论、计量经济学、统计学、公共管理学等学科理论和研究方法，按照"提出问题→理论依据→初步探索→程度测度→机理研究→学理研究→结论与启示"的技术路线图，辅以建立 F-D-O-F 模型、变截距面板静态模型、差分 GMM 模型、系统 GMM 模型、2SLS 模型、演化博弈模型、一元回归模型和多元回归模型等实证方法。第一，通过文献分析，对已有文献进行梳理并提出本书的研究框架，设定研究假设；第二，以定性的方法阐明我国农村土地要素配置的演变和问题；第三，以调查研究和统计数据为依据，用全面的定性分析以及严谨的定量分析作为工具，建立我国农村土地要素市场化配置的测算体系，并对 2010～2019 年的农村土地要素市场化配置程度进行测算和分析；第四，厘清农村土地要素市场化配置的市场化配置供求机制、竞争机制、利益分配机制以及配套机制的作用机理，从定性角度考察农村土地要素市场化配置影响机制的影响效果，并从学理角度，用静态和动态回归模型，进一步探究农村土地要素市场的市场化配置供求机制、竞争机制、利益分配机制以及配套机制的影响效果；第五，提出本书的主要结论和创新，基于对农村土地要素市场化配置程度的测度结果，结合市场化配置影响机制的分析，建立我国农村土地要素市场化配置的政策支撑体系和配套改革。

本书是关于农村土地要素市场化配置程度测度及市场化配置影响机制的研究，其中包括 4 个部分，共分为六章。

第一部分包括第一章和第二章，为绪论及文献综述、分析框架和研究假设。第一章为绪论。主要介绍本书的研究背景、目的和意义，简要阐明本书的研究思路，明确采用的主要分析方法。第二章为文献综述、分析框架和研究假设。通过文献综述，界定本书的基本概念，梳理和评述相关研究成果，根据已有研究的贡献和不足提出本书的分析框架，并提出研究假设。

第二部分包括第三章和第四章，分别从定性和定量两个角度研究我国农村土地要素配置现状和市场化配置程度。其中，第三章为我国农村土地要素配置现状。本部分为农村土地要素配置现状的定性分析。在分析我国农村土地要素配置改革背景的基础上，回顾我国农村土地要素市场化配置的制度变迁历程，概述农村土地要素配置的现状；提出我国农村土地要素市场化配置的问题，从而引出"农村土地要素市场化配置，并提高其配置程度及效率是农村土地改革的主攻方向"的观点。第四章为我国农村土地要素市场化配置程度测度及分析。本部分为农村土地要素配置现状的定量分析。构建农村土地要素市场化配置程度综合评价体系，选定测度范围、测度数据以及测度方法，从全国视角、省级视角、四大区域视角（东部、中部、西部和东北部），对我国农村土地要素市场化配置程度进行测度和分析。

第三部分包括第五章，对我国农村土地要素市场化配置程度的影响机制进行分析。第五章为我国农村土地要素市场化配置的影响机制分析。从供求机制、竞争机制、利益分配机制以及配套机制的作用机理出发，探讨农村土地要素市场化配置影响机制的影响效果，从学理角度考察农村土地要素市场化配置影响机制的健全程度与农村土地要素市场化配置程度之间的相关关系。

第四部分包括第六章，为本书的总结。第六章为结论、建议和展望。首先，对本书的主要结论进行总结，提出本书可能的创新之处；其次，突出问题向导，结合我国农村土地要素市场化配置程度特点，以及农村土地要素市场化配置影响机制的影响效果，从农村土地要素市场化配置的政策支撑体系与配套改革出发提出政策建议，以提高农村土地要素市场化配置程度为重点，规范农村土地要素市场，维护农村土地要素市场化配置改革成果，实现改革成果由各方共享；最后，提出本书存在的不足之处，为进一步的研究指明方向。

图 1-1 为本书技术路线。

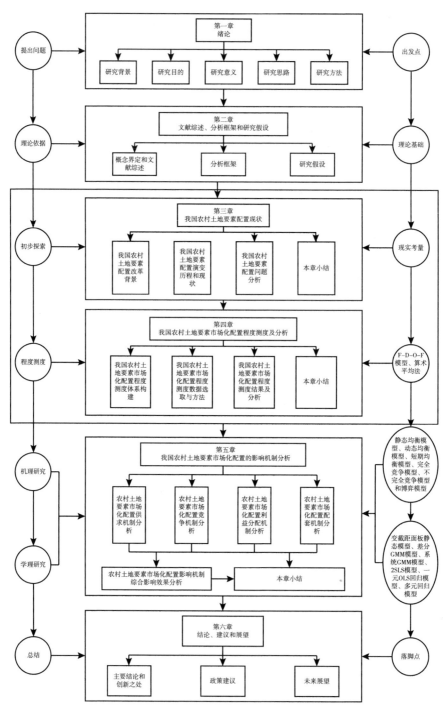

图1-1 本书技术路线

# 第五节　研究方法

本书是在遵循现代经济学分析范式的基础上，坚持历史与现实相统一、理论与实践相结合，综合运用多种方法，探讨农村土地要素市场化配置程度测度及市场化配置影响机制，除采用逻辑推理、演绎归纳等基本方法外，重点应用文献分析方法、定性分析方法、定量分析方法。

## 一、文献分析方法

通过对国内外相关研究文献的广泛搜集、筛选和梳理，力求把握农村土地要素市场化配置程度、农村土地要素市场化配置影响机制相关问题研究的基本理论和前沿动态，总结研究经验、寻找研究空白地带作为本书研究的切入点。根据相关研究，对本书研究对象进行狭义和广义内涵上的界定，提出本书的研究背景、研究框架和研究假设，为本书奠定理论基础和现实基础。

## 二、定性分析方法

从定性的角度对我国农村土地要素改革的背景、历程、现状进行全方位、多视角、多层次的政策梳理和问题分析，力求把握农村土地要素市场化配置能激活农村发展内生动力的特征事实；探讨供需均衡、竞争强度、利益分配指数、配套措施的现实状况和作用机理，把握农村土地要素市场化配置影响机制的作用机理，为进一步的学理支持打下基础。

## 三、定量分析方法

从定量的角度来测度我国农村土地要素市场化配置程度，测度供需机制、竞争机制、利益分配机制以及配套机制对农村土地要素市场化配置的影响效果。使用的学理分析方法和技术主要有算术平均法、静态面板回归分析、动态面板回归分析、不完全信息动态博弈分析、多元统计分析等，运用 Stata15.0、Matlab 等专业软件作为分析和画图工具。从学理分析角度，更深入地分析农村土地要素市场化配置程度及影响机制。

# 第二章
## 文献综述、分析框架和研究假设

本书研究的核心在于"农村土地要素市场化配置程度测度及影响机制"。首先，需要厘清农村土地要素相关研究、农村土地要素市场和农村土地要素市场化配置的内涵及要素市场化配置程度的测度方法、农村土地要素市场化配置影响机制的相关研究，以把握已有研究现状、分析研究不足和缺失地带，为本书的深入研究提供可能；其次，形成本书的分析框架；最后，提出本书的主要研究假设。

## 第一节　概念界定和文献综述

### 一、农村土地要素

（一）农村土地要素的特殊性

土地要素具有区位的固定性和用途的专属性。农村土地要素无法实现空间移动，土地产权拥有者只能依托土地的先天性地理位置组织生产，农村土地要素经营权的流转无法形成土地要素空间上的流转和集中，土地经营权交易期限和交易范围受到限制，不利于集中土地进行规模化生产。罗必良等（2015）、王颜齐和王福临（2016）提出，企业一旦组织某项农业或集体经济活动，在短期内很难将其改造成另外一种生产方式[1][2]。阿米

---

[1] 罗必良、林文声、邱泽元：《农地租约以及对象选择：来自农户问卷的证据》，载于《农业技术经济》2015年第9期，第4~16页。

[2] 王颜齐、王福临：《农村土地承包经营权流转议价机理及成因分析》，载于《农业经济与管理》2016年第4期，第35~42页。

诺娃和哈夫卡罗娃（Aminova and Hafkarova，2020）对土地利用和开发活动的问题和前景进行了分析，提出土地开发需要政府进行科学的规划和管理，避免对自然的破坏[①]。法国农村土地市场化配置改革前，专业化水平较低的小农户是农业生产主体[②]，梅洛（Melot，2014）、莱戈（Leger，2020）都指出，法国土地制度改革前的农村土地具有分散化的特点[③][④]，解决分散化、细碎化的农村土地所有权问题是法国土地改革的首要任务，与我国农村土地要素市场化配置改革背景有相通之处。

（二）产权和土地产权

1. 产权

马克思、恩格斯提出了产权理论，威廉·配第（William Petty）、亚当·斯密（Adam Smith）、大卫·李嘉图（David Ricardo）、罗纳德·哈里·科斯（Ronald H. Coase）等人推动了土地产权理论的完善。哈罗德·德姆塞茨（Harold Demsetz，2014）从产权的功能以及作用的角度对产权进行了定义，提出产权（property rights）是对财产（property）的权利，属于财产所有者的"行为性权利"[⑤]，也是"一种社会工具"，能够形成社会成员间"进行交易的合理预期"，产权赋予社会成员"受益或受损的权利"[⑥]。根据科斯等（2014）的观点，行为人对资源的使用权、收益权和转让权都属于产权的重要组成部分[⑦]，土地产权是行为人对土地的使用权、收益权和转让权的集合体。张五常（2014）将产权理论应用于土地制度之

---

① Aminova S. F. , Shafkarova M. X. "Integrated Regional Development Based on Future Land Use". Academicia：An International Multidisciplinary Research Journal，2020，5：206 – 209.

② 刘长全：《以农地经营权配置与保护为重点的农地制度改革——法国经验与启示》，载于《中国农村经济》2020 年第 11 期，第 131 ~ 144 页。

③ Melot R. "Property Rights and Usage Rights on Farmland：A Statistical Study of Litigation Concerning Farm Tenancy". ÉconomieRurale，2014，4：69 – 85.

④ Leger C. M. , Houdart S. L. , Le P. M. "Changes in Property-use Relationships on French Farmland：A Social Innovation Perspective". Land Use Policy，2020：94.

⑤ ［美］哈罗德·德姆塞茨：《关于产权的理论》，刘守英等译：《财产权利与制度变迁——产权学派与新制度学派译文集》，格致出版社 2014 年版，第 71 ~ 72 页。

⑥ ［美］哈罗德·德姆塞茨：《所有制、控制与企业》，经济科学出版社 1999 年版，第 150 页。

⑦ ［英］罗纳德·哈里·科斯等：《产权与制度变迁——产权学派与新制度学派译文集》，刘守英等译：《财产权利与制度变迁——产权学派与新制度学派译文集》，格致出版社 2014 年版，第 18 ~ 25 页。

中，在明晰的土地产权制度下，土地出租和自种都能实现土地最大效用①。

较多学者从产权是否具有排他性和可转让性来判断产权是否完整②。第一，排他性。这是产权制度发挥作用的前提和决定性条件。当产权的非所有者不能与产权所有者共同享受产权带来的收益和成本时，利益才有可能实现"内部化"，此时产权所有者才能够据此产生对未来的预期和策略选择，决定财产的用途、使用方式以及执行代理人。这不仅意味着不让他人从一项资产受益，同时也代表产权所有者必须承担产权带来的成本，该成本与收益共同依附在资产上。产权经济学家提出，无论资产归私人或者国家所有，一旦产权界定明晰资产的社会成本均能实现最小化，资源发挥出最大价值。第二，可转让性。指的是产权所有者可以根据自愿和协商的原则，把资产的产权通过交易或者赠与的方式让渡给他人。这激励资产向生产力更高的地方流动，最大限度地发挥出资产的生产价值，是产权功能发挥的根本条件。

产权明确特定财产的权利，该权利并非单一和独立的，是多种权利的复合体，例如，所有权、使用权、经营权、收益权、使用权等③。其中，所有权对财产的归属进行界定；使用权对财产的使用方式、使用范围进行限制；经营权对财产的生产经营权利进行界定；收益权对财产收益的权利进行界定。阿曼·阿尔钦（Armen Albert Alchian，2004）认为，产权受到"社会风俗、约束机制及国家法律"的约束④；加里·D·利贝卡普（Gary D. Libecap，2001）认为，产权制度属于特殊的社会制度，不仅涵盖法律、法规、条例等行政约束，也包括社会风俗等约束机制的支持。此外，市场交易或新的生产机会等变化都可能带来产权制度的变动⑤。

① 张五常：《私有产权与分成租佃》，刘守英等译：《财产权利与制度变迁——产权学派与新制度学派译文集》，格致出版社 2014 年版，第 83～86 页。

② ［英］罗纳德·哈里·科斯等：《产权与制度变迁——产权学派与新制度学派译文集》，刘守英等译：《财产权利与制度变迁——产权学派与新制度学派译文集》，格致出版社 2014 年版，第 18～25 页。

③ 洪银兴：《完善产权制度和要素市场化配置机制研究》，载于《中国工业经济》2018 年第 6 期，第 5～14 页。

④ ［美］阿曼·阿尔钦：《现代制度经济学》，北京大学出版社 2004 年版，第 69 页。

⑤ ［美］加里·D. 利贝卡普：《产权的缔约分析》，中国社会科学出版社 2001 年版，第 13～16 页。

### 2. 土地产权

土地产权是土地制度在法律上的表现形式，指的是土地所有制根据法律规定，对土地占有、使用、收益或处分的权利[①]。其内涵包括以下几个方面：第一，产权结构，涵盖土地要素作为纽带的各项权利总和；第二，国家设置法律、法规明确产权制度；第三，产权关系，土地产权基础上的人与人之间的利益关系；第四，国家监督土地产权制度的执行情况。其中，土地的所有权和使用权是土地产权最重要的两个方面[②]，所有权和使用权都以权利束的形式存在。所有权是土地产权制度的根基、是土地所有制（类所有制）使用土地的权利。此外，土地产权还包括处分权、国家拥有的土地管理权、规划权等。

产权是分析土地问题时首先关注的问题，美国[③]、英国[④][⑤][⑥]、法国[⑦]等国家土地所有制为私有制，由市场进行配置；俄罗斯农村土地从大型农场向私人手中转移，大规模的区集体化给农村带来的社会转型不尽如人意[⑧][⑨]；我国为城乡二元的土地产权结构[⑩]，农村土地所有权归集体所有，

---

① 毕宝德：《土地经济学》，中国人民大学出版社 2016 年版，第 215 ~ 221 页。

② 邵彦敏：《我国农村土地制度的产权经济分析》，载于《税务与经济》2006 年第 1 期，第 60 ~ 64 页。

③ Donald J. P. , Raymond F. H. "The Politics of Agricultural Modernization", Raymond F. H. , Donald J. P. , Ross B. T. "Food, Politics and Agricultural Development: Case Studies in the Public Policy of Rural Modernledge", New York: Routledge, 2019, 1 – 20.

④ 黄庆华、姜松、吴卫红、张卫国：《发达国家农业现代化模式选择对重庆的启示——来自美日法三国的经验比较》，载于《农业经济问题》2013 年第 4 期，第 102 ~ 109 页。

⑤ 孙立田：《中世纪英国土地保有制类型及其法权形态》，载于《天津师范大学学报》（社会科学版）2016 年第 4 期，第 43 ~ 49、80 页。

⑥ 韩长赋：《中国农村土地制度改革》，载于《农村工作通讯》2018 年第 Z1 期，第 8 ~ 19 页。

⑦ 刘长全：《以农地经营权配置与保护为重点的农地制度改革——法国经验与启示》，载于《中国农村经济》2020 年第 11 期，第 131 ~ 144 页。

⑧ Leonard C. S. "Rational Resistance to Land Privatization: The Response of Rural Producers to Agrarian Reforms in Pre-and Post – Soviet Russia". Post – Soviet Geography and Economics, 2000, 8: 605 – 620.

⑨ Stephen K. W. "Why Rural Russians Participate in the Land Market: Socio-economic Factors". Post – Communist Economies, 2003, 4: 483 – 501.

⑩ 康妮、万攀兵、陈林：《新中国土地产权制度变迁的理论与实践——兼议深圳"小产权房"问题》，载于《财经问题研究》2017 年第 11 期，第 113 ~ 120 页。

城市土地所有权归国家所有，集体土地和国有土地产权不对等[①②]，农村土地产权结构不完善[③]，产权制度改革滞后于我国的城镇化进程。党国英（2018）认为，土地产权制度明确土地的归属、相关责任、收益分配[④]，土地产权的不稳定性和外部性会产生资源退化的问题，清晰的产权保证土地的自由买卖、租赁或抵押等交易，能够实现帕累托最优。因此，土地产权制度重构对我国农村土地要素市场化配置的改革至关重要。

相当多的学者对清晰的农村土地产权制度改革能带来积极效果持肯定的态度。罗西纳等（Rosine et al.，2020）、钬（Ho，2020）均证实，在土地纠纷大量存在时，明确的产权制度能增加产权的安全性，减少土地纠纷[⑤⑥]；阿贝拉和舍曼（Aberra and Chemin，2021）认为，产权明确能带来更大的投资和信贷机会[⑦]；格迪法等（Gedefaw et al.，2020）、阿格耶等（Agyei et al.，2020）认为，产权明晰是农业投资和资源分配的关键因素[⑧⑨]；阿尔弗雷德和詹姆斯（Alfred and James，2021）也强调土地产权保障制度对土地市场活跃至关重要[⑩]；刘和周（Liu and Zhou，2020）基于

① 郑振源、蔡继明：《城乡融合发展的制度保障：集体土地与国有土地同权》，载于《中国农村经济》2019 年第 11 期，第 2～15 页。

② 李江涛、熊柴、蔡继明：《开启城乡土地产权同权化和资源配置市场化改革新里程》，载于《管理世界》2020 年第 6 期，第 93～105 页。

③ 徐美银：《我国农地产权结构与市场化流转：理论与实证分析》，载于《华南农业大学学报》（社会科学版）2012 年第 4 期，第 1～10 页。

④ 党国英：《完善产权制度和要素市场化配置为乡村增活力》，载于《农村工作通讯》2018 年第 2 期，第 50 页。

⑤ Rosine T. D.，Mathijs V. L.，Gemma V. D. "Defusing Land Disputes? The Politics of Land Certification and Dispute Resolution in Burundi". Development and Change，2020，6：1454－1480.

⑥ Ho H. A. "Land Tenure and Economic Development：Evidence from Vietnam". World Development，2021，140：105275.

⑦ Aberra A.，Chemin M. "Does Legal Representation Increase Investment? Evidence from A Field Experiment in Kenya". Journal of Development Economics，2021，150：102612.

⑧ Gedefaw A. A.，Atzberger C.，Seher W.，Agegnehu S. K.，Mansberger R. "Effects of Land Certification for Rural Farm Households in Ethiopia：Evidence from Gozamin District，Ethiopia". Land，2020，11：421.

⑨ Agyei H. A.，Buehren N.，Goldstein M.，Osei R.，Osei A. I.，Udry C. "The Effects of Land Title Registration on Tenure Security，Investment and the Allocation of Productive Resources：Evidence from Ghana（研究报告），Washington D. C.：The World Bank，2020.

⑩ Alfred R. B.，James O. O. "Assessing the Impacts of Land Tenure Regularization：Evidence from Rwanda and Ethiopia". Land Use Policy，2021，100：104904.

我国东三省的住户调查，提出明晰的农村土地产权制度有助于降低农民的决策风险，提升土地价值[1]；钦（2020）通过对越南 2000 多个农村随机调查，发现私有土地所有权的盛行对经济发展水平有着积极而显著的影响，土地产权受国家保护能减轻农民的不安全感[2]；格迪法等（2020）对埃塞俄比亚噶扎民地区分析，也证实了土地所有权保障能增强农民对土地权利的信心，还能有效改善土地的投资环境、减少土地纠纷[3]；科比纳等（Cobbinah et al.，2020）通过对加纳库玛西地区的研究，证实土地产权立法不明确致使土地管理的重复性以及烦琐性，薄弱的土地立法框架限制地区土地的可持续利用[4]；刘长全（2020）认为，法国在法律上明确土地所有权和经营权的两权分置，是农村土地要素市场化配置改革的基础[5]；李家祥（2010）认为，《宅地法（1862）》是美国专门为满足宅地需求设立的法律，对土地私有权进行了重新确定，突破户籍制度及教区制度的限制，推动劳动力、农村土地要素的进一步流动[6]；杨秉珣（2015）提出，土地经营权和所有权为核心的产权制度改革是农村土地制度的基础[7]，韩长赋（2018）也支持该论点[8]；刘文泽等（2018）认为，土地集体所有制不会阻碍农村土地要素的流转[9]，伦纳德（Leonard，2000）、斯蒂芬

① Liu H. B.，Zhou Y. P. "The Marketization of Rural Collective Construction Land in Northeastern China：The Mechanism Exploration". Sustainability，2020，1：1 – 17.

② Ho H. A. "Land Tenure and Economic Development：Evidence from Vietnam". World Development，2021，140：105275.

③ Gedefaw A. A.，Atzberger C.，Seher W.，Agegnehu S. K.，Mansberger R. "Effects of Land Certification for Rural Farm Households in Ethiopia：Evidence from Gozamin District、Ethiopia". Land，2020，11：421.

④ Cobbinah P. B.，Asibey M. O.，Gyedu P. Y. "Urban Land Use Planning in Ghana：Navigating Complex Coalescence of Land Ownership and Administration". Land Use Policy，2020，99：105054.

⑤ 刘长全：《以农地经营权配置与保护为重点的农地制度改革——法国经验与启示》，载于《中国农村经济》2020 年第 11 期，第 131 ~ 144 页。

⑥ 李家祥：《农村土地流转市场化建设国内外经验比较研究》，载于《改革与战略》2010 年第 9 期，第 177 ~ 180 页。

⑦ 杨秉珣：《美国和日本的农用土地流转制度》，载于《世界农业》2015 年第 5 期，第 44 ~ 46 页。

⑧ 韩长赋：《中国农村土地制度改革》，载于《农村工作通讯》2018 年第 Z1 期，第 8 ~ 19 页。

⑨ 刘文泽、王凯汐、郭若男、向小倩：《国外农地流转对中国农地经营权合理流转的启示——来自日本、越南、俄罗斯的经验》，载于《世界农业》2018 年第 11 期，第 185 ~ 189 页。

（Stephen，2003）对俄罗斯的研究证实了该观点[1][2]。此外，陈伯君等（2020）、刘俊杰等（2015）支持农村土地产权制度改革显著提高农户的收入[3][4]，分别对成都和山东枣庄农村土地产权制度改革前后的农民收入进行了实证分析，证实了土地产权制度改革的积极作用。

部分学者认为，农村土地要素产权结构与生产率、抵押效应、土地流转等方面未表现出直接关系。贝斯利等（Besley et al.，2011）、刘俊杰等（2015）认为，受土地规模、土地价值[5]、金融市场[6]的健全程度等因素的影响，农村土地产权的抵押效应并不明显，而较大规模的土地使用权的抵押融资更为理想；阿格耶等（2020）通过对加纳农村土地市场的研究，发现土地登记确权影响下的生产率变动较小，且土地产权保障并没有带来农业投资的增加，伴随而来的是土地持有量的降低以及从事农业劳动的人数减少，较多的小农生产者倾向于转出土地，转向非农生产[7]；曹和张（Cao and Zhang，2018）证实土地所有权与农地流转之间的相互关系并不明显，土地所有权对农地流转的作用主要取决于制度环境、农民的行为认知能力、行动能力的强弱[8]；徐美银（2012）也证实了地区经济发展水平和非农就业机会决定农村土地要素剩余索取权价值的实现，直接影响农户

---

① Leonard C. S. "Rational Resistance to Land Privatization: The Response of Rural Producers to Agrarian Reforms in Pre-and Post – Soviet Russia". Post – Soviet Geography and Economics, 2000, 8: 605 – 620.

② Stephen K. W. "Why Rural Russians Participate in the Land Market: Socio-economic Factors". Post – Communist Economies, 2003, 4: 483 – 501.

③ 陈伯君、邓立新、余梦秋、杜兴端：《成都农村土地产权制度改革与农民增收关系的实证分析》，载于《探索》2009 年第 3 期，第 93 ~ 98 页。

④ 刘俊杰、张龙耀、王梦珺、许玉韫：《农村土地产权制度改革对农民收入的影响——来自山东枣庄的初步证据》，载于《农业经济问题》2015 年第 6 期，第 51 ~ 58 页。

⑤ Besley T. J., Burchardi K. B., Ghatak M. "Incentives and the De Soto Effect". The Quarterly Journal of Economics, 2011, 1: 237 – 282.

⑥ 刘俊杰、张龙耀、王梦珺、许玉韫：《农村土地产权制度改革对农民收入的影响——来自山东枣庄的初步证据》，载于《农业经济问题》2015 年第 6 期，第 51 ~ 58 页。

⑦ Agyei H. A., Buehren N., Goldstein M., Osei R., Osei A. I., Udry C. "The Effects of Land Title Registration on Tenure Security, Investment and the Allocation of Productive Resources: Evidence from Ghana, Washington D. C.: The World Bank, 2020.

⑧ Cao Y., Zhang X. L. "Are they Satisfied with Land Taking? Aspects on Procedural Fairness, Monetary Compensation and Behavioral Simulation in China's Land Expropriation Story". Land Use Policy, 2018, 74: 166 – 178.

的土地流转行为[①]。

也有学者认为，农村土地要素产权制度会带来地方冲突。罗西纳等（2020）在对布隆迪农村土地所有权登记试点调查中发现，土地确权登记会助长土地冲突，这是由于确权登记的政策设计不当激发社会深层矛盾引起的，主要体现在以下三个方面：第一，土地确权是新一轮的权利确认，会引起早期被忽略和被剥夺权利的人争取获得自身权利的机会；第二，引发不同土地管理部门之间产生的制度竞争；第三，政治家基于任期考虑，为获得选民支持产生制度竞争[②]。

（三）农村适度规模经营

细碎化和分散化经营的土地生产效率较低，对农业可持续发展提出挑战。美国农业现代化水平居世界前列[③][④]，主要得益于密集的先进农业机械投入[⑤][⑥]和农业政策投入[⑦][⑧]；日本农业机械化生产[⑨][⑩]、农业技术投入[⑪][⑫]

———————

① 徐美银：《我国农地产权结构与市场化流转：理论与实证分析》，载于《华南农业大学学报》（社会科学版）2012 年第 4 期，第 1～10 页。

② Rosine T. D., Mathijs V. L., Gemma V. D. "Defusing Land Disputes? The Politics of Land Certification and Dispute Resolution in Burundi". Development and Change, 2020, 6: 1454 – 1480.

③ 虞小曼、虞龙：《中美加农业现代化对比研究》，载于《世界农业》2017 年第 11 期，第 65～68 页。

④ 邵彦敏：《美日现代农地制度的比较与借鉴》，载于《东北亚论坛》2004 年第 4 期，第 80～83 页。

⑤ Richard S. K. "The Agricultural Colleges: Between Tradition and Modernization". Agricultural History, 1986, 2: 3 – 21.

⑥ Petras J. F., Laporte R. J. "Modernization from above Versus Reform from Below: U. S. Policy toward Latin American Agricultural Development". The Journal of Development Studies, 2007, 23: 248 – 266.

⑦ 陈潇：《美国农业现代化发展的经验及启示》，载于《经济体制改革》2019 年第 6 期，第 157～162 页。

⑧ Arbuckle J. J. "Ecological Embeddedness, Agricultural 'Modernization' and Land Use Change in the US Midwest: Past, Present and Future". Soil and Water Conservation: A Celebration of 75 Years, 2020, 58: 32 – 41.

⑨ 梶原弘和："農業近代化の過程". 国際開発学研究, 2004, 3: 3 – 16.

⑩ 坂下明彦："農業近代化政策の受容と農事実行組合型集落の機能変化——北海道深川市巴第 5 集落を対象に". 農業史研究, 2006, 40: 28 – 40.

⑪ 野田公夫："農業近代化過程の日本的特質——東アジア農業論を展望しつつ". 經濟論叢, 2004, 173: 72 – 89.

⑫ 野田公夫："日本型農業近代化原理としての組織化". 農林業問題研究, 2005, 40: 360 – 368.

推动农业生产率的提高[1]，但曼朱纳塔等（Manjunatha et al.，2013）、拉特拉夫和皮特（Latruffe and Piet，2014）都提出分散和细碎的地块使得投入的劳动力和大型机械生产不得不来往于各个地块，管理难度升级，产生额外的生产成本以及效率损失[2][3]；拉赫曼等（Rahman et al.，2008）、哈吉（Haji，2007）认为，分散的地块会增加基础设施的重复性投资以及供给成本，制约农户投资规模的进一步扩大[4]，否则会形成粗放型的土地利用方式[5]。

马克思（1998）指出，小农经济最终将逐渐衰败[6]，集约化、规模化的农业生产是替代小农经济最有效的方式。张瑞娟和高鸣证实了与小农户生产相比，规模化经营主体在土地产出效率上表现出明显的优越性[7]。美国、法国等国家确立了农业资本主义的生产经营模式，提倡适度规模经营。20世纪30年代，美国可用于种植的土地基本分配完成，耕地向少数农场集中，农场平均规模扩大，农场由1920年的645.4万个锐减至1950年的518.8万个，平均占地由148英亩扩大至216英亩[8]；法国通过《农业指导法案》、1962年的《农业指导法案补充条例》《土地指导法案》等一系列法律法规，针对大、中、小三种规模农场制定差异化政策，鼓励家庭农场为主体的中等规模适度经营[9]；日本"集落营农"立足于村域，拥

① 丁香香：《中国与加拿大农业现代化发展的差异性分析》，载于《世界农业》2019年第5期，第39～44、112页。

② Manjunatha A. V.，Anik A. R.，Speelman S. "Impact of Land Fragmentation，Farm Size，Land Ownership and Crop Diversity on Profit and Efficiency of Irrigated Farms in India". Land Use Policy，2013，4：397 – 405.

③ Latruffe L.，Piet L. "Does Land Fragmentation Affect Farm Performance? A Case Study from Brittany，France". Agricultural Systems，2014，7：68 – 80.

④ Rahman S.，Rahman M. "Impact of Land Fragmentation and Resource Ownership on Productivity and Efficiency：The Case of Rice Producers in Bangladesh". Land Use Policy，2008，1：95 – 103.

⑤ Haji J. "Production Efficiency of Smallholders' Vegetable-dominated Mixed Farming System in Eastern Ethiopia：A Non-parametric Approach". Journal of American Economics，2007，1：1 – 27.

⑥ ［德］马克思：《资本论（第3卷）》，人民出版社1998年版，第910页。

⑦ 张瑞娟、高鸣：《新技术采纳行为与技术效率差异：基于小农户与种粮大户的比较》，载于《中国农村经济》2018年第5期，第84～97页。

⑧ 张换兆、王家庭、王淑莉：《美国农地管理制度及其主体变迁的经验考察与借鉴》，载于《学术论坛》2008年第6期，第132～136页。

⑨ 刘长全：《以农地经营权配置与保护为重点的农地制度改革——法国经验与启示》，载于《中国农村经济》2020年第11期，第131～144页。

有法人资格，具有农业经营规模化和组织化的特点，能够通过共同化管理实现资源的整合[①]，农业规模生产对农村发展起到基础性的作用[②]，法人"集落营农"组织通过合并的方式向大型化发展[③]；加拿大持续推动农场经营模式的农业规模化生产，土地流转体系较为健全[④]。

　　土地产权市场化配置是推动土地规模经营的重要手段。较多学者研究发现，美国单位农村土地要素和农业机械设备相对价格低于单位劳动力价格，农场主倾向于用机械生产代替人力生产，现代化农业中密集的先进农业机械投入[⑤⑥]和农业政策投入[⑦⑧⑨]，势必需要相当规模的土地来均摊单位面积成本，为农村土地要素市场化流转创造条件。梅洛（2014）、莱戈（2020）提出，通过对分散化土地进行整理，法国建立起以家庭农场为主体的适度经营土地制度[⑩⑪]；秋吉祐子（2011）和荒井贵史（2009）均认为，日本农地产权的流转对推动农村规模化生产至关重要[⑫⑬]。劳伦斯等

　　①③　李哲：《日本集落营农组织、相关政策及评析》，载于《世界农业》2019 年第 10 期，第 40～52、130 页。

　　②　王敬尧、段雪珊：《"人"、"地"关系：日本农地制度变迁与农业现代化》，载于《清华大学学报》（哲学社会科学版）2018 年第 4 期，第 180～191、197 页。

　　④⑧　丁香香：《中国与加拿大农业现代化发展的差异性分析》，载于《世界农业》2019 年第 5 期，第 39～44、112 页。

　　⑤　Richard S. K. "The Agricultural Colleges: Between Tradition and Modernization". Agricultural Histiory, 1986, 2: 3-21.

　　⑥　Petras J. F., Laporte R. J. "Modernization from above Versus Reform from below: U. S. Policy Toward Latin American Agricultural Development". The Journal of Development Studies, 2007, 23: 248-266.

　　⑦　陈潇：《美国农业现代化发展的经验及启示》，载于《经济体制改革》2019 年第 6 期，第 157～162 页。

　　⑨　Arbuckle J. J. "Ecological Embeddedness, Agricultural 'Modernization' and Land Use Change in the US Midwest: Past, Present and Future". Soil and Water Conservation: A Celebration of 75 Years, 2020, 58: 32-41.

　　⑩　Melot R. "Property Rights and Usage Rights on Farmland: A Statistical Study of Litigation Concerning Farm Tenancy". Economie Rurale, 2014, 4: 69-85.

　　⑪　Leger C. M., Houdart S. L., Le P. M. "Changes in Property-use Relationships on French Farmland: A Social Innovation Perspective". Land Use Policy, 2020, 94: 1-11.

　　⑫　秋吉祐子："日本の農地制度の課題 – 国際的視点において". Macro Review, 2011, 23: 41-48.

　　⑬　荒井貴史："日本の農業及び農地について——その現状と課題". 尾道大学経済情報論集, 2009, 9: 23-42.

（Lawrence et al.，2020）对墨西哥尤卡坦地区250万公顷合作社农场进行调查，发现土地使用权流转是现代农业发展的重要机制，与分散的、小型农场相比，大规模的合作社性质的农场土地的利用效率更高，农村个人经营且分散化的土地，并不能实现地区的可持续和绿色发展①。

但片面追求农业生产规模的扩大，土地经营权流转不适应农业生产力水平，也会带来较多的问题。宫崎猛（1998）提出，农业生产规模过大会带来大批量的劳动力转移，致使乡村总人口的迅速降低，造成乡村凋敝和自然资源的过度损耗②；卡莱托等（Carletto et al.，2013）通过对乌干达家庭农场的研究，认为农村规模与生产率之间存在反比关系③；科利尔和德康（Collier and Dercon，2009）也支持此论点，通过对比非洲小农生产规模和"巨型农场"的生产效率发现，巨型农场的出现并非一定带来生产率的提升，而激发农业生产潜力需要从明确的体制框架开始改革，而非单纯依靠扩大农业土地生产规模④；曹斌（2018）认为，若不从各地具体情况出发制定针对性的"三农"策略，仍持续推行原有农业政策，会导致乡村振兴与农业现代化之间的矛盾⑤；陈明和陈泽萍（2012）提出，农业适度规模经营是解放农业生产力的关键⑥；王振坡和梅林（2016）、王振坡（2015）等提出适度规模经营应以专业化分工为前提，否则只是"放大的小农生产"⑦⑧。

---

① Lawrence T. J.，Morreale S. J.，Stedman R. C.，Louis L. V. "Linking Changes in Ejido Land Tenure to Changes in Landscape Patterns over 30 Years Across Yucatán，México". Regional Environmental Change，2020，20：136.

② 宫崎猛："農業、農村環境創造の制度と政策"，東京：農林統計協会，1998：13.

③ Carletto C.，Savastano S.，Zezza A. "Fact or Artifact：The Impact of Measurement Errors on the Farm Size – Productivity Relationship". Journal of Development Economics，2013，103：254 – 261.

④ Collier P.，Dercon S. "African Agriculture in 50 Years：Smallholders in A Rapidly Changing World?"（研究报告），Rome：the United Nations Economic and Social Development Department，2009.

⑤ 曹斌：《乡村振兴的日本实践：背景、措施与启示》，载于《中国农村经济》2018年第8期，第117～129页。

⑥ 陈明、陈泽萍：《加快农地流转与发展农业适度规模经营的政策选择》，载于《求实》2012年第6期，第80～82页。

⑦ 王振坡、梅林：《我国农业生产经营方式转变研究——基于新兴古典经济学框架》，载于《江汉论坛》2016年第6期，第16～21页。

⑧ 王振坡、梅林、詹卉：《产权、市场及其绩效：我国农村土地制度变革探讨》，载于《农业经济问题》2015年第4期，第44～50页。

综上所述，第一，固定性和专属性决定了农村土地要素与资本要素、人力要素等资源的差异性；农村土地要素的细碎化和分散化，加上农村土地集体所有制度和城乡二元土地制度，也使得农村土地要素配置与城市土地要素配置的区别极为明显。第二，农村土地产权的排他性和可转让性是农村土地要素市场化配置的基础，排他性保护农村土地收益不受侵犯，可转让性使土地市场化成为可能，而农村土地要素市场化配置的目的是实现规模经营，提高农村土地利用效率。第三，农业生产维持在适度规模范围内才能最大程度地激发生产潜力。

## 二、农村土地要素市场

### （一）农村土地要素流转

我国农村土地制度为农村集体所有制，20 世纪 80 年代起逐步放开了对土地流转的限制[①]。张月娥等（2011）对农村土地要素流转进行了界定，认为农村土地要素流转指的是农用地承包地经营权、农村集体建设用地使用权的流转[②]；王朝才和张立承（2010）对农村土地流转的概念进行了界定，提出狭义的和广义的农村土地要素流转，其中狭义的农村土地要素流转特指农用地承包经营权的转移，即农民把农用地中的一部分或者全部通过转包、出租、互换或作价入股等形式，将土地的承包经营权转移给第三方，从中获得租金或分红等收入，出让方的农民以及承包方按照合同规定履行职责的行为即为农村土地流转；而广义的农村土地要素流转除了狭义的农村土地要素流转外，还包括农村集体建设用地使用权的流转，即农村集体建设用地通过出租、出让、转租、抵押或入股等方式实现土地要素转移[③]。

---

① 1986 年发布的《中共中央、国务院关于 1986 年农村工作的部署》中，"鼓励耕地……集中，发展适度规模……"；1986 年发布的《土地管理法》中，"……集体所有的土地的使用权可以依法转让"。

② 张月娥、杨庆媛、焦庆东、翟辉、杨逢渤：《重庆市农村土地市场发育程度评价》，载于《西南大学学报》（自然科学版）2011 年第 4 期，第 156～161 页。

③ 王朝才、张立承：《我国农村土地流转过程中的税收问题研究》，载于《财政研究》2010 年第 9 期，第 34～37 页。

随着农村生产力的提升，农村地区人口结构的变化以及农村产业的发展，农村土地要素的价值凸显，原有的农村土地要素流转范围不断扩大，农村土地要素市场流转含义也不断扩展（王朝才和张立承，2010）。根据《中华人民共和国土地管理法》（以下简称《土地管理法》）（2019）第四条"……将土地分为农用地、建设用地和未利用地"，可将农村土地要素分为农用地、农村集体建设用地和"四荒地"三类；"建设用地……包括城乡住宅和公共设施用地……"[①]，则农村集体建设用地包括集体经营性建设用地、公益性公共设施用地和宅基地。当前，农用地、农村集体建设用地和"四荒地"的流转方向主要有农用地市场、农村集体建设用地市场、征地市场和农村土地隐性流转市场。具体如图 2-1 所示。

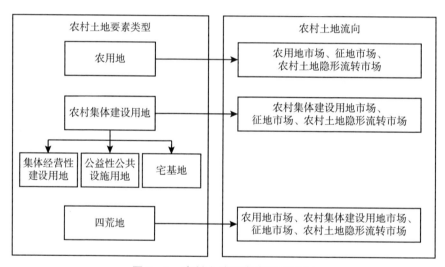

图 2-1　农村土地要素类型和流向

第一，农用地。农用地承包经营权的流转日趋规范化，农用地市场覆盖范围进一步扩大；但由于相关的土地法律法规体系较不完善，农用地隐形交易并未完全消失[②]，较多学者将研究重点放在农村集体建设用地的隐

① 资料来源：中国人大门户网站（http：//www.npc.gov.cn）。
② 朱明芬、常敏：《农用地隐性市场特征及其归因分析》，载于《中国农村经济》2011 年第 11 期，第 10～22 页。

形市场中①②（常敏，2013；张合林，2019），忽视了农用地的隐形流转③。根据中国国土资源部数据显示，2019 年，我国查处的农用地违法案件涉及面积④高达 9.49 万亩，农用地流转混乱无序、合同约束力较低⑤等流转乱象制约了农村土地要素市场的发育；此外，国家出于公共利益的需求依法征收（用）农用地，并给予补偿，农用地流向征地市场。

第二，农村集体建设用地。当前我国农村集体建设用地有征地、农村集体建设用地入市等多种配置模式（方江涛，2016），农村公益性建设用地能够进入征地程序⑥，农村集体建设用地流转"灰色地带"⑦长期处于失范状态，"隐形"市场泛滥（方江涛，2016）。农村集体建设用地流向农村集体建设用地市场、征地市场和农村土地隐性流转市场三个方向。

第三，"四荒地"。其是农村极为宝贵的储备资源。在当前的土地产权制度下，通过审批，允许村集体内和村集体外的成员通过承包和租赁的方式获得"四荒地"的使用权，以改造为基本农田、从事种植业、开办企业、从事非农经营和新型农业，"四荒地"进入到农用地市场和农村集体建设用地市场；也可服从于政府规划流向征地市场；此外，还有可能存在中小微企业不通过合法的土地使用审批程序，私自变更土地用途的问题，"四荒地"便进入隐形流转市场⑧。

综上所述，本书中的"农村土地要素流转"指的是在三权分置背景

① 常敏：《农村集体土地隐性市场的双重效应分析》，载于《现代经济探讨》2013 年第 6 期，第 68～72 页。
② 张合林：《以土地市场制度创新推动城乡融合发展》，载于《中州学刊》2019 年第 3 期，第 38～44 页。
③ 罗湖平：《中国土地隐形市场研究综述》，载于《经济地理》2014 年第 4 期，第 145～152 页。
④ 根据《中国国土资源统计年鉴》的定义，"农用地违法案件中面积"指的是"各级机关、村（租）集体、企事业单位和个人等"主体"买卖或非法转让……""违反土地管理法律法规行为"设计的土地面积。
⑤ 张照新：《中国农村土地流转市场发展及其方式》，载于《中国农村经济》2002 年第 2 期，第 19～24、32 页。
⑥ 孔祥智：《农业供给侧结构性改革的基本内涵与政策建议》，载于《改革》2016 年第 2 期，第 104～115 页。
⑦ 吕萍、陈卫华、陈泓冰：《农村住宅市场建设：理论意义和现实路径》，载于《经济体制改革》2017 年第 2 期，第 62～68 页。
⑧ 徐立敏、赵永刚：《推进农村"四荒地"开发利用》，载于《宏观经济管理》2021 年第 6 期，第 41～46、69 页。

下，以出租、出让、抵押、征补等方式实现农村土地要素的流转，也是农村"地"和"钱"交换的所有活动的总和。当前的农村土地要素大致流向农用地市场①②、农村集体建设用地市场③④、征地市场⑤⑥和农村土地隐性流转市场⑦⑧4个市场（见图2-1），因此，农村土地要素流转不仅包括农用地承包经营权的转移、集体经营性建设用地和闲置宅基地⑨入市，还应包括国家通过征地补偿方式与农民或农村集体发生的"地""钱"的交换，也应包括不符合国家《土地管理法》及其他相关法律规定的农村土地隐性流转行为。

（二）农村土地要素市场的内涵

土地是农村最重要的生产资料之一，根据农村土地要素的流向（见图2-1），对农村土地要素市场进一步进行了规定。

1. 农用地市场

指的是农用地承包经营权流转市场，在集体所有和农业用途不变的前提下，原有农用地承包方将具有物权性质的农用地全部或部分使用权转移给第三方。

2. 农村集体建设用地市场

指的是农村集体建设用地使用权流转市场。在城乡整体规划下，将农村经营性建设用地和宅基地使用权按照规定自愿、有偿转让给第三方。

3. 征地市场

指的是国家从公共利益出发，依照法定程序获得集体所有的农村土地，按照市场化土地价格的计算方法，建立公平的征地补偿机制，给被征收人合

---

①④ 钱忠好、牟燕：《乡村振兴与农村土地制度改革》，载于《农业经济问题》2020年第4期，第28~36页。

②⑥⑧ 王亚晨、张合林：《城乡互动下农村土地市场化与脱贫效应》，载于《统计与决策》2021年第21期，第85~88页。

③ 张月娥、杨庆媛、焦庆东、翟辉、杨逢渤：《重庆市农村土地市场发育程度评价》，载于《西南大学学报》（自然科学版）2011年第4期，第156~161页。

⑤⑦ 张合林、刘颖：《我国城乡一体化与土地市场制度关系的实证分析》，载于《财经科学》2017年第9期，第84~95页。

⑨ 按照我国有关法律规定和文件精神，在宅基地"三权分置"下，鼓励农村集体经济组织及其成员盘活利用闲置宅基地和闲置住宅，可以将闲置宅基地盘活整治纳入农村集体经营性建设用地依法入市。

理的补偿及保障。征地市场是对农村生产资料的调整，本质是对农村土地要素增值收益的重新分配[1]，与传统的征地补偿的差异在于，征地市场更强调征地过程中农民参与"地利共享"以及多种方式综合计算的征地补偿方法。

### 4. 农村土地隐性流转市场

指的是超出法律规定范围，私下进行农村土地要素产权买卖或转让的农村土地要素市场，与合法显性市场上流转承包经营权的农村土地要素相对应，具有自发性、交易面积小以及私下交易的特点。农用地、农村集体建设用地两大土地市场[2]都存在一定规模的隐形流转行为，此种交易行为违背了《土地管理法》农村土地要素流转的规定[3]。朱明芬和常敏（2011）对农村土地要素隐形流转范围进行了界定，"违法市场""触法市场"和"失范市场"[4]上流转的农村土地要素都属于隐形流转的土地。

农用地隐形流转行为侵犯了农民的承包经营权，直接表现为农民维护农用地权利的意识淡薄，不利于农地"三权分置"产权制度的实施，随着农用地制度的变迁以及各方利益博弈，农用地隐形流转逐步得到有效控制[5]，但当前农村集体建设用地隐形流转市场更加庞大，利益关系极为复杂。近年来，农村集体建设用地特别是宅基地的隐形流转规模迅速扩大，张合林和刘颖（2017）、钱忠好等（2020）、张建平和葛扬（2020）、王亚晨和张合林（2021）等诸多学者提出，这是由于农村宅基地价值日益显化[6][7]，加之土地资源市场化配置失灵，集体内农民往往为获得土地财产性收入与集体外居民进行交易[8][9]，将农村集体建设用地转化为集体外

---

① 桂华：《地权形态与土地征收秩序——征地制度及其改革》，载于《求索》2021年第2期，第74～81页。

②④⑤ 朱明芬、常敏：《农用地隐性市场特征及其归因分析》，载于《中国农村经济》2011年第11期，第10～22页。

③⑦ 王亚晨、张合林：《城乡互动下农村土地市场化与脱贫效应》，载于《统计与决策》2021年第21期，第85～88页。

⑥ 张合林、刘颖：《我国城乡一体化与土地市场制度关系的实证研究》，载于《财经科学》2017年第9期，第84～94页。

⑧ 钱忠好、牟燕：《乡村振兴与农村土地制度改革》，载于《农业经济问题》2020年第4期，第28～36页。

⑨ 张建平、葛扬：《土地市场化与城乡收入分配》，载于《山西财经大学学报》2020年第11期，第1～15页。

宅基地或非农用地①，形成农村集体建设用地灰色市场；罗湖平（2014）认为，土地隐形流转会破坏农村集体建设用地市场和征地市场，直接造成国家、农村集体和农民的土地收益受损，而农村集体建设用地的私下交易不受法律保护，一旦出现土地或财产纠纷，所产生的损失农民便无法通过法律手段追回，非法交易使农民"两头受损"②。

（三）农村土地要素市场化配置改革的意义

土地制度是一个国家最为重要的生产关系安排，是最基础的制度。习近平总书记强调，"新形势下深化农村改革，主线仍然是处理好农民与土地的关系""要系统梳理我国农村土地制度的变革历程"，深刻把握习近平总书记关于农村土地制度改革的论述，"明确当前和今后一个时期我国农村土地改革的方向"（韩长赋，2018）③。韩长赋（2019）提出，实现农村土地使用权的市场化交易是促进农村土地资源优化配置的必然要求④，土地制度改革与农民生产生活、乡村产业发展、乡村治理等紧密联系，实施乡村振兴战略，实现城乡融合发展，迫切要求进一步强化土地制度供给⑤和农村土地整治转型；李哲和李梦娜（2018）认为，更重要的是理顺供给侧结构性改革与农村土地制度改革的内在联系⑥；钱忠好和牟燕（2020）提出，通过制度创新促进土地等生产要素的流动，借力农村土地要素改革，有助于促进乡村振兴⑦；刘守英（2017）提出，改变以地谋发展的模式，"经济冷时放低，经济热时控地"，优化城乡互动的土地结构改革，特别是推进以集体地权制度和宅基地为核心的农村土地要素改

---

① 农地非农化土地是将农村土地资源由农业部门向非农部门转移，为避免农地过度向非农转变，我国政府在过程中实施征地制度，农村土地转为非农土地的唯一方式是通过土地征收，因此，农地非农化市场对应的是我国的农村征地市场土地。

② 罗湖平：《中国土地隐形市场研究综述》，载于《经济地理》2014年第4期，第145～152页。

③ 韩长赋：《中国农村土地制度改革》，载于《农村工作通讯》2018年第Z1期，第8～19页。

④ 韩长赋：《中国农村土地制度改革》，载于《农业经济问题》2019年第1期，第4～16页。

⑤ 韩长赋：《中国农村土地制度改革的历史变迁与创新实践》，载于《农村·农业·农民》2019年第1B期，第5～13页。

⑥ 李哲、李梦娜：《供给侧结构性改革背景下农村土地整治路径探析》，载于《农村经济》2018年第8期，第5～11页。

⑦ 钱忠好、牟燕：《乡村振兴与农村土地制度改革》，载于《农业经济问题》2020年第4期，第28～36页。

革①；王亚晨和张合林（2021）提出，农村土地要素市场化配置具有正向的脱贫效应②；郭晓鸣（2011）从发展的角度提出，我国农村土地制度改革必在坚持土地集体所有制的基础上，沿着产权明晰、产权流动的路径推进③。此外，也有学者提出，土地要素机制不完善制约规模经营效应的发挥④，农民与土地分离的矛盾和土地流转制度的弊端阻碍了职业农民的培育，解决职业农民问题，需要推进以农民职业化为导向的农村土地制度改革⑤。

（四）农村土地要素市场和政府调控的关系

政府与市场的关系是农村土地要素市场化配置改革的核心要素⑥。刘长全（2020）发现，专业化水平较低的小农户是农业生产主体⑦，小农户应对市场波动的能力较弱；林国栋和周丹妮（2014）对越南农村研究发现，随着农村土地要素的市场化流转，土地向拥有资源禀赋优势的农户集中，加上部分家庭为应对突发危机而出售土地⑧，提高农村土地要素集中程度，失地农民增多，农民生活保障缺失；而王玲燕等（2009）⑨、钱昱如等（2009）⑩、李沛桐（2016）⑪ 均佐证了农村土地流转过程中的政府

① 刘守英：《中国土地制度改革：上半程及下半程》，载于《国际经济评论》2017 年第 5 期，第 29～56 页。

② 王亚晨、张合林：《城乡互动下农村土地市场化与脱贫效应》，载于《统计与决策》2021 年第 21 期，第 85～88 页。

③ 郭晓鸣：《中国农村土地制度改革：需求、困境与发展态势》，载于《中国农村经济》2011 年第 4 期，第 4～8、17 页。

④ 田红宇、祝志勇：《农村劳动力转移、经营规模与粮食生产环境技术效率》，载于《华南农业大学学报》（社会科学版）2018 年第 5 期，第 69～81 页。

⑤ 王雅军、张波：《"农民职业化"与农村土地制度改革》，载于《改革》2019 年第 5 期，第 126～133 页。

⑥ 钱文荣、朱嘉晔、钱龙、郑淋议：《中国农村土地要素市场化改革探源》，载于《农业经济问题》2021 年第 2 期，第 4～14 页。

⑦ 刘长全：《以农地经营权配置与保护为重点的农地制度改革——法国经验与启示》，载于《中国农村经济》，2020 年第 11 期，第 131～144 页。

⑧ 林国栋、周丹妮：《越南农村土地改革的做法、成效及问题》，载于《东南亚纵横》2014 年第 11 期，第 62～66 页。

⑨ 王玲燕、邱道持、钱昱如、陈斌：《重庆市忠县农村土地流转市场化程度评价》，载于《中国农学通报》2009 年第 17 期，第 326～330 页。

⑩ 钱昱如、邱道持、王玲燕：《基于主成分分析的流转农地用途变化动力研究》，载于《中国土地科学》2009 年第 9 期，第 47～51 页。

⑪ 李沛桐：《基于大样本农户土地承包决策的行为特征与影响因素》，载于《贵州农业科学》2016 年第 5 期，第 167～169 页。

调控力度决定市场化配置程度。因此，政府调节与农村土地要素市场的关系也是学术界争论的主要内容。

部分学者对政府调控能够推动农村土地要素市场化有效运行的观点予以肯定。阿尔弗雷德和詹姆斯（2021）提出，由于市场调控本身的缺陷和弊端，经济体制和政策对农业市场至关重要①；韩长赋（2018）、杨秉珣（2015）提出，美国农村土地要素的经营权和使用权交易价格由交易双方决定，政府对农村土地要素的用途和交易进行了较为严格的限制，有效防止投机行为发生②③；韩国鼓励农民将土地有偿转让给专业农民，给65 岁以上的转出者一定的补贴④，史卫（2013）认为，该项政府计划保护年长的农民群体利益；在加拿大农业农村现代化的实现过程中，政府对农业固定资产投资占国内总投资的 2.23%⑤，虞小曼和虞龙（2017）指出，建立较为完备的农业基础设施有利于发展农业多样化生产，延长农业产业链，为失地农民提供就地就业的机会，提升农村土地价值；塞木威尔和艾格尼丝（Samwel and Agnes，2019）分析了坦桑尼亚达累斯萨拉姆市的土地和住房市场，发现政府对土地产权的保护有利于土地市场的健康运行，避免无良卖方和"黑中介"对市场的干扰，与有效的司法处理相比较，土地产权的正规化对土地纠纷处理边际效应更强，更能够降低市场交易风险⑥。

但相当一部分学者并不支持政府宏观调控具有积极作用的观点。熊（Xiong，2013）发现，与市场化配置下的老浦西对比，政府主导作用更强

---

① Alfred R. B. , James O. O. "Assessing the Impacts of Land Tenure Regularization：Evidence from Rwanda and Ethiopia". Land Use Policy, 2021, 100：104904.

② 韩长赋：《中国农村土地制度改革》，载于《农村工作通讯》2018 年第 Z1 期，第 8～19 页。

③ 杨秉珣：《美国和日本的农用土地流转制度》，载于《世界农业》2015 年第 5 期，第 44～46 页。

④ 史卫：《国外的农业土地流转及其财政政策》，载于《农村财政与财务》2013 年第 2 期，第 47～48 页。

⑤ 虞小曼、虞龙：《中美加农业现代化对比研究》，载于《世界农业》2017 年第 11 期，第 65～68 页。

⑥ Samwel A. S. , Agnes N. M. "Land and Housing Transactions in Tanzania：An Evaluation of Title Risk Vulnerabilities in Kinondoni Municipality Dar es Salaam". Urban Forum, 2019, 3：261 - 287.

的浦东新区的农村土地市场效率更低，资源错配更严重①；姜和林（Jiang and Lin，2021）发现，受地方经济发展水平的影响，政府干预与各地市场的影响效果存在异质性，导致农村土地要素市场化配置程度的地理分布不均②；李等（Li et al.，2020）证实，交易成本和政策执行成本难的偏差也会影响市场化效果，国家的持续控制降低了一线、二线城市的土地市场化程度③，导致中国农村集体建设用地市场化配置程度低，则应充分发挥市场调节的基础性作用，政府以完善基础设施为主，与吴（Wu，2018）观点一致④；张等（Zhang et al.，2021）也强调应弱化地方政府对市场化的直接干预⑤；陈（Chen，2020）研究发现，2000~2018 年有 1500 起新闻事件反映的是农民的征地问题，2000~2014 年征地冲突上升，2014~2018 年呈下降趋势⑥；对于政府征地引发的冲突，张合林（2019）指出，由于对"公共利益"边界界定的模糊，加上地方政府利益的驱使，征地市场上的土地征收权利被滥用⑦。

对于市场失灵致使的市场纠纷问题，较多学者提出，除政府干预之外的解决方法，还应包括以下方法。第一，寻求司法途径。阿贝拉和舍曼（2021）对肯尼亚的农村土地纠纷进行了分析，发现随着向农村土地纠纷案

---

① Xiong J. W. "Which Type of Urbanization Better Matches China's Factor Endowment：A Comparison of Population – Intensive Old Puxi and Land – Capital – Intensive New Pudong". Frontiers of Economics in China，2013，4：516 – 534.

② Jiang R. H.，Lin G. C. "Placing China's Land Marketization：The State，Market and the Changing Geography of Land Use in Chinese Cities". Land Use Policy，2021，103：105293.

③ Li L.，Helen X. H.，Guy M. R. "The Return of State Control and Its Impact on Land Market Efficiency in Urban China". Land Use Policy，2020，99：104878.

④ Wu Z. X. "Rural Road Improvement and Farmland Circulation：The Production Cost Perspective". American Journal of Industrial and Business Management，2018，10：2061 – 2071.

⑤ Zhang M. Y.，Chen Q. X.，Zhang K. W.，Yang D. Y. "Will Rural Collective – Owned Commercial Construction Land Marketization Impact Local Governments' Interest Distribution？Evidence from Mainland China". Land，2021，2：209.

⑥ Chen J. C. "Peasant Protests over Land Seizures in Rural China". The Journal of Peasant Studies，2020，6：1327 – 1347.

⑦ 张合林：《以土地市场制度创新推动城乡融合发展》，载于《中州学刊》2019 年第 3 期，第 38~44 页。

件提供免费的律师服务，通过司法手段能够有效地解决众多土地纠纷①。第二，非司法途径也是解决土地纠纷最有效的手段。温特斯和康罗伊（Winters and Conroy，2021）对马里的农村地区土地纠纷进行研究，发现产生土地纠纷的农民更倾向于求助于传统机构，是因为跟正式法院体系相比，传统机构对纠纷处理的效率更高、裁决更公平，且不要求支付服务费用②；曼朱等（Manjur et al.，2020）通过对孟加拉国农村处理土地纠纷的研究中也发现了该现象，农民倾向于利用非诉讼手段解决土地纠纷，而非通过司法诉讼，替代性争议解决（ADR）相对省事、费用较低且程序简单③。第三，依靠农村人情社会解决。张婷婷（2012）基于社会学研究提出，乡村社会关系可能会超过市场理性④、平滑征地补偿过程中的纠纷。

综上所述，农用地市场、农村集体建设用地市场、征地市场和农村土地隐性流转市场构成了农村土地要素市场，农村土地要素市场化配置改革是在土地集体所有制的基础上进行的，是土地产权改革的必然方向。农村土地要素市场化配置改革重要的是处理好市场配置和政府宏观调控的关系问题，放松政府干预⑤，优化要素市场化配置，正视市场与政府之间的关系问题。第一，必须优化政府管理经济的方式，维护要素市场公平竞争秩序，加快推进重点要素市场化配置改革，进一步完善要素价格形成机制⑥，并加快推进要素市场相关配套改革。第二，规范政府征地行为和征

---

① Aberra A. ，Chemin M. "Does Legal Representation Increase Investment？Evidence from A Field Experiment in Kenya". Journal of Development Economics，2021：150.

② Winters M. S. ，Conroy K. J. "Preferences for Traditional and Formal Sector Justice Institutions to Address Land Disputes in Rural Mali". World Development，2021：142.

③ Manjur H. P. ，Amir H. M. ，Muhammad N. B. ，Abdul H. C. ，Jaforullah T. "Legal and Administrative Challenges of Alternative Dispute Resolution（ADR）as a Peaceful Means of Resolving the Land Dispute in the Rural Areas of Bangladesh". Beijing Law Review，2020，2：415 – 428.

④ 张婷婷：《市场理性与乡土伦理：一项基于征地补偿引发的家庭纠纷的社会学研究》，载于《华东理工大学学报》（社会科学版）2012 年第 1 期，第 12 ~ 18 页。

⑤ 卢现祥：《论我国市场化的"质"——我国市场化进程的制度经济学思考》，载于《财贸经济》2001 年第 10 期，第 26 ~ 30 页。

⑥ 刘志成：《要素市场化配置的主要障碍与改革对策》，载于《经济纵横》2019 年第 3 期，第 93 ~ 101 页。

地程序，完善多元化的征地补偿机制对中国社会的稳定至关重要①。第三，对于市场化失灵引发的土地纠纷，无须政府干预，只需辅助以司法手段、非司法途径或依靠乡村"社会关系"进行"平滑"。

## 三、农村土地要素市场化配置及程度

### （一）市场化配置

市场化配置是一个动态的复合过程。制度经济学家认为，市场化是指在经济活动中，随着资源配置对市场化配置的依赖程度逐步提高②，价值规律能够在资源配置的各个环节中发挥基础性作用。从微观视角来看，市场化配置指的是市场参与者之间平等自愿的交换③。此外，市场还需兼具规范化、现代化④⑤和契约化⑥，因此，市场化配置是由计划经济逐步向自由化和规范化⑦的市场经济转化⑧⑨，对市场化配置进行综合性定义，市场化配置指的是生产要素的配置方式由以政府分配为主向以市场化配置为主转化，让价值规律发挥基础性作用的过程。

### （二）农村土地要素市场化配置的内涵、作用和程度

### 1. 农村土地要素市场化配置的内涵

土地要素市场化是指土地资源配置方式由以政府分配为主向以土地要素的市场化配置为主转化。农村土地要素市场化配置是指农村土地要

---

① 张合林：《以土地市场制度创新推动城乡融合发展》，载于《中州学刊》2019 年第 3 期，第 38 ~ 44 页。

② 陈宗胜、周云波：《加速市场化进程推进经济体制转型》，载于《社会主义经济理论与实践》2001 年第 8 期，第 55 ~ 58 页。

③ 盛洪：《市场化的条件、限度和形式》，载于《经济研究》1992 年第 11 期，第 71 ~ 79 页。

④ 于祖尧：《论经济市场化和市场现代化》，载于《财贸经济》1992 年第 8 期，第 9 ~ 10 页。

⑤ 于祖尧：《中国市场化改革：摆脱了困惑之后的艰难之路》，载于《财贸经济》1993 年第 11 期，第 11 ~ 18 页。

⑥ 熊清华、聂元飞：《中国市场化改革的社会学底蕴》，载于《管理世界》1998 年第 4 期，第 25 ~ 28 页。

⑦ 张曙光、赵农：《市场化及其测度——兼评〈中国经济体制市场化进程研究〉》，载于《经济研究》2000 年第 10 期，第 73 ~ 77 页。

⑧ 陈宗胜、吴浙、谢思全：《中国经济体制市场化进程研究》，上海人民出版社 1999 年版，第 21 页。

⑨ Nee V. A. "Theory of Market Transition：From Redistribution to Market in State Socialism". American Sociological Review，1989，10：663 - 681.

素作为一种特殊商品，通过市场进行调节过程中产生的各种经济关系的综合。现代化土地市场化配置中的市场主体包括农村土地要素的供给者、需求者、抵押人、贷款人、政府管理部门、中介服务机构、信息化服务组织等。

农村土地要素市场化配置有狭义和广义之分。狭义的农村土地要素市场化配置指的是微观视角的农村土地要素市场化，指的是4个农村土地流转方向和市场的农村土地要素商品化配置，考察对象为参与市场化的农村土地要素；广义的农村土地要素市场化配置是宏观视角的农村土地要素市场化配置，除农村土地要素商品化配置外，还包括农村土地要素市场化构建的配套机制和政策支撑体系。考察对象不仅包含参与市场上商品化的农村土地要素，还包括与农村土地要素相关的资金、信息、农民主体、政府参与、中介组织等方面的市场化。具体来说，广义的农村土地要素市场化配置指的是不仅包括农村土地要素商品化程度，还包括农村土地要素市场体系发育程度、农村土地要素市场运行机制健全程度、农民适应农村土地要素市场和政府对土地要素市场的调控程度。

2. 农村土地要素市场化配置的作用和程度

一些学者认为，农村土地要素市场化配置改革是盘活农村土地资源要素的关键途径，能够有效提高土地使用效率、增加农民收入、消除贫困。熊（Xiong，2013）对浦东新区和老浦西两地农村土地市场进行对比发现，在现有户籍制度和土地所有制下，浦东新区资源错配较为严重，农村相对贫困，而自由交易的市场化配置引导的老浦西更具效率和包容性，能在农村人口向城市转移过程中避免更大的城乡差距[①]；陈和马（Chen and Ma，2020）证实农村土地要素市场化配置有助于提高农村土地要素的利用效率，提高农民收益率[②]；阿尔弗雷德和詹姆斯（2021）基于卢旺达和埃塞俄比亚的研究，证实了农村土地要素市场化配置改革

① Xiong J. W. "Which Type of Urbanization Better Matches China's Factor Endowment: A Comparison of Population – Intensive Old Puxi and Land – Capital – Intensive New Pudong". Frontiers of Economics in China, 2013, 4: 516 – 534.

② Chen S. Y. , Ma Z. Y. "Influencing Factors of Rural Land Internal Circulation Market in Guangdong Province". Asian Agricultural Research, 2020, 4: 28 – 33.

能显著提高土地效率[1]；洋子和雷纳（Yoko and Rayner，2020）对肯尼亚和乌干达的农村土地市场分析发现，土地市场化流转可以推动土地流向耕作能力较高的家庭，能够实现土地效率的提升[2]；刘等（Liu et al.，2020）以江苏省 1202 户农民作为研究对象，发现土地流转后的土地利用效率更高，土地受让方通过提升土地利用效率来平衡支付的土地租金，而未参与市场化流转的土地效率几乎没有发生变化，认为土地要素市场化流转能够推动土地效率的提升[3]；佩雷拉（Pereira，2021）对哥伦比亚、巴西和危地马拉的土地市场化配置改革进行了分析，认为农村土地要素市场化配置改革能够有效消除农村贫困，解决公共政策结构性限制的问题[4]；本杰明和勃兰特（Benjamin and Brandt，1997）运用新古典模型对中国东北地区土地分配、要素市场和收入之间的关系进行了分析，提出土地市场化配置程度越高，对减少农村收入的不平等积极性越强[5]；尼古拉斯（Nicolas，2018）对比弗兰德和布拉班特两个地区土地的市场情况，认为随着人均土地市场活动的减少和平均交易规模的提升，土地租赁市场成为农民重要的交易场所，有效改善农村贫困[6]，王亚晨和张合林（2021）也持有相同的观点[7]；麦克唐纳（Mcdonald，2001）提出，土地要素市场化配置改变区域经济发展模式和福利分配[8]；钱尼等（Chaney et al.，2012）、黄凌翔等（2020）提出，在解释经济波动问题上，土地市场化冲

① Alfred R. B., James O. O. "Assessing the Impacts of Land Tenure Regularization: Evidence from Rwanda and Ethiopia". Land Use Policy, 2021, 100: 104904.

② Yoko K., Rayner T. "Efficiency and Equity of Rural Land Markets and the Impact on Income: Evidence in Kenya and Uganda from 2003 to 2015". Land Use Policy, 2020, 91: 104416.

③ Liu Z. M., Zhang L., Jens R. et al. "Do Land Markets Improve Land-use Efficiency? Evidence from Jiangsu, China". Applied Economics, 2020, 3: 317 – 330.

④ Pereira J. M. "The World Bank and Market-assisted Land Reform in Colombia, Brazil and Guatemala". Land Use Policy, 2021, 100: 104909.

⑤ Benjamin D., Brandt L. "Land, Factor Markets and Inequality in Rural China: Historical Evidence". Explorations in Economic History, 1997, 4: 460 – 494.

⑥ Nicolas D. V. "The Rural Land Market in Early Modern Inland Flanders and Brabant: A Long Run Perspective". Rural History, 2018, 2: 115 – 143.

⑦ 王亚晨、张合林：《城乡互动下农村土地市场化与脱贫效应》，载于《统计与决策》2021年第 21 期，第 85~88 页。

⑧ Mcdonald J. F. "Cost – Benefit Analysis of Local Land Use Allocation Decisions". Journal of Regional Science, 2001, 2: 277 – 299.

击甚至比传统的金融约束冲击更强①②。对不同市场来说，土地要素市场化助推作用明显。

对农用地市场来说，要素市场化配置意义深远。帅晓林（2010）认为，引导和推进农用地市场化配置，是农村土地改革的一次质的飞跃，对消除城乡二元结构意义重大③。韩长赋（2019）认为，在坚持集体所有、家庭经营的基础上，应促进农村土地依法自愿有偿流转，增加农民和农民集体的财产性收益④。

农村集体建设用地入市也具有明显的积极意义。王和谭（Wang and Tan，2020）通过建立农村建设用地市场化的部分均衡模型，以2015年以来浙江省德清县农村为样本，发现农村建设用地市场化确实提高了土地配置程度，农村建设用地市场化也为农村部门带来了福利收益，特别是通过诱导从城市到农村部门的再分配效应⑤。谭等（Tan et al.，2020）提出，农村集体建设用地市场的开放促使土地流出农村地区，能实现城乡收入差距的缩小⑥。张合林（2019）提出，集体经营性建设用地合法入市是实现城乡土地使用权的权能平等，构建城乡统一土地市场的合理途径⑦。

对于征地市场，国家借助征地制度，通过土地出让的方式实现城乡之间"土地"和"钱"的转化⑧。叶裕民等（2018）提出，为了解决城市发展"缺地"和农村发展"缺钱"的现实问题，地方政府使用城乡建设

---

① Chaney T., Sraer D., Thesmar D. "The Collateral Channel: How Real Estate Shocks Affect Corporate Investment". The American Economic Review, 2012, 6: 2381 - 2409.

② 黄凌翔、韩杰、艾萍、陈竹：《土地市场、财政压力与经济增长——基于省级面板 VAR 的实证分析》，载于《中国土地科学》2020 年第 11 期，第 85 ~ 94 页。

③ 帅晓林：《我国农村承包地流转市场化之研究——成都例证》，西南财经大学博士学位论文，2010 年，第 3 页。

④ 韩长赋：《中国农村土地制度改革》，载于《农业经济问题》2019 年第 1 期，第 4 ~ 16 页。

⑤ Wang R. Y., Tan R. "Efficiency and Distribution of Rural Construction Land Marketization in Contemporary China". China Economic Review, 2020, 60: 101223.

⑥ Tan R., Wang R. Y., Nico H. "Liberalizing Rural-to-urban Construction Land Transfers in China: Distribution Effects". China Economic Review, 2020, 60: 101147.

⑦ 张合林：《以土地市场制度创新推动城乡融合发展》，载于《中州学刊》2019 年第 3 期，第 38 ~ 44 页。

⑧ 钱忠好、牟燕：《乡村振兴与农村土地制度改革》，载于《农业经济问题》2020 年第 4 期，第 28 ~ 36 页。

用地增减挂钩的发展手段，使得农村集体建设用地的主要职能是保证城市的供地①，农村集体经营性建设用地通过土地出让的方式进入征地市场，进而转化为城市建设用地，提升农村土地要素价值。曹和张（2018）对被征地农民的满意度及征地补偿进行研究发现：首先，提高征补标准有利于提高被征地农民的满意程度，但若未就征补程序与农民协商，农民的满意度会大打折扣，简单地增加补偿金额并不能显著提高满意度；其次，被征地农民更在乎的是收入水平的增加和补偿的公平性，在不进行征地协商的情况下，农民更倾向于待价而沽；最后，征地补偿应直接分配给农民，而不是农村集体②。许迎春（2019）对通过非征收的方式占用农村土地的行为进行了研究，认为国家或行政授权机构依靠立法或者行政行为对农村土地要素使用权进行过度限制，对农村土地要素的管制性征收会损害农民和农村集体的土地产权③，导致较大程度的财产损失，此类行政行为与农村土地要素征收对农民的影响类似。

一些学者发现，农村土地要素市场化配置并未带来积极影响。斯蒂芬（2003）对俄罗斯土地市场的农户行为进行了研究，认为收入较高的人最可能通过土地市场增加土地持有量，进一步增加自身利益，这可能在未来几年内加剧社会分层④；张等（2021）发现，农村集体建设用地市场化配置改革对提高政府财政收入的效果并不显著⑤；谭等（2020）发现，农村集体建设用地市场的开放有可能产生农村内部的收入不平等问题，可以依

---

① 叶裕民、戚斌、于立：《基于土地管制视角的中国乡村内生性发展乏力问题分析：以英国为鉴》，载于《中国农村经济》2018 年第 3 期，第 123～137 页。

② Cao Y., Zhang X. L. "Are they Satisfied with Land Taking? Aspects on Procedural Fairness, Monetary Compensation and Behavioral Simulation in China's Land Expropriation Story". Land Use Policy, 2018, 74：166 - 178.

③ 许迎春：《论美国管制性征收制度及其对我国的启示》，载于《法治研究》2019 年第 4 期，第 138～150 页。

④ Stephen K. W. "Why Rural Russians Participate in the Land Market：Socio-economic Factors". Post - Communist Economies, 2003, 4：483 - 501.

⑤ Zhang M. Y., Chen Q. X., Zhang K. W., Yang D. Y. "Will Rural Collective - Owned Commercial Construction Land Marketization Impact Local Governments' Interest Distribution? Evidence from Mainland China". Land, 2021, 2：209.

靠交易配额制度减少土地位置对地价的影响①；庞新军等（2014）通过对重庆荣昌县的实证分析发现，土地市场化流转的增收效应并非无穷无尽，土地流转后期应该通过土地流转规模与效率的结合发挥土地流转的作用②；张婷婷（2012）通过个案研究发现，农村土地要素市场化配置范围的扩张带来乡村社会"由内向外"的反扩张，市场理性会对乡土伦理不断渗透，并打破重构，转型中的乡村社会会放大"金钱至上"和"利己主义"，③ 乡村社会关系错综复杂；林国栋和周丹妮（2014）研究发现，部分越南家庭为应对突发危机而出售土地④，农村土地要素集中程度提高，但失地农民数量增加⑤。

通过梳理文献发现，农村土地要素市场化能带来土地要素的聚集，适度规模利用极大地提升了土地利用效率，较多学者对这一观点达成共识。市场化在农用地市场、农村集体建设用地市场以及征地市场的助推作用明显，但过度依靠市场配置也会产生社会收入不平等、传统乡村社会遭到冲击等方面的问题，因此，农村土地要素市场化配置带来的助推作用并非无穷尽的。

（三）农村土地要素市场化配置程度测度

钱忠好和牟燕（2020）提出，在保证粮食安全和国家安全的前提下，农村土地"流动"是实现乡村振兴的支点，土地"流动"即土地资源自由的市场化配置。但农村土地市场长期缺乏可持续性的观测数据⑥，农村土地要素市场化配置程度研究滞后；林鹰漳（2002）指出，市场化配置程度特别是在农村土地要素市场化配置程度考察过程中，相当一部分定性

① Tan R., Wang R. Y., Nico H. "Liberalizing Rural-to-urban Construction Land Transfers in China: Distribution Effects". China Economic Review, 2020, 60: 101147.

② 庞新军、况云武、龚晓红：《交易成本、土地流转与收入增长关系的实证研究》，载于《统计与决策》2014年第13期，第120～123页。

③ 张婷婷：《市场理性与乡土伦理：一项基于征地补偿引发的家庭纠纷的社会学研究》，载于《华东理工大学学报》（社会科学版）2012年第1期，第12～18页。

④⑤ 林国栋、周丹妮：《越南农村土地改革的做法、成效及问题》，载于《东南亚纵横》2014年第11期，第62～66页。

⑥ 李尚蒲、罗必良：《中国城乡土地市场化：估算与比较》，载于《南方经济》2016年第4期，第24～36页。

指标很难提供非常完备的量化支持[1]。因此，当前没有官方的农村土地要素市场化配置的测算方法，但关于市场化配置程度以及城市土地要素市场化配置程度的研究较多。

第一，关于市场化配置程度的研究较为丰富。钬（2021）提出，较高的税赋负担和土地交易成本影响农业市场化配置程度的发展[2]；李静和韩斌（2011）选取农村市场经营主体市场化程度、农产品市场化程度、政府管理市场化程度等五个角度测度我国农村市场化程度[3]；邓晰隆等（2008）通过从农村劳动力要素、土地要素、金融资本要素三方面测算苍溪县农村生产要素综合指标[4]；王小鲁等（2019）在《中国分省份市场化指数报告（2018）》中，从政府、产品市场化、市场中介组织的健全程度、法治化程度等多个角度考察中国市场化配置程度[5]。

第二，已有不少关于土地要素市场化配置程度测度的研究，其中多集中于对城市土地要素市场化的研究。李等（2020）用土地交易日期、渠道、面积等城市土地交易数据模拟出城市土地市场化动态，提出更高水平的土地市场化会带来更有效的土地和住房供应[6]；范等（Fan et al.，2020）用城市土地出让宗数衡量城市土地市场化配置程度，提出地方政府出于对土地财政的依赖，倾向于大力推进城市土地市场化解决财政赤字[7]；曲福田和吴郁玲（2007）从土地出让市场化程度、政府干预程度以及市

---

① 林鹰漳：《农村市场化进程测度与实证分析》，载于《调研世界》2002 年第 6 期，第 26 ~ 29 页。

② Ho H. A. "Land Tenure and Economic Development: Evidence from Vietnam". World Development, 2021, 140: 105275.

③ 李静、韩斌：《中国农村市场化研究报告》，东方出版社 2011 年版，第 179 ~ 190 页。

④ 邓晰隆、陈娟、叶进：《农村生产要素市场化程度测度方法及实证研究——以四川省苍溪县为例》，载于《农村经济》2008 年第 9 期，第 50 ~ 54 页。

⑤ 王小鲁、樊纲、胡李鹏：《中国分省份市场化指数报告（2018）》，社会科学文献出版社 2019 年版，第 9 ~ 15 页。

⑥ Li L., Helen X. H., Guy M. R. "The Return of State Control and Its Impact on Land Market Efficiency in Urban China". Land Use Policy, 2020, 99: 104878.

⑦ Fan X., Qiu S. N., Sun Y. K. "Land Finance Sependence and Urban Land Marketization in China: The Perspective of Strategic Choice of Local Governments on Land Transfer". Land Use Policy, 2020, 99: 105023.

场化配置发育程度三方面构造江苏省开发区土地市场化配置程度测度体系①；姜和林（2021）②、李尚蒲和罗必良（2016）③、钱忠好和牟燕（2012）④、张合林和刘颖（2017）⑤、龚广祥等（2020）⑥用一级土地市场测算城市土地市场化程度。

关于农村的土地要素市场化研究中的定量测度较少，且常常只关注农村土地要素市场化的某些方向，农村土地要素市场化配置程度的研究主要集中在以下几个方面。

第一，部分学者从农村土地要素市场化的结果出发考察市场化配置程度，常用转入面积和流转发生率作为重要指标。较早的研究中更关注农村土地要素交易市场中的单一指标，如程世勇和李伟群（2009）强调农村建设用地交易量⑦，这些指标无法反映农村土地要素市场化配置的全部特征。也有一些学者采用复合指标进行，如许恒周和金晶（2011）用流转面积⑧计算农地市场化配置程度；钟太洋等（2009）用农用地转入转出面积和价格⑨表征；洪建国和杨钢桥（2012）用签订合同情况、流转期限⑩等流转契约特征测度，较少变量的复合指标也无法有效地反映出农村土地

① 曲福田、吴郁玲：《土地市场发育与土地利用集约度的理论与实证研究》，载于《自然资源学报》2007 年第 3 期，第 445 ~ 454 页。

② Jiang R. H., Lin G. C. "Placing China's Land Marketization: The State, Market and the Changing Geography of Land Use in Chinese Cities". Land Use Policy, 2021, 103: 105293.

③ 李尚蒲、罗必良：《中国城乡土地市场化：估算与比较》，载于《南方经济》2016 年第 4 期，第 24 ~ 36 页。

④ 钱忠好、牟燕：《中国土地市场化水平：测度及分析》，载于《管理世界》2012 年第 7 期，第 67 ~ 75 页。

⑤ 张合林、刘颖：《我国城乡一体化与土地市场制度关系的实证研究》，载于《财经科学》2017 年第 9 期，第 84 ~ 94 页。

⑥ 龚广祥、吴清华、高思涵：《土地市场化对区域技术创新的影响及作用机制》，载于《城市问题》2020 年第 3 期，第 68 ~ 78 页。

⑦ 程世勇、李伟群：《地权市场演进和要素组合的制度绩效：1978 ~ 2008》，载于《社会科学研究》2009 年第 5 期，第 21 ~ 26 页。

⑧ 许恒周、金晶：《农地流转市场发育对农民养老保障模式选择的影响分析——基于有序Probit 模型的估计》，载于《资源科学》2011 年第 8 期，第 1578 ~ 1583 页。

⑨ 钟太洋、黄贤金、陈志刚、陈逸、张丽君：《区域农地市场发育对农业商品化的影响——基于农户层次的分析》，载于《经济地理》2009 年第 3 期，第 461 ~ 465、488 页。

⑩ 洪建国、杨钢桥：《生产要素市场发育与农户生产行为决策——基于江汉平原与太湖平原的农户调查》，载于《华中农业大学学报》（社会科学版）2012 年第 2 期，第 23 ~ 28 页。

要素市场化配置程度的全部特征。在近些年的研究中，张和陈（Zhang and Chen，2021）认为，用土地流转效率、交易成本和政策执行偏差①衡量农村集体建设用地市场化配置程度；李尚蒲和罗必良（2016）通过农地流转发生率和农地流转租金值对农地流转市场化进行测度，并认为土地违法程度和耕地征收比率影响土地市场化程度②；邓晰隆和陈娟（2009）用农村承包经营权落实比例、转包耕地面积占比等指标测度土地要素市场化③；李博伟（2019）、王亚晨和张合林（2021）用土地转入面积表示土地市场化程度④⑤。

第二，部分学者从市场化行为和内涵出发考察农村土地要素市场化配置程度。康清（2013）从农民自发流转、政府主导和市场引导三个方面对市场化配置进行测度，更侧重于对土地要素市场交易行为的分析⑥；李静和韩斌（2011）用农村土地承包经营权、转包耕地比重衡量农村土地要素市场化配置程度⑦；王玲燕等（2009）建立农村土地流转驱动模式、建设水平、价格构成的土地流转市场化指数体系⑧；张月娥等（2011）认为，农村土地市场的成熟度包括供需均衡度、资源配置度、流转驱动度和配套完善度⑨。

---

① Zhang M. Y. , Chen Q. X. , Zhang K. W. , Yang D. Y. "Will Rural Collective – Owned Commercial Construction Land Marketization Impact Local Governments' Interest Distribution? Evidence from Mainland China". Land，2021，2：209.

② 李尚蒲、罗必良：《中国城乡土地市场化：估算与比较》，载于《南方经济》2016 年第 4 期，第 24~36 页。

③ 邓晰隆、陈娟：《农村土地要素市场化测度的实证研究》，载于《商业研究》2009 年第 10 期，第 131~134 页。

④ 李博伟：《转入土地连片程度对生产效率的影响》，载于《资源科学》2019 年第 9 期，第 1675~1689 页。

⑤ 王亚晨、张合林：《城乡互动下农村土地市场化与脱贫效应》，载于《统计与决策》2021 年第 21 期，第 85~88 页。

⑥ 康清：《农村土地流转市场发育对劳动力转移的影响研究》，四川农业大学硕士学位论文，2013 年。

⑦ 李静、韩斌：《中国农村市场化研究报告》，东方出版社 2011 年版，第 179~190 页。

⑧ 王玲燕、邱道持、钱昱如、陈斌：《重庆市忠县农村土地流转市场化程度评价》，载于《中国农学通报》2009 年第 17 期，第 326~330 页。

⑨ 张月娥、杨庆媛、焦庆东、翟辉、杨逢渤：《重庆市农村土地市场发育程度评价》，载于《西南大学学报》（自然科学版）2011 年第 4 期，第 156~161 页。

第三，也有学者讨论了农村土地要素市场化配置机制的外部环境因素。如钱昱如等（2009）[1]、李沛桐（2016）[2] 认为，农村土地流转过程中的政府调控力度决定市场化配置程度；布鲁克纳和玄（Brueckner and Hyun，2001）认为，农民进入城市后生活成本的上升影响土地市场发育程度[3]；徐美银（2012）、卡莱托等（2013）、吴（2018）、阿格耶等（2020）提出，农村土地要素市场化配置程度与经济发展水平[4]、农业生产[5]以及非农就业的效益[6]及效率[7]直接相关，生产力水平、农民的管理能力[8]以及制度环境、农民的行为认知能力、行动能力的强弱[9]、经济发展水平、人口密度[10]等都影响区域间土地要素市场化程度。此外，交易合同的规范化[11]、户主受教育程度[12]、市场交易成本[13]等因素都会影响农村土地

---

[1] 钱昱如、邱道持、王玲燕：《基于主成分分析的流转农地用途变化动力研究》，载于《中国土地科学》2009 年第 9 期，第 47～51 页。

[2] 李沛桐：《基于大样本农户土地承包决策的行为特征与影响因素》，载于《贵州农业科学》2016 年第 5 期，第 167～169 页。

[3] Brueckner J. K., Hyun A. K. "Land Markets in the Harris – Todaro Model: A New Factor Equilibrating Rural Urban Migration". Journal of Regional Science, 2001, 3: 507 – 520.

[4] 徐美银：《我国农地产权结构与市场化流转：理论与实证分析》，载于《华南农业大学学报》（社会科学版）2012 年第 4 期，第 1～10 页。

[5] Wu Z. X. "Rural Road Improvement and Farmland Circulation: The Production Cost Perspective". American Journal of Industrial and Business Management, 2018, 10: 2061 – 2071.

[6] Carletto C., Savastano S., Zezza A. "Fact or Artifact: The Impact of Measurement Errors on the Farm Size – Productivity Relationship". Journal of Development Economics, 2013, 103: 254 – 261.

[7] Agyei H. A., Buehren N., Goldstein M., Osei R., Osei A. I., Udry C. "The Effects of Land Title Registration on Tenure Security, Investment and the Allocation of Productive Resources: Evidence from Ghana", Washington D. C.: The World Bank, 2020.

[8] Yoko K., Rayner T. "Efficiency and Equity of Rural Land Markets and the Impact on Income: Evidence in Kenya and Uganda from 2003 to 2015". Land Use Policy, 2020, 91: 104416.

[9] Cao Y., Zhang X. L. "Are They Satisfied with Land Taking? Aspects on Procedural Fairness, Monetary Compensation and Behavioral Simulation in China's Land Expropriation Story". Land Use Policy, 2018, 74: 166 – 178.

[10] Jiang R. H., Lin G. C. "Placing China's Land Marketization: The State, Market and the Changing Geography of Land Use in Chinese Cities". Land Use Policy, 2021, 103: 105293.

[11] Alfred R. B., James O. O. "Assessing the Impacts of Land Tenure Regularization: Evidence from Rwanda and Ethiopia". Land Use Policy, 2021, 100: 104904.

[12] Liu H. B., Zhou Y. P. "The Marketization of Rural Collective Construction Land in Northeastern China: The Mechanism Exploration". Sustainability, 2020, 1: 1 – 17.

[13] Ho H. A. "Land Tenure and Economic Development: Evidence from Vietnam". World Development, 2021, 140: 105275.

要素市场化配置程度。

综上所述，市场化和城市土地要素市场化配置程度的测度方式和指标选取相对成熟。而在对农村土地要素市场化配置程度的研究中，首先，部分学者从结果出发，用单一指标或几个复合指标进行考察，常常聚焦在转入面积和流转发生率上，此类研究未考虑市场化的机制体制建设，无法反映农村土地要素市场化配置复杂的全貌，无法直接体现市场化的自主交易特征，亦无法体现土地要素市场化配置的过程，但洪建国和杨钢桥（2012）的研究更多的是从契约论的角度入手，重视合同在土地流转中的作用，更符合市场的规范化的特点；其次，一些学者从市场化行为和内涵出发，更多地考虑了市场化配置的作用，如张月娥等（2011）；最后，较多学者仅从市场机制的外部环境因素出发进行考察，直接对农村土地要素市场化配置程度的系统性分析却存在缺失。

### 四、农村土地要素市场化配置影响机制

市场化配置是在市场机制的调节和作用下，农村土地要素资产化[①]，且市场主体与政府的力量和关系发生变化的过程[②]。弗尔南·布罗代尔（Fernand Braudel，1997）提出上层市场概念[③]，将市场机制分为上层市场机制和下层市场机制。下层市场机制服务于面对面的市场交易，是市场化配置最基本的方面，而上层市场机制的特点在于使市场突破空间的限制[④⑤]，扩大市场化配置半径，供求机制、竞争机制、利益机制、配套机制以及服务于市场的产权机制[⑥]、金融机制[⑦]、中介机制[⑧]、信息化机制[⑨]、

① 薛红霞：《中国农村土地资产化机制研究》，武汉理工大学博士学位论文，2012年，第69页。
② 陈宗胜、吴浙、谢思全：《中国经济体制市场化进程研究》，上海人民出版社1999年版，第23~30页。
③④ ［法］弗尔南·布罗代尔：《资本主义论丛》，顾良、张慧君译，中央编译出版社1997年版，第29~51页。
⑤ 刘金山：《农村经济：要素市场化与市场上层组织发展》，载于《暨南学报》（哲学社会科学版）2001年第6期，第52~58页。
⑥⑦ 王小广：《加快培育上层市场组织　促进新经济快速发展》，载于《行政管理改革》2016年第9期，第59~62页。
⑧⑨ 刘金山：《农村经济：要素市场化与市场上层组织发展》，载于《暨南学报》（哲学社会科学版）2001年第6期，第52~58页。

税制等配套措施也都属于上层市场机制，是现代市场经济的重要体现①。我国下层市场组织较为常见，但活跃于市场上层组织是我国市场化过程的一个"坎"②。供求机制、竞争机制、利益机制、配套机制等的市场化配置的上层影响机制是市场化内涵的扩展和引申。

从市场化配置的影响机制来看，完善的供求机制、竞争机制、利益分配机制及配套机制均能够有效运作。较多的学者持有相似的观点，如曲福田和吴郁玲（2007）认为，市场供求机制和竞争机制等的发育程度决定江苏省开发区土地市场化程度③；林文声（2014）提出，供需均衡机制、市场竞争机制以及契约机制、土地金融等配套机制影响中国农业用地市场化程度④；张月娥等（2011）也指出，市场供求均衡机制、配套机制等是市场成熟度的重要评判标准⑤；李莉等（2009）从土地供需平衡、市场竞争、市场配套机制⑥等方面构建四川省简阳市城市土地市场化评价指标体系；薛红霞（2012）提出市场机制及市场促进机制自动连接⑦，保证农村土地要素资产属性的发挥。因此，本书从供求机制、竞争机制、利益分配机制和配套机制四个方面出发，梳理农村土地要素市场化配置影响机制的相关研究。

（一）农村土地要素市场化配置供求机制

合理的供求机制助推农村土地要素市场高效运作。农村土地要素市场通过市场化配置的作用，使供需达到均衡状态，此时的农村土地要素市场较完善。我国分田到户的制度安排将农村土地要素平均化，伴随着村内新增人口和家庭内部人口的增减，土地调整更加剧了地块的分散化和零碎

---

①② 卢现祥、朱巧玲：《论市场的上层组织及其功能》，载于《财经科学》2007年第1期，第50~58页。

③ 曲福田、吴郁玲：《土地市场发育与土地利用集约度的理论与实证研究》，载于《自然资源学报》2007年第3期，第445~454页。

④ 林文声：《中国农业用地市场化的测度与分析》，载于《南方农村》2014年第6期，第32~39页。

⑤ 张月娥、杨庆媛、焦庆东、翟辉、杨逢渤：《重庆市农村土地市场发育程度评价》，载于《西南大学学报》（自然科学版）2011年第4期，第156~161页。

⑥ 李莉、张文秀、郑华伟：《城市土地市场化程度研究——以四川省简阳市为例》，载于《价格理论与实践》2009年第11期，第37~38页。

⑦ 薛红霞：《中国农村土地资产化机制研究》，武汉理工大学博士学位论文，2012年，第69页。

化，相对集中的规模化土地成为严重稀缺的资源，贺雪峰（2018）认为，农村土地要素市场化集中连片土地供给端的短缺是造成规模化土地流转难以达成的首要原因[1]；党国英（2020）提出，将土地承包权的流转范围限制在集体经济成员之间，会对农业经营规模的扩大产生极大的制约[2]，与贺雪峰（2018）观点相似。此外，钟和京（Chung and Kyng, 1998）通过对韩国房地产市场的实证分析，也认为韩国房地产市场不稳定很大程度在于城市土地供给端的短缺[3]。赵雲泰等（2012）提出，用宗数比重、面积比重测度法衡量完全市场下的土地供给和需求[4]；曲福田和吴郁玲（2007）用"土地闲置率"表征江苏省开发区土地供求均衡度[5]；赵云泰等（2012）、曲福田和吴郁玲（2007）都证实，农村土地闲置率越低，土地供求越均衡，土地流转率越高[6]，市场化程度越高，土地市场发育越成熟[7]。

（二）农村土地要素市场化配置竞争机制

合理的竞争机制助推农村土地要素市场高效运作。学者从市场参与者及市场竞争的微观角度研究较多，用市场结构表现市场内部卖方和买方的数量及规模等特征，从而表现某市场的竞争程度[8]。一般来说，竞争程度越高，某市场的集中程度越高。阿罗（Arrow, 1972）提出，竞争会激发市场参与者的创新意识，促进企业的市场商业迭代[9]；切斯布罗格（Ches-

---

① 贺雪峰：《关于实施乡村振兴战略的几个问题》，载于《南京农业大学学报》（社会科学版）2018 年第 3 期，第 19 ~ 26 页。

② 党国英：《深化土地要素市场化改革》，载于《中国经贸导刊》2020 年第 24 期，第 33 ~ 35 页。

③ Chung H. K. , Kyng H. K. "The Political Economy of Government Policy on Real Estate：with Applications to Korea". Present at the Forth Pacific Rim Real Estate Society Conference in Perth, 1998, 1：19 - 21.

④⑥ 赵雲泰、黄贤金、钟太洋、彭佳雯、王小丽：《中国土地市场化测度方法与实证研究》，载于《资源科学》2012 年第 7 期，第 1333 ~ 1339 页。

⑤ 曲福田、吴郁玲：《土地市场发育与土地利用集约度的理论与实证研究》，载于《自然资源学报》2007 年第 3 期，第 445 ~ 454 页。

⑦ 张月娥、杨庆媛、焦庆东、翟辉、杨逢渤：《重庆市农村土地市场发育程度评价》，载于《西南大学学报》（自然科学版）2011 年第 4 期，第 156 ~ 161 页。

⑧ 刘志彪、姜付秀、卢二坡：《资本结构与产品市场竞争强度》，载于《经济研究》2003 年第 7 期，第 60 ~ 67、91 页。

⑨ Arrow K. "Economic Welfare and the Allocation of Resources for Invention". Nber Chapters, 1972, 12：609 - 626.

broug，2010）提出，市场参与者若想获得更大的利益，就需要变革商业竞争模式，提高竞争力①；郭晓川（2021）等提出，在商业化过程中，市场参与者需要适应外界市场的竞争强度②；罗宾等（Robin et al.，2021）通过建立零智能交易者的程式化模型探讨交易者在不同竞争程度下的市场行为，发现交易者的决策参数是市场竞争的关键，也决定了市场配置的程度③；王小广（2016）提出，市场竞争不充分，大量的行政干预内在地抑制市场经济的发展，体制性障碍难以突破，市场发育严重受阻④。

对农村土地要素市场竞争机制，也有学者持有同样的观点。曲福田和吴郁玲（2007）用"土地投资资金来源多样化率"考察江苏省开发区土地市场竞争程度，认为资金来源多样化程度越高，土地市场竞争程度越高，市场化程度越高，与微观角度市场竞争机制的研究结论较为相似⑤。

（三）农村土地要素市场化配置利益分配机制

合理的利益分配机制助推农村土地要素市场有效运作。斯蒂芬（2003）提出，收入是除了立法因素和政策因素外，增加土地面积可能性的重要原因，农民获得较高的利益分配比例能够促进农村土地要素市场化交易⑥。余慕溪（2019）通过对矿区土地资源的研究，证实公平分配土地增值收益直接影响土地的高效退出⑦。在当前城市土地要素市场增值利益分配中，集体组织、政府和开发商分配比例为 4.21∶26.01∶69.78，农

---

① Chesbrough H. "Business Model Innovation：Opportunities and Barriers". Long Range Planning，2010，2：354 - 363.

② 郭晓川、刘虹、张晓英：《双元创新选择、市场竞争强度与商业模式迭代——基于高新技术制造企业的实证研究》，载于《软科学》2021 年第 7 期，第 1 ~ 12 页。

③ Robin N.，Aleksandra A.，Peter S. "Fragmentation in Trader Preferences among Multiple Markets：Market Coexistence Versus Single Market Dominance". Royal Society Open Science，2021，8：202233.

④ 王小广：《加快培育上层市场组织 促进新经济快速发展》，载于《行政管理改革》2016 年第 9 期，第 59 ~ 62 页。

⑤ 曲福田、吴郁玲：《土地市场发育与土地利用集约度的理论与实证研究》，载于《自然资源学报》2007 年第 3 期，第 445 ~ 454 页。

⑥ Stephen K. W. "Why Rural Russians Participate in the Land Market：Socio-economic Factors". Post - Communist Economies，2003，4：483 - 501.

⑦ 余慕溪、王林秀、袁亮、常江、罗萍嘉：《资源型城市矿区土地增值收益分配影响因素研究》，载于《中国软科学》2019 年第 4 期，第 152 ~ 159 页。

民、政府和开发商的省级所得增值利益分配为 3.7 : 22.32 : 73.98[①]，农民所占的比例较低，较大地影响其土地流出的积极性。对农村土地市场而言，地区间土地增值利益分配差异较大，分配主体异质性强、分配比例不合理以及分配监管体系缺失等问题普遍存在[②]，农民从土地增值中获得的收益有限。以征地为例，陈（2020）发现，2000 ~ 2018 年中国有 1500 起农民对征地的抗议新闻[③]；曹和张（2018）提出，征地补偿应直接分配给农民，而不是农村集体[④]。

（四）农村土地要素市场化配置配套机制

合理的配套机制助推农村土地要素市场有效运作。当前我国体制性障碍难以突破[⑤]，土地要素资产化[⑥]困难，市场化配置配套机制发育严重受阻。张笑寒（2013）认为，应明确产权设置，建立规范程序，健全配套措施[⑦]，产权制度及中介机制等配套机制对农村土地要素市场至关重要。因此，活跃农村土地要素市场化配置的关键在于市场化配置配套机制的建立，土地产权制度是农村土地要素市场化配置的基础，农村金融为农村土地要素市场化配置提供了资金，税收对市场收益进行二次分配，通过中介服务和信息服务能够有效降低交易成本，农村社保的健全为农民提供基本的生活保障，农村合作社组织以入股方式吸纳农村土地要素集中。

具体来说，第一，产权清晰对土地交易意义重大，有助于提高土地市

---

① 林瑞瑞、朱道林、刘晶、周鑫：《土地增值产生环节及收益分配关系研究》，载于《中国土地科学》2013 年第 2 期，第 3 ~ 8 页。

② 刘巧芹、阮松涛、尚国等：《我国集体建设用地使用权流转收益分配问题及其管理创新思考》，载于《农村经济》2013 年第 12 期，第 20 ~ 24 页。

③ Chen J. C. "Peasant Protests over Land Seizures in Rural China". The Journal of Peasant Studies, 2020, 6: 1327 – 1347.

④ Cao Y., Zhang X. L. "Are they Satisfied with Land Taking? Aspects on Procedural Fairness, Monetary Compensation and Behavioral Simulation in China's Land Expropriation Story". Land Use Policy, 2018, 74: 166 – 178.

⑤ 王小广：《加快培育上层市场组织　促进新经济快速发展》，载于《行政管理改革》2016 年第 9 期，第 59 ~ 62 页。

⑥ 薛红霞：《中国农村土地资产化机制研究》，武汉理工大学博士学位论文，2012 年，第 69 页。

⑦ 张笑寒：《农村土地家庭承包制度的性别视角反思》，载于《江西财经大学学报》2013 年第 2 期，第 86 ~ 92 页。

场化配置的公平性、效率性[①]。当前，农村土地产权主体并不清晰[②]，土地所有权改革是农村土地要素市场化配置的基础，农村土地产权的稳定性直接关系到农户长期的经营风险，也直接决定农户是否进行土地流转[③]，稳定农村土地所有权将提高土地要素的排他性，降低土地保护成本[④]。同时，农村土地要素产权稳定性也关系到农村土地要素能否作为资产发挥财产属性，有法律保障的农村土地产权可以作为抵押和担保获得农业生产所需的银行贷款[⑤]，产权机制的完善能够推动农村土地要素市场化配置改革进程，产权制度改革带动了农村土地交易行为，土地得以流向生产效率较高的农民手中，实现生产的规模化和高效化[⑥]。

第二，农村金融在农业生产中发挥着聚合资本的作用[⑦]。农户的细碎化和小规模经营导致土地经营权价值低估[⑧]，土地经营权抵押变现困难，农户若进行贷款便需要提供除土地经营权以外的资产进行抵押或担保，农户为获得信贷资金可能需要承担较高的变现费用。由于资金短缺和信贷约束，农户很难租入土地进行规模化生产，而乡镇企业通过整理租用农村集体经营性建设用地而组织生产的能力也受到资金的限制，从而直接影响农村土地要素市场化配置程度。加上二元经济结构下的金融制度导致农村资

① Hans P., Binswanger K. D., Gershon F. P. "Distortions, Revolt and Reform in Agricultural Land Relations". Handbook of Development Economics, 1995, 3: 2659 – 2772.

② 严金明、陈昊、夏方舟：《深化农村"三块地"改革：问题、要义和取向》，载于《改革》2018 年第 5 期，第 48 ~ 55 页。

③ 孙琳琳、杨浩、郑海涛：《土地确权对中国农户资本投资的影响——基于异质性农户模型的微观分析》，载于《经济研究》2020 年第 11 期，第 156 ~ 173 页。

④ Galiani S., Schargrodsky E. "Property Rights for the Poor: Effects of Land Titling". Journal of Public Economics, 2010, 9: 700 – 729.

⑤ 魏后凯、刘长全：《中国农村改革的基本脉络、经验与展望》，载于《中国农村经济》2019 年第 2 期，第 2 ~ 18 页。

⑥ Chari A. V., Liu E., Wang S. Y. et al. "Property Rights, Land Misallocation and Agricultural Efficiency in China"（研究报告），Cambridge: National Bureau of Economic Research, 2020.

⑦ 何振立：《中国金融扶贫效率的时空差异及政策建议》，载于《区域经济评论》2020 年第 5 期，第 148 ~ 156 页。

⑧ 孙琳琳、杨浩、郑海涛：《土地确权对中国农户资本投资的影响——基于异质性农户模型的微观分析》，载于《经济研究》2020 年第 11 期，第 156 ~ 173 页。

金大量外逃，农户金融抑制现象时有发生[1]，农业持续发展所需资金不足，而农村贷款额的提升保证农村土地要素市场的高效交易和规模化生产，持续在农村土地要素市场化进程中发挥出"造血"[2][3]功能。

第三，税收机制是调节土地增值收益的重要财政工具，也是规范农村土地要素市场化建设的有效手段[4][5]。随着"清费立税""取消农业税"等税收相关的改革的实施，农用地需要承担的税额明显降低，农用地不再是农民的负担[6]，加上种粮补贴和生产资料的多项补贴，农村土地要素的内在价值明显得到提升，土地要素的受让方更倾向于做出土地转入的政策性风险较小、预期收益较高的判断，土地受让方转入土地决策的推动提高了农村土地要素市场化配置程度，税收制度的完善能够推动农村土地要素市场化配置的改革进程。

第四，市场中介起到搜集信息、连接市场交易双方的作用[7][8]。随着单独服务型中介机构和综合服务型中介机构的搭建以及中介机构的持续性发育，对农户提供土地市场化流转相关税收减免和补贴发放等政策解读，稳步提升了转出土地的农户收入。同时，通过对农村土地信息的整理，将原本零碎的、分散化的土地信息整合，实现农村土地信息的集约和规模化，建立土地市场化配置信息服务长效机制，推动土地要素市场化配置程度的显著提高，中介服务机制的完善能够推动农村土地要素市场化配置改

---

① 魏后凯、刘长全：《中国农村改革的基本脉络、经验与展望》，载于《中国农村经济》2019年第2期，第2~18页。

② 阚立娜、李录堂、文龙娇：《金融支持对农地产权流转效率影响的实证研究——以陕西省杨凌示范区为例》，载于《华东经济管理》2015年第8期，第55~61页。

③ Long H. L., Tu S. S., Ge D. Z. et al. "The Allocation and Management of Critical Resources in Rural China under Restructuring: Problems and Prospects". Journal of Rural Studies, 2016, 3: 6 – 12.

④⑥ 王朝才、张立承：《我国农村土地流转过程中的税收问题研究》，载于《财政研究》2010年第9期，第34~37页。

⑤ 王婷婷：《缺位与再造：农村集体建设用地流转的税收问题检思》，载于《广西社会科学》2016年第8期，第98~103页。

⑦ Shi X. P., Chen S. J., Ma X. L. et al. "Heterogeneity in Interventions in Village Committee and Farmland Circulation: Intermediary Versus Regulatory Effects". Land Use Policy, 2018, 74: 291 – 300.

⑧ 张献、邓蕾蕾：《中介组织介入下交易成本对土地流转差异性影响》，载于《中国农机化学报》2017年第6期，第118~122、129页。

革的进程。

第五，信息化对打破传统农业低水平发展模式、推动农业农村现代化转型具有重要意义。信息要素成为现代市场体系中不可忽视的因子，通过互联网储存大量的交易信息能够极大地节约时间成本和人力成本，将信息化引入农村土地要素市场中成为市场主体克服信息壁垒的有效手段[1]，农村土地要素市场信息化水平的提高能够解决农户信息不完全性和市场信息不对称性问题，改善农户信息困境。

第六，农民专业合作社依靠农村特殊软环境，以农村"人情社会"中特殊的信任关系为基础，集合土地要素、劳动要素和资本要素，提高农业生产的组织化和规模化程度[2][3][4]。农民以土地作价入股的方式加入专业合作社，通过专业合作社对土地要素的统一经营和管理实现农用地的集约化种植以及农村集体建设用地的规模化生产，克服了分散化经营导致的低效率和高成本，提升了农民收入水平和村集体的收入水平，刺激已加入合作社农民继续以土地入股的方式参与农村土地要素市场化流转，带动未入合作社的农民以土地入股方式入合作社，从而提升农村土地要素市场化的配置程度，农村专业合作社机制的成熟能够推动农村土地要素市场化的配置改革。

第七，扩大农村社会保障以及养老体系覆盖面，为"洗脚上楼"的农民和农村家庭提供最基本的保障，打破农村劳动力对土地资源的传统依赖[5]，逐步将农村土地从特殊的保障功能中剥离。与城市土地要素相比，农村土地要素除了承担生产功能和居住功能外，还承担着社会保障的功

---

① 侯建昀、霍学喜：《信息化能促进农户的市场参与吗？——来自中国苹果主产区的微观证据》，载于《财经研究》2017 年第 1 期，第 134~144 页。

② 丁从明、吴羽佳、秦姝媛、梁甄桥：《社会信任与公共政策的实施效率——基于农村居民新农保参与的微观证据》，载于《中国农村经济》2019 年第 5 期，第 109~123 页。

③ 韩文龙、徐灿琳：《农民自发性合作社的组织功能探究——兼论小农户与现代农业融合发展的路径》，载于《学习与探索》2020 年第 11 期，第 128~136 页。

④ 崔宝玉、孙迪：《组织印记、生态位与农民合作社联合社发展》，载于《北京理工大学学报》（社会科学版）2020 年第 5 期，第 86~95 页。

⑤ 郎大鹏：《农村土地流转制度下农民养老保障问题思考》，载于《农业经济》2016 年第 9 期，第 78~80 页。

能。相当一部分进城务工的农民所处就业岗位没有长期稳定的雇佣关系，再加上户籍制度的限制，进城务工的农民无法与城镇居民享受同等的社会保障[1]，即使在当前青壮年劳动力大规模外流的情况下，农村土地作为"最后的生活保障"的观念仍根深蒂固[2]。农民不愿意放弃土地，农村的妇女、老人和儿童从事较为简单的农业生产，农业生产呈现细碎化和低效化的特点。随着农村地区社保覆盖面的不断扩大，农村土地要素承载的社会保障功能逐渐消退，农民从土地中逐步解放出来。一方面，进城务工的农民选择将土地流转出去或将土地作为股份入股到村集体企业或合作社中，可以获得一定的农用地流转费用或土地分红；另一方面，与农业生产相比，非农生产能够获得更多的收入，农民生活质量有所提高，农村社会保障机制的完善能够推动农村土地要素市场化配置的改革进程，提升土地要素市场化配置程度。

图2-2为农村土地要素市场化配置配套机制。

## 五、文献评价

当前对农村土地要素、农村土地要素市场、市场化配置程度及市场化配置影响机制的研究较为丰富，充分肯定了农村土地要素市场化配置对农村发展的重要作用，农村土地要素市场化配置改革的理论研究较为充足。但遗憾的是，针对农村土地要素市场化配置及影响机制相关的学理分析并未成为研究的重点，对市场化配置程度的学理分析也多集中在城市土地要素市场上，对农村土地要素市场化配置影响机制的学理性研究更是相对处于缺位状态。因此，在我国当前制度背景下，迫切需要对农村土地要素市场化配置程度进行深入的学理研究。

---

[1] 钱忠好、牟燕：《中国土地市场化改革：制度变迁及其特征分析》，载于《农业经济问题》2013年第5期，第20~26、110页。

[2] 霍有光、沈红梅：《利益博弈视域下农村征地冲突与化解路径》，载于《农村经济》2015年第9期，第3~8页。

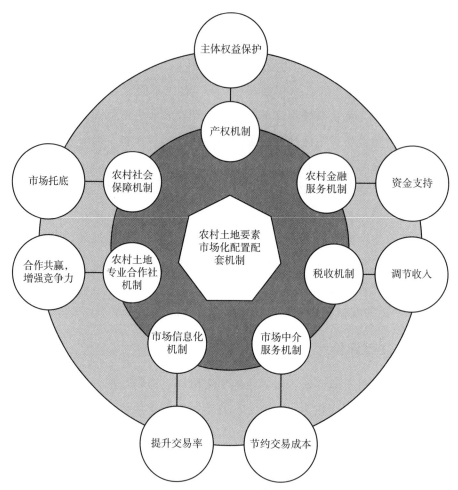

图 2-2 农村土地要素市场化配置配套机制

通过对已有文献的梳理发现，当前学者对农村土地要素市场化配置相关领域的研究已经取得了较为突出的理论和实践成果：第一，学者对土地要素具有固定性、土地产权具有排他性和可流动性达成共识，也肯定了适度规模经营对农村生产效率提升的积极意义，也是本书立意的依据；第二，已有研究肯定了农村土地要素市场化配置能够激发农业农村内生动力，集中在对农用地市场和农村集体建设用地市场等方面的分析上，是对农村土地要素市场化配置及测度体系的研究有益的探索；第三，对市场化配置程度、城市土地要素市场化配置程度的学理研究较为丰富，对构建我国农村土地要素市场化配置程度测度体系具有借鉴意义；第四，众多学者对多个市场化配置影响机制进行广泛理论和实证研究，形成了一系列的学术成果，对进一步加深农村土地要素市场化配置影响机制的理解起到积极作用。

虽然与农村土地要素配置相关的议题已形成较丰硕的研究成果，但仍然存在一些亟待继续深入研究的领域和空间。第一，对农村土地要素市场的研究范围亟待扩宽。国内外学者对农村土地要素市场的研究多集中在农用地或农村集体建设用地上，在测度农村土地要素市场化配置程度时，并未考虑到农用地、农村集体建设用地等农村土地要素流向征地市场和农村土地隐性流转市场的情况，缺乏对农村范围内关于"地"和"钱"的整体交易市场的综合考察，对更大范围的农村土地要素市场化配置程度的综合性研究迫在眉睫。第二，对农村土地要素市场化配置的测度与分析仍需完善。较多的学者从自身研究专长出发，对市场化和土地要素市场化配置展开了深入的研究，但是对农村土地要素市场化配置的研究成果呈碎片化，缺乏完整的理论对话和学理支持，对农村土地要素市场化配置程度更是缺乏系统的阐述和分析。第三，对农村土地要素市场化配置影响机制的学理分析有待深化。学术界已有诸多关于市场化配置影响机制的讨论，但农村土地要素市场问题是极具中国特色的问题，对农村土地要素市场化配置影响机制的分析应基于特定的背景和制度，无法照搬国际经验或其他要素市场的经验。

以上研究成果以及研究缺位为本书的研究提供了极为重要的启示。第一，土地要素的排他性和可流动性成为市场化的基础，农村土地要素市场化配置可以实现适度规模经营，从而提高农村土地利用效率，这也是本书研究的出发点。第二，已有研究表明，农用地和农村集体建设用地流向农用地市场、农村集体建设用地市场、征地市场和农村土地隐性流转市场4个方向，特别是征地市场和农村土地隐性流转市场也是发生农村"地"和"钱"交易的场所，而在农用地、农村集体建设用地、征地市场和农村土地隐性流转市场4个农村土地要素流向视角下，狭义的农村土地要素市场化配置程度究竟如何？本书将通过文献梳理和模型构建，建立狭义的农村土地要素配置系统。第三，出租人和承租人直接决定市场供求水平，也决定了农村土地要素市场化配置程度，而除出租人和承租人外，贷款人、政府管理部门、中介服务机构、信息化组织等市场的参与者如何影响农村土地要素市场化配置程度？本书将从空间角度、内在关系角度和外部环境角度出发，借鉴王小鲁等（2019）和南开大学中国市场质量研究中心等（2020）测算市场化配置程度和质量的思路，从农村土地要素市场的商品化水平（factors commercialization degree，FCD）、市场发育程度（development and soundness degree，DSD）、市场运行机制健全程度（operational mechanism degree，OMD）、农民适应市场和政府调控市场的程度（farmers adapting to market and government regulating market degree，FAGED）四个方向，构建宏观意义上的农村土地要素市场化配置程度测度体系，充分考虑农用地市场、农村集体建设用地市场、征地市场和农村土地隐性流转市场，同时将诸如出租人、承租人、贷款人、政府管理部门、中介服务机构、信息化组织等市场参与者纳入市场化考察范围中，尽可能地反映农村土地要素市场化配置全貌。第四，西方经济学关于资源配置的理论基础相对完整，但在农村土地要素市场化配置中，供求机制、竞争机制、利益分配机制以及配套机制如何有效影响农村土地要素市场化配置程度？影响效果如何？此类问题仍缺乏完整和系统的学理分析。因此，本书将构建多维农村土地要素市场化配置程度测度体系，从供求机制、竞争机制、利益分配机制和配套机制四个方面出发，对农村土地要素市场化配置程度的影响机制进行机理和学理分析，探索提高我国农村土地要素市场化配置程度的有效方式。

## 第二节　分析框架

农村土地要素市场化配置是农村土地要素配置的有效途径，提高其配置程度是达到农村土地利用效率最大化的保障，也是实现农业农村现代化的必然选择[①]，更是寻找城乡二元经济结构平衡点的最有效方法，对满足

---

① 张智勇、杨再惠：《当前农村土地制度改革与土地经营市场化问题研究》，载于《江西社会科学》2015 年第 7 期，第 85～92 页。

农民美好生活的需求有重大意义，建立本书的分析框架如图 2 - 3 所示。

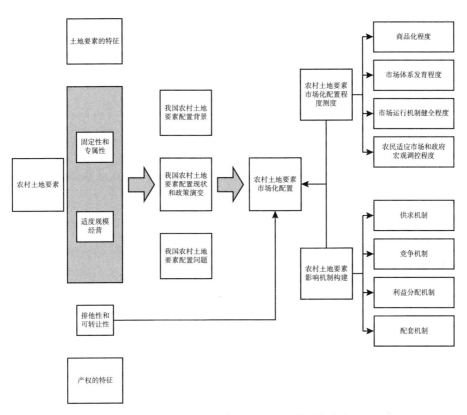

**图 2 - 3　农村土地要素市场化配置的分析框架**

　　一方面，基于土地的特性和我国现状，需要通过市场化配置提升农村土地要素配置程度。土地要素的固定性和专属性使土地要素区别于其他生产要素，农村土地要素无法实现空间上的移动。在我国农村土地要素配置背景下，农用地、农村集体建设用地及"四荒地"的利用效率极低。

　　首先，对农用地来说，家庭联产承包责任制产生农村土地以户为单位的分散化经营，产生农村土地要素的细碎化和分散化，大规模耕地撂荒。同时，农村生产力低下，农业生产附加值低，农业生产回报率较低，加上农民从事非农行业带来大规模农用地撂荒，农用地生产价值并未得到有效发挥。而以机械化和技术投入为标志的农业农村现代化的生产效率较高，由当前农业阶段向农业农村现代化的过渡需要完成农村适度规模经营，扩大生产规模，增加单位面积科技投入和资本投入，降低单位面积生产成本。其次，对农村集体建设用地来说，随着二元经济的发展，城乡差距扩大，大量农民选择脱离农业劳动，进城务工，大量宅基地被废弃，同时，农村投资收益率明显低于城市地区的投资收益率，农村投资缩减，大片集体经营性建设用地被荒废。最后，对于"四荒地"来说，地理位置、土地特性等天生的缺陷致使对其开发有限，大量土地得不到有效利用。

伴随着城乡人口结构调整、人均耕地面积的下降、农业机械化水平的提升、农业生产效率的提升以及农业就业结构的变动，农村土地要素配置以及农村土地政策发生变动，农村土地要素供求矛盾、竞争扭曲、利益分配不均以及配套机制不健全等问题突出，农村土地要素配置效率低下。需要通过市场化配置方式提升农村土地要素市场化配置程度，充分激发农村土地要素生产潜力。

另一方面，农村土地要素市场化配置是实现农村土地要素流动、激发农村内生动力的有效途径，而农村土地产权的排他性能保护产权所有者利益，加上产权的可转让性，便赋予了农村土地进行市场化配置的基础。

因此，推动农村土地要素市场化改革，需要把握农村土地要素市场化配置状况及目前配置程度，亟待对农村土地要素市场化配置程度进行测度，分析市场化配置影响机制作用机理和影响效果，以健全农村土地要素市场化配置机制，提升农村土地要素市场化配置程度。

## 一、农村土地要素市场化配置程度测度体系

在农业农村现代化和城乡融合进程中，可以将农村土地要素市场化配置看作完整的有机整体。借鉴王小鲁等（2019）和南开大学中国市场质量研究中心等（2020）对市场化质量和程度的测算方法，从要素商品化程度、市场体系发育程度、市场运行机制健全程度、市场主体适应度和政府调控市场程度4个方面评价市场化配置程度，构建农村土地要素市场化配置程度测度体系：农村土地要素商品化程度（FCD）、农村土地要素市

场体系发育程度（DSD）、农村土地要素市场运行机制健全程度（OMD）、农民适应土地要素市场和政府调控农村土地要素市场程度（FAGRD），如图2-4所示。

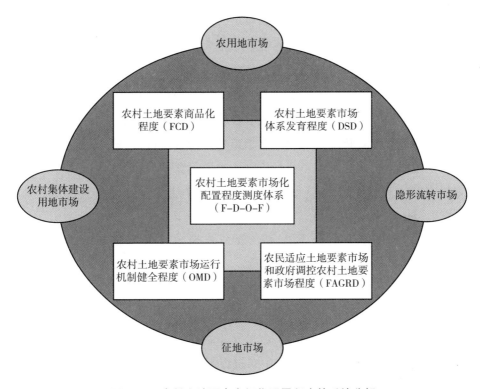

图2-4 农村土地要素市场化配置程度的系统分解

（一）农村土地要素商品化程度（FCD）

农村土地要素商品化程度是农村土地要素市场化配置程度的重点，也是狭义的农村土地要素市场化配置程度。在假设隐形流转市场规范化和征地市场政府规划影响极小化条件下，将市场化配置分析方法应用于农用地市场、农村集体建设用地市场、征地市场以及农村土地隐性流转市场上，依靠供需机制和价格机制调节土地商品化程度，促进农村土地集约化利用以及产业结构升级，打破政府的土地垄断，发挥市场化配置的基础性作用，促使农村土地流向优势产业。

（二）农村土地要素市场体系发育程度（DSD）

农村土地要素市场体系发育程度是农村土地要素市场化配置程度的重要方面。随着科技水平的提升和现代市场体系的发展，资金、中介机构和信息化程度也成为现代市场体系的主要特征①，是市场发育的重要保障。资金为土地要素市场化发展注入新鲜"血液"，中介机构和市场信息服务能大大节约土地市场成本，提高农村土地要素市场化配置程度和农村土地要素市场化配置效率，提高土地流转效率。

（三）农村土地要素市场运行机制健全程度（OMD）

农村土地要素市场运行机制健全程度是农村土地要素市场化配置程度的重要方面。市场化配置的内涵要求市场竞争具有自由、平等的特点，对农村土地要素市场化来说，运行机制中的平等竞争、法治化和规范化等微观机制健全程度是市场运行的基础，也是农村社会运行和发展的根本要求。

（四）农民适应土地要素市场和政府调控农村土地要素市场程度（FAGRD）

农民适应土地要素市场和政府调控农村土地要素市场程度是农村土地要素市场化配置程度的重要方面。农民、农村组织和政府都是农村土地要素市场化配置的重要组成部分，农民是市场的主体，政府是市场"有形的手"，在农村这个"人情社会"中农村组织也极其重要。

## 二、农村土地要素市场化配置影响机制

西方经济学关于市场化配置从供求机制、竞争机制、利益分配机制出发进行探究，弗尔南（1997）将市场机制分为上层机制和下层机制，供求机制、竞争机制、利益分配机制以及配套机制等属于上层机制，能够体现出现代市场经济的重要内涵。因此，本书从供求机制、竞争机制、利益分配机制和配套机制4个方面出发，基于2010～2019年的省级面板数据及东部、中部、西部和东北部4大区域面板数据，建立静态回归模型和动

---

① 王磊、梁俊：《中国现代市场体系建设进程评价研究》，载于《经济纵横》2021年第2期，第46～60页。

态回归模型，讨论我国农村土地要素市场化配置影响机制的作用机理和影响效果。农村土地要素市场化配置机制的具体研究框架如下。

第一，市场化配置供求机制的分析框架。首先，分析农村土地要素市场化配置在长期和短期均衡条件下，供求机制的作用机理；其次，利用 B－P 模型的测算方法，衡量我国农村土地要素市场化配置的供给均衡水平，建立回归模型对农村土地要素市场化配置下的供求机制影响效果进行考察。

第二，市场化配置竞争机制的分析框架。首先，在完全竞争市场和不完全竞争市场条件下，分别讨论市场化配置竞争机制对市场配置程度的作用机理；其次，用赫芬因德函数测算农村土地要素市场化配置的竞争强度，建立回归模型探究农村土地要素市场化配置下的市场化配置竞争机制影响效果。

第三，市场化配置利益分配机制的分析框架。首先，探讨农村土地要素市场参与主体的利益分配行为；其次，在博弈论视角下，将基层地方政府与农户作为博弈双方，对农村土地要素市场化配置利益分配主体进行动态博弈分析，并对影响博弈主体的决策选择的因素进行解析；最后，用农村经济组织和农户间的利益分配比衡量农村土地要素市场化配置的利益分配指数，建立回归模型，探讨市场化配置的利益分配机制对农村土地要素市场化配置程度的提升效果。

第四，市场化配置配套机制的分析框架。首先，从定性分析角度，阐明产权机制、农村金融服务机制、税收机制、中介服务机制、市场信息化机制、专业合作社机制以及农村社会保障机制的作用机理；其次，建立回归模型，从市场化配置配套机制的 7 个维度探讨配套机制的影响效果。

第五，市场化配置影响机制综合分析框架。为避免单独考察某项农村土地要素市场化配置影响机制产生的内生性问题，建立影响机制综合性的回归模型，从供求机制、竞争机制、利益分配机制和配套机制 4 个方面综合考察影响机制的影响效果。

图 2－5 为农村土地要素市场化配置影响机制构建。

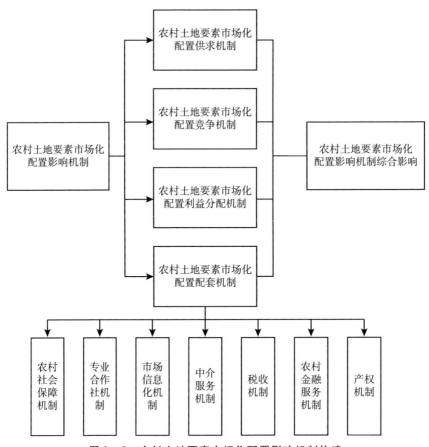

图 2-5　农村土地要素市场化配置影响机制构建

# 第三节　研究假设

随着我国农村地区要素市场化配置的推进，特别是《关于构建更加完善的要素市场化体制机制的意见》等一系列文件的出台，农村土地要素市场化配置改革得到了前所未有的发展机遇。在市场化配置的作用下，公共政策的结构性限制被有效消除①，原有区域经济发展模式和福利分配发生

_____

① Pereira J. M. "The World Bank and Market-assisted Land Reform in Colombia, Brazil and Guatemala". Land Use Policy, 2021, 100：104909.

改变①，土地错配问题得到有效的解决，土地要素利用效率提高。近年来，我国城市土地要素市场化配置程度在时间和空间上都表现出明显的增长②。

对农村而言，要素市场化配置有效改善了农村贫困③④，避免了城市化进程中出现更大的城乡差距⑤，对推动农业农村现代化及乡村振兴战略有积极意义。党的十八大以来，我国在三权分置下不断推动农村土地改革，深化农村土地经营权流转与农业规模化生产，发展农村家庭在内的多种形式的适度规模经营⑥。通过农村土地要素市场化配置盘活农村土地资源，将农村土地资源转变为农村的经济源泉⑦。伴随着我国农用地承包经营权⑧、宅基地和农村集体经营性建设用地使用权⑨登记确权工作的基本完成工作，土地要素产权的安全性提升⑩⑪，为土地的自由租赁或抵押等交易提供保障，对农村土地要素的市场化配置至关重要。

---

① Mcdonald J. F. "Cost – Benefit Analysis of Local Land Use Allocation Decisions". Journal of Regional Science, 2001, 2: 277 – 299.

② Jiang R. H., Lin G. C. "Placing China's Land Marketization: The State, Market and the Changing Geography of Land Use in Chinese Cities". Land Use Policy, 2021, 103: 105293.

③ Nicolas D. V. "The Rural Land Market in Early Modern Inland Flanders and Brabant: A Long Run Perspective". Rural History, 2018, 2: 115 – 143.

④ 王亚晨、张合林：《城乡互动下农村土地市场化与脱贫效应》，载于《统计与决策》2021年第21期，第85~88页。

⑤ Xiong J. W. "Which Type of Urbanization Better Matches China's Factor Endowment: A Comparison of Population – Intensive Old Puxi and Land – Capital – Intensive New Pudong". Frontiers of Economics in China, 2013, 4: 516 – 534.

⑥ 刘长全：《以农地经营权配置与保护为重点的农地制度改革——法国经验与启示》，载于《中国农村经济》2020年第11期，第131~144页。

⑦ 陈寒冰：《农村集体经营性建设用地入市：进展、困境与破解路径》，载于《现代经济探讨》2019年第7期，第112~117页。

⑧ 2013年，中国中央、国务院下发中央一号文件《中共中央、国务院关于加快发展现代农业进一步增强农村发展活力的若干意见》，要求全面开展农村土地确权工作，"用5年时间"基本完成农村土地承包经营权的确权登记和颁证。

⑨ 自然资源部：《自然资源部关于加快宅基地和集体建设用地使用权确权登记工作的通知》（EB/OL），http://gi.mnr.gov.cn/202005/t20200518_2514094.html，2020 – 05 – 14/2021 – 03 – 30.

⑩ Rosine T. D., Mathijs V. L., Gemma V. D. "Defusing Land Disputes? The Politics of Land Certification and Dispute Resolution in Burundi". Development and Change, 2020, 6: 1454 – 1480.

⑪ Ho H. A. "Land Tenure and Economic Development: Evidence from Vietnam". World Development, 2021, 140: 105275.

此外，农业机械化水平的提升、交易合同的规范化[1]、农村合作组织的形成、政府降低调控力度[2]、农民的管理能力提高[3][4]、农村技术的投入、户主受教育程度[5]、市场交易成本[6]、经济发展水平[7]、农业生产[8]和非农就业的效益[9]及效率[10]都推动土地要素流转和集中[11][12]，促进农村土地要素市场化配置程度的提升。特别是市场化配置供求机制[13][14]、竞争机制[15][16][17]、利益分配机

① Alfred R. B., James O. O. "Assessing the Impacts of Land Tenure Regularization: Evidence from Rwanda and Ethiopia". Land Use Policy, 2021, 100: 104904.

② 李沛桐：《基于大样本农户土地承包决策的行为特征与影响因素》，载于《贵州农业科学》2016年第5期，第167~169页。

③ Yoko K., Rayner T. "Efficiency and Equity of Rural Land Markets and the Impact on Income: Evidence in Kenya and Uganda from 2003 to 2015". Land Use Policy, 2020, 91: 104416.

④ Cao Y., Zhang X. L. "Are They Satisfied with Land Taking? Aspects on Procedural Fairness, Monetary Compensation and Behavioral Simulation in China's Land Expropriation Story". Land Use Policy, 2018, 74: 166 – 178.

⑤ Liu H. B., Zhou Y. P. "The Marketization of Rural Collective Construction Land in Northeastern China: The Mechanism Exploration". Sustainability, 2020, 1: 1 – 17.

⑥ Ho H. A. "Land Tenure and Economic Development: Evidence from Vietnam". World Development, 2021, 140: 105275.

⑦ Jiang R. H., Lin G. C. "Placing China's Land Marketization: The State, Market and the Changing Geography of Land Use in Chinese Cities". Land Use Policy, 2021, 103: 105293.

⑧ Wu Z. X. "Rural Road Improvement and Farmland Circulation: The Production Cost Perspective". American Journal of Industrial and Business Management, 2018, 10: 2061 – 2071.

⑨ Carletto C., Savastano S., Zezza A. "Fact or Artifact: The Impact of Measurement Errors on the Farm Size – Productivity Relationship". Journal of Development Economics, 2013, 103: 254 – 261.

⑩ Agyei H. A., Buehren N., Goldstein M., Osei R., Osei A. I., Udry C. "The Effects of Land Title Registration on Tenure Security, Investment and the Allocation of Productive Resources: Evidence from Ghana"（研究报告），Washington D. C.：The World Bank, 2020.

⑪ 坂下明彦．"農業近代化政策の受容と農事実行組合型集落の機能変化——北海道深川市巴第5集落を対象に"．農業史研究，2006，40：28 – 40.

⑫ 野田公夫．"日本型農業近代化原理としての組織化"．農林業問題研究，2005，40：360 – 368.

⑬ Chung H. K., Kyng H. K. "The Political Economy of Government Policy on Real Estate: with Applications to Korea". Present at the Forth Pacific Rim Real Estate Society Conference in Perth, 1998, 1: 19 – 21.

⑭⑮ 曲福田、吴郁玲：《土地市场发育与土地利用集约度的理论与实证研究》，载于《自然资源学报》2007年第3期，第445~454页。

⑯ Chesbrough H. "Business Model Innovation: Opportunities and Barriers". Long Range Planning, 2010, 2: 354 – 363.

⑰ Robin N., Aleksandra A., Peter S. "Fragmentation in Trader Preferences among Multiple Markets: Market Coexistence Versus Single Market Dominance". Royal Society Open Science, 2021, 8: 202233.

制①②③以及配套机制④⑤直接影响农村土地要素市场化配置程度。

市场化配置供求机制以商品价值作为评判标准，供求双方决定其对某商品的供给和需求。市场化配置供求均衡是一个动态的过程，供给和需求相互制约的关系引起要素市场的短期不均衡以及长期的均衡。农村土地要素市场化配置实质上就是与农村土地要素使用权、经营权等交易相关的一切市场供求行为，供求关系是市场经济的基础，市场供求水平决定了市场的发展状况。供求关系是市场经济的保障机制⑥。因此，提出以下假设：

假设1：我国农村土地要素市场化配置供求机制的发育程度与农村土地要素市场化配置程度正相关。

当前，我国农村土地要素市场集中连片土地供给端的短缺是造成土地规模化流转难以达成的首要原因（贺雪峰，2018）⑦。当市场上土地供给量不足时，土地供给主要源于政府划拨和调配，造成土地市场培育度低⑧。根据《中国农村经营管理统计年报》数据计算结果，2010年，我国农用地和农村集体建设用地市场供求水平分别为0.147和0.002，两者均处于较低水平；2019年，农用地和农村集体建设用地市场供求水平分别达到0.359和0.005，土地供给均衡水平的不断提升，农用地市场供求水平增长速度快于农村集体建设用地市场供求水平的增长。张等（2021）也证实了我国农村集体建设用地市场化配置程度较低，供求关系、交易成

---

① Stephen K. W. "Why Rural Russians Participate in the Land Market：Socio-economic Factors". Post – Communist Economies，2003，4：483 – 501.

② 林瑞瑞、朱道林、刘晶、周鑫：《土地增值产生环节及收益分配关系研究》，载于《中国土地科学》2013年第2期，第3~8页。

③ 刘巧芹、阮松涛、尚国等：《我国集体建设用地使用权流转收益分配问题及其管理创新思考》，载于《农村经济》2013年第12期，第20~24页。

④ 张月娥、杨庆媛、焦庆东、翟辉、杨逢渤：《重庆市农村土地市场发育程度评价》，载于《西南大学学报》（自然科学版）2011年第4期，第156~161页。

⑤ 李莉、张文秀、郑华伟：《城市土地市场化程度研究——以四川省简阳市为例》，载于《价格理论与实践》2009年第11期，第37~38页。

⑥ 于洋、关立新：《中国农地流转供求态势探析》，载于《学习与探索》2006年第2期，第238~241页。

⑦ 贺雪峰：《关于实施乡村振兴战略的几个问题》，载于《南京农业大学学报》（社会科学版）2018年第3期，第19~26页。

⑧ 石琳：《从供地结构视角看城市土地市场化的动态演化》，载于《经济与管理》2020年第5期，第68~76页。

本影响市场化配置程度①。提出以下假设：

假设 1.1：农用地和农村集体建设用地市场化配置供求机制发育程度与土地要素市场化配置程度明显正相关。

第一，与农村集体建设用地市场相比，农用地市场开放较早，且同一历史时期，农村集体建设用地市场的政策支持少于农用地市场，农用地市场发展也更加完善，对农村土地要素市场化配置的带动能力更强。《中国农村经营管理统计年报（2019）》数据显示，2019 年，全国家庭承包经营的耕地面积为 103.056 万平方千米，农用地流转面积为 37 万平方千米左右，约占农用地总面积的 35.9%，农村建设用地面积为 321310 平方千米，出租出让面积仅为 2131.66 平方千米，出租出让面积占农村建设用地的 0.66%，农村建设用地流转率远低于农用地流转率。与此同时，随着城镇化的推进，为解决发展过程中城市"缺地"以及农村"缺钱"的问题②，农村集体建设用地逐步向城市供给倾斜。《中国农村经营管理统计年报（2019）》数据显示，2019 年国家征收征用农村集体土地 3339.42 平方千米，占农村建设用地的 1.04%，征地在农村集体建设用地中的占比明显高于出租出让的农村集体建设用地占比。同时，我国农用地和农村集体建设用地都有分布分散的特点，但在利用过程中，对农村集体建设用地的考量标准区别于对农用地的考量标准。一般来说，农用地可以通过现代化和规模化服务，能够在一定程度上解决农地利用过程中细碎化和低效的问题，但工业、商业等活动的产生是建立在节约成本、获得利润的基础上，其生产活动用地对土地规模和区位条件有较高的要求，因此，必须通过科学的统筹和规划才能实现对分散的建设用地有效利用，这赋予了农村集体建设用地利用过程中市场化配置困难的特点，因而其对农村土地要素市场化配置程度的提升能力有限。

第二，农村集体建设用地特别是宅基地的利用效率低下。农村集体建

---

① Zhang M. Y., Chen Q. X., Zhang K. W., Yang D. Y. "Will Rural Collective - Owned Commercial Construction Land Marketization Impact Local Governments' Interest Distribution? Evidence from Mainland China". Land, 2021, 2：209.

② 叶裕民、戚斌、于立：《基于土地管制视角的中国乡村内生性发展乏力问题分析：以英国为鉴》，载于《中国农村经济》2018 年第 3 期，第 123~137 页。

设用地由集体统一支配和处置，农民无权自由处置集体建设用地，而宅基地还处于限制流转的阶段。随着城镇化的发展，大量农村人口涌入城市，《中国农村统计年鉴（2020）》数据显示，2019年，农村宅基地竣工面积为5.557亿平方米，比2018年减少了10.64%，随着农村人口的骤减，乡村翻新或新建住宅数急速减少。与此同时，多数农民并未随其"洗脚上楼"而放弃原有的宅基地，据第三次全国农业普查公告数据显示，2016年末，拥有自己住房和拥有商品房的农民分别为99.5%和8.7%，相当一部分农民在购买城市住宅的同时仍拥有农村宅基地。由此，农村普遍出现空心化问题，宅基地的严重闲置和浪费现象时有发生，宅基地利用极其低效。由于二元结构导致的农村融入城市困难，出于保留农村土地所带来的社会福利保障功能的目的，即便宅基地或其他农村土地利用低效，农民依旧不愿意参与土地流转或宅基地有偿退出，直接拉低农村土地要素市场化配置程度。

第三，农村集体建设用地市场的使用制度不尽合理[①]，农村土地要素特别是农村集体建设用地并未实现向资产的有效转化，直接影响农村土地要素市场化配置程度。宅基地以村集体范围作为限制，本村集体的成员拥有宅基地的使用权和宅基地上房屋等生产生活设施的所有权，非本村集体农民或城市居民不得买卖和租用本村宅基地，一旦本村农民将宅基地出卖或出租，便不得再次申领本集体内的宅基地。2019年9月20日颁布的《关于进一步加强农村宅基地管理的通知》鼓励盘活和退出闲置宅基地，对宅基地的出卖或出租进一步放开。但对宅基地的出租和买卖仍有较多限制，宅基地及其地上建筑和设施很难完全发挥其财产价值，一方面，随着农民家庭人口的增加以及代际人口的产生，家庭成员对各自财产权益的明确划分、独立生活空间的需求变得迫切，将家庭共有财产合理分配、成员各自独立生活成为必然趋势，农民扩大宅基地的需求显现，家庭新增宅基地来源仅限于本集体村民的自愿转让或村集体整治出的闲置宅基地两个途径；另一方面，本村农民出卖或出租宅基地后再申请宅基地的，本村集体

---

① 钱忠好、牟燕：《乡村振兴与农村土地制度改革》，载于《农业经济问题》2020年第4期，第28~36页。

仍旧不予批准，集体外的居民只能在限制范围内租赁宅基地，没有买入宅基地的权利。随着宅基地的经济价值日益凸显，集体内拥有宅基地的农民出于获取宅基地财产性收益的目的，与村集体内外居民宅基地的需求方进行私下交易，变现交易农村宅基地，扰乱农村集体建设用地市场，破坏农村土地要素市场化配置进程。综上所述，提出以下假设：

假设1.2：农村集体建设用地市场化配置供求机制发育程度的正向影响小于农用地市场供求的影响。

根据古典经济学理论观点，完全竞争环境下的市场发育更完善，市场竞争激励稀缺的资源遵照要素边际效用最大化原则配置，决定要素市场化配置程度，引导资源实现最优配置。在市场化过程中，市场竞争强度决定市场主体的行为，进而影响市场供需状况[1]。罗宾等（2021）证实，交易者在不同竞争程度下有不同的市场反映，直接影响市场化配置的程度[2]。竞争程度越高，市场发育越成熟，市场化配置程度越高，效率越高；竞争程度越低，市场发育越滞后，市场化配置程度越低，市场化配置效率越低。对农村土地要素市场化配置来说，竞争机制的发育程度与市场化程度正相关，市场化程度越高，竞争机制越成熟，市场化配置程度越高，农村土地要素市场化配置程度越高；反之，竞争机制发育越滞后，农村土地要素市场化配置程度越低，效率越低。综上所述，提出以下假设：

假设2：我国农村土地市场化配置竞争机制的发育程度与农村土地要素市场化配置程度正相关。

农用地和农村集体建设用地是农村土地要素市场化配置的重要组成部分。对假设2进行扩展，提出以下假设：

假设2.1：农用地和农村集体建设用地市场竞争强度与土地要素市场化配置程度明显正相关。

《中国农村经营管理统计年报（2019）》数据显示，2019年，我国农

① 郭晓川、刘虹、张晓英：《双元创新选择、市场竞争强度与商业模式迭代——基于高新技术制造企业的实证研究》，载于《软科学》2021年第7期，第1~12页。

② Robin N., Aleksandra A., Peter S. "Fragmentation in Trader Preferences among Multiple Markets: Market Coexistence Versus Single Market Dominance". Royal Society Open Science, 2021, 8: 202233.

用地流转合同涉及面积为 3.641 亿亩，农村集体建设用地出租出让面积为
319.733 万亩，农用地流转合同为 5740.551 万份，农村集体建设用地出租
出让为 56.63 万宗，其中，平均每份合同流转的农用地面积为 6.343 亩，每
宗农村集体建设用地交易面积约为 5.646 亩，每份合同流转的农用地面积
比农村集体建设用地面积大，农用地流转更快，农用地市场竞争强度高于
农村集体建设用地市场的竞争强度。当前，我国农村土地要素市场化配置
处于规模报酬递增阶段，此时竞争程度越强，单位竞争强度提高带来的农
村土地要素市场化配置程度提高越多，也就是说，发育较快的农用地市场
竞争强度对农村土地要素市场化配置程度的影响大于农村集体建设用地市
场的竞争强度。由此，提出如下假设：

假设 2.2：农村集体建设用地市场竞争强度的正向影响小于农用地竞
争的影响。

卡尔多－希克斯效率表明，如果社会资源的再分配过程中产生的总成
本不超过总收益，或者说资源的再分配获得的收益完全可以对某些受到损
失的经济主体进行补偿，这种非自愿性的财产转移是有效的。农村土地要
素市场化配置进程中的利益分配，特别是农村土地要素转换为城市建设用
地的过程能够实现卡尔多－希克斯效率①，也就是说，当农村土地要素市
场化配置过程中的社会总收益大于总成本时，农村土地要素市场化配置是
有效的。市场化配置过程中受损失方若能获得一定的补偿，则此时的利益
分配达到有效。因此，市场化配置过程中的利益分配和利益受损方的补偿
问题是农村土地要素市场化配置能否实现帕累托最优的关键。农村土地要
素市场化配置利益分配机制越成熟，农民从农村土地要素市场化配置中获
得的收益越多，农民享受到市场化配置的成果，利益分配的公平性得到更
好的维护，此时拉动农村土地要素市场化配置程度的提升；反之，农村土
地要素市场化配置利益分配机制越不健全，农民从农村土地要素市场化配
置中获得的收益越少，市场化配置的利益分配无法实现共享性和公平性，
会抑制农村土地要素市场化配置程度的提升。本书提出以下研究假设：

---

① 张全磊：《土地财政的演进：从征地过渡到征税吗？——基于法经济学的分析》，载于
《经济问题探索》2019 年第 7 期，第 130～139、161 页。

假设 3：农村土地要素市场化配置利益分配机制的发育程度与农村土地要素市场化配置程度正相关。

产权机制①、金融机制②、中介机制③、信息化机制④、税制等配套机制能够使市场化配置突破空间的限制⑤⑥。2018 年，我国农村基本完成耕地承包经营权确权工作⑦；2020 年底，农村集体建设用地使用权登记确权工作基本完成⑧。土地市场化服务机构覆盖范围逐步扩大，市场主体日益明晰化，市场中介组织活跃，产权机制、农村信贷机制等推动农村土地要素市场化配置程度提升。农村土地要素市场化配置配套机制推进农村土地要素市场化配置进程，实现对农村土地要素市场化配置改革的核心力量和配套机制的统筹兼顾，必须维护市场主体的合法权益，提供充足的资金保障，对市场所得收入科学调节，建立全方位中介服务和信息化交易机制，发展以专业合作社为聚力主体的新型农业生产主体，织构属于农民的社会保障机制托底网络。由此，产权机制、农村金融服务机制、税收机制、中介服务机制、市场信息化机制、专业合作社机制以及农村社会保障机制等配套机制的健全程度影响农村土地要素市场化配置程度的提升，配套机制越健全，我国农村土地要素市场化配置程度越高；反之，农村土地要素市场化配置配套机制越不健全，其配置程度越低。综上所述，提出如下假设：

假设 4：我国农村土地市场化配置配套机制的发育程度与农村土地要素市场化配置程度正相关。

---

①② 王小广：《加快培育上层市场组织 促进新经济快速发展》，载于《行政管理改革》2016 年第 9 期，第 59~62 页。

③④⑥ 刘金山：《农村经济：要素市场化与市场上层组织发展》，载于《暨南学报》（哲学社会科学版）2001 年第 6 期，第 52~58 页。

⑤ ［法］弗尔南·布若代尔：《资本主义论丛》，顾良、张慧君译，中央编译出版社 1997 年版，第 29~51 页。

⑦ 2013 年，中国中央、国务院下发中央一号文件《中共中央、国务院关于加快发展现代农业进一步增强农村发展活力的若干意见》，要求全面开展农村土地确权工作，"用 5 年时间"基本完成农村土地承包经营权的确权登记和颁证。

⑧ 自然资源部：《自然资源部关于加快宅基地和集体建设用地使用权确权登记工作的通知》（EB/OL），http：//gi. mnr. gov. cn/202005/t20200518_2514094. html，2020 – 05 – 14/2021 – 03 – 30.

道格拉斯·诺思提出路径依赖理论①，经济主体的行为一旦产生，市场"惯性"② 会促使市场主体朝已有选择实现不断的自我强化。将路径依赖理论应用于农村土地要素市场中，由于市场经济的发展并非一蹴而就，土地要素市场上的累积效应和政策延续性较强，当期的市场化配置程度不仅受当期市场机制的影响，还受到市场"惯性"的冲击。本期的供求机制、竞争机制、利益分配机制和配套机制与下一期的农村土地要素市场化配置程度正相关。本期的供求均衡指数越高，下一期的农村土地要素市场化配置程度水平越高；本期的竞争指数越高，下一期的农村土地要素市场化配置程度水平越高；本期的农民利益分配比例越高，下一期的农村土地要素市场化配置程度水平越高；本期配套机制越健全，下一期的农村土地要素市场化配置程度水平越高。反之，本期的供求均衡指数越低，下一期的农村土地要素市场化配置程度水平越低；本期的竞争指数越低，下一期的农村土地要素市场化配置程度水平越低；本期的农民利益分配比例越低，下一期的农村土地要素市场化配置程度水平越低；本期配套机制越不健全，下一期的农村土地要素市场化配置程度水平越低。因此，提出以下假设：

假设5：市场化配置影响机制作用下，农村土地要素市场化配置程度路径依赖明显。

马歇尔提出引致需求概念③，土地是生产要素的一种，人们对土地的需求是对作为特殊商品的土地使用权和经营权的需求，通过获取土地使用权而得到土地的承载功能、生育功能、资源功能和资产功能④等（毕宝德，2016）。引致需求模型假设资金和劳动实现空间上的自由流动，而土地无法实现空间上的自由流动，地区间的土地要素市场化配置机制健全程

① ［美］道格拉斯·诺思：《经济史中的结构与变迁》，陈昕、陈郁等译，三联书店上海分店1991年版，第6页。
② 罗富政、何广航：《政府干预、市场内生型经济扭曲与区域经济协调发展》，载于《财贸研究》2021年第2期，第30~42页。
③ ［英］阿尔弗雷德·马歇尔：《经济学原理》，高建刚编译，中国工人出版社2016年版，第30~45页。
④ 承载功能即土地是人类一切生活和生产活动的空间和载体；生育功能即土壤中存在大量的营养物质和水分等生物的生存条件；资源功能主要指的是土地中的大量非生物资源，如矿产资源等；资产功能即土地所有制产生了土地财产制度，土地产权的流转给产权所有人带来资产收益。

度具有异质性。市场化程度越高的地区市场化配置程度越高，配置效率越高。市场化进程是伴随着要素市场化改革推进的，市场化程度越高的地方往往要素市场化程度越高，农村土地要素市场化配置程度也越高。因而，市场化程度越高的地区农村土地要素市场化配置程度越高，地区间农村土地要素市场化配置程度差异明显。

在东部地区，农村土地要素市场化配置影响机制对农村土地要素市场化配置程度的促进作用明显。一方面，东部地区农村集体建设用地的商品化程度领先于全国水平，《中国农村经营管理统计年报》数据计算结果，2010～2019 年，江苏省和广东省的农村集体建设用地商品化程度为 0.4317、0.3173，居全国前列，江苏省、山东省农用地商品化程度较高，东部地区市场化配置农村土地范围更广，市场化配置影响机制更能发挥规模效应，对农村土地要素市场化配置程度的带动作用越强；另一方面，东部地区科技、人才和资本等资源集中，基础设施完善，在农村土地市场化配置方面能够获得充足的技术和资金支持，更有能力通过科学的统筹和规划实现对农村分散的土地要素进行高效利用，刺激农村土地要素流转，提高农村土地要素的市场化程度。

在其他地区，农村土地要素市场化配置影响机制对农村土地要素市场化配置程度提升的作用相对较小，西部地区更为明显。根据土流网（https：//www. tuliu. com/）公布的地价数据显示，2018 年第二季度，黑龙江省、新疆维吾尔自治区、贵州省和云南省旱地均价为 742 元/亩/年、517 元/亩/年、422 元/亩/年、538 元/亩/年，分别是同年江苏省旱地均价（1121 元/亩/年）的 66.19%、46.12%、37.65% 和 47.99%，西部地区旱地价格远低于东部地区，较低的农用地供需市场价格对土地市场化配置程度的刺激较小，土地要素市场化配置流转受限。但西部地区户均耕地面积高达 11.423 亩[1]，与农用地流转相对滞后的现实情况矛盾，因此，推测西部地区的高人均农用地面积归功于其人均农用地资源的高禀赋。随着西部大开发战略的推进，大量资本涌入，带来了西部地区经济增长质量

---

① 赵思诚、许庆、刘进：《劳动力转移、资本深化与农地流转》，载于《农业技术经济》2020 年第 3 期，第 4～19 页。

的提高，而政策效果动态持续性并未完全释放①，加上配套制度和设施构建的不完善，致使农村土地要素供不应求，导致农村市场供求结构错配和土地供需市场扭曲，对土地要素市场化配置程度的带动作用有限。此外，王兴稳、钱忠好（2015）认为，农民中接受初高中及以下水平教育占比较大②对土地流转不利，由《中国人口和就业统计年鉴（2020）》数据可得，西部地区 2019 年专科以上学历农民仅占 5.77%，农民文化程度整体偏低，规模化生产管理能力有限，对农村土地要素市场化配置程度的拉动力不足。综上所述，提出以下假设：

假设 6：农村土地要素市场化配置影响机制对农村土地要素市场化配置程度的驱动能力存在地区异质性。

生产理论分析了长期生产的规模报酬③，提出规模报酬变动的 3 种特征，由于生产要素之间的协调度变化、生产技术或投入要素的不可分性等原因，规模报酬会实现递增至不变最后衰减的变化趋势。将规模报酬变化规律应用到农村土地要素市场。

在农村土地要素市场化配置程度较低时期，土地要素市场化配置供求均衡水平、竞争指数、农民利益分配指数的小幅度提升，能带来市场化配置程度的显著提升；随着农村市场化配置影响机制健全程度的持续提升，市场化配置影响机制与其他市场条件协调度达到最佳，市场化配置影响机制对农村土地要素市场化配置的边际效率为 0 时，农村土地要素市场化配置程度达到最高；若不进行其他市场条件的改进，继续追求农村土地要素市场化配置供求均衡水平、竞争指数、农民利益分配指数的提高，市场化配置影响机制的边际效率会递减为负值，此时农村土地要素市场化配置程度逐步降低。本书提出以下假设：

假设 7：农村土地要素市场化配置影响机制对土地要素市场化配置程度的驱动作用存在明显的阈值效应。

---

① 孙焱林、李格、石大千：《西部大开发与技术创新：溢出还是陷阱？——基于 PSM - DID 的再检验》，载于《云南财经大学学报》2019 年第 6 期，第 51~62 页。

② 王兴稳、钱忠好：《教育能促进农地承包经营权流转吗——基于江苏、湖北、广西、黑龙江 4 省 1120 户农户的调查数据》，载于《农业技术经济》2015 年第 1 期，第 11~21 页。

③ 高鸿业：《西方经济学》，中国人民大学出版社 2000 年版，第 166~168 页。

# 我国农村土地要素配置现状

本部分从定性角度，对我国农村土地要素配置现状进行分析，为我国农村土地要素配置的定性分析打下基础。本部分在分析 20 世纪 70 年代以来我国农村土地要素配置改革背景的基础上，回顾我国农村土地要素市场化配置的制度变迁过程，阐述农村土地要素配置的现状；最后，提出我国农村土地要素市场化配置的问题，从而引出"农村土地要素市场化配置，并提高其配置程度及效率是农村土地改革的主攻方向"的观点。

## 第一节　我国农村土地要素配置改革背景

根据《中国农村统计年鉴》《中国统计年鉴》《中国环境统计年鉴》《新疆生产建设兵团统计年鉴》统计数据可得到 20 世纪 70 年代以来我国城乡人口结构、人均耕地面积、农业产值和机械化水平、农村就业结构和农业生产效率。

### 一、城乡人口结构变动

城镇人口整体保持正增长，农村人口先出现小幅度的增长随后逐年降低。1978～1984 年，城乡关系相对缓和，劳动力流动性强，农村人口增长缓慢，城镇人口增长较快。《严格控制民工盲目外出的紧急通知》（1989 年）、《关于做好劳动就业工作的通知》（1990 年）等一系列文件的出台，严格限制农民工进入城市，强调"离土不离乡"的就业方式，此时城镇人口增

速放缓,《中国统计年鉴》数据显示,农村人口出现了 0.31% ~1.171%
的年增长。随着户籍制度的改革,农村劳动力进城务工数量不断增加,城
市发展速度加快,农村发展速度迟缓,加上计划生育政策的影响,1995
年出现农村总人口的拐点,农村人口达到最大值 85947 万人,城镇人口增
速达到极值 6.056%,到 2019 年城镇人口增至 84843 万人,1978~2019
年的年均增速为 3.963%,农村人口减少至 55162 万人,1978~2019 年的
年均增速为 -0.873%,如图 3-1 所示。

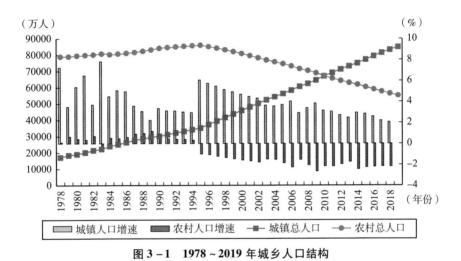

**图 3 -1    1978 ~2019 年城乡人口结构**

资料来源:《中国统计年鉴》(1978~2019 年)。

## 二、人均耕地面积持续下降

农户土地经营规模小、耕地零碎化缺陷突出。《中国统计年鉴》数据
显示,1970 年以来,我国人均耕地面积在 2.28 亩以下,2019 年世界人均
耕地面积为 4.8 亩,我国人均耕地面积为 1.38 亩,比其他国家的平均水
平少 3.42 亩。总的来看,我国人均耕地面积变化(见图 3 -2)与农村总
人口的变动(见图 3 -1)基本相符,1995 年前,随着农村人口的稳步增
加,人均耕地面积持续下降;1995~2019 年,农村人口持续出现负增长,
人均耕地面积基本维持在 1.35~1.55 亩之间。

图 3 - 2　1970 ~ 2019 年人均耕地情况

资料来源：《中国统计年鉴》（1970 ~ 2019 年）。

### 三、农业产值和机械化水平持续提升

由图 3 - 3 可知，农业生产中机械化水平明显提升，大中型机械投入量持续增加。《中国统计年鉴》数据显示，1978 ~ 2019 年，农业机械总动力由 11749.9 万千瓦增长至 102758.3 万千瓦，其中大中型拖拉机由 56 万台增加至 444 万台，为满足持续扩大的机械化和规模化生产需求，农用地市场化流转成为必然性选择。伴随着农业机械化水平的提升，农业人均产值也不断提高，农业人均产值由 1978 年的 493.326 万元/人增加到 2019年的 63753.11662 万元/人，年增速为 13%，产值的持续增加直接激励农业生产经营规模的扩大，进一步推动农用地流转。

### 四、农业生产效率提升

《中国统计年鉴》数据显示，1980 ~ 2019 年，全国粮食总产量从3.206 亿吨增长至 6.638 亿吨，其中，1997 ~ 2003 年粮食年增产速度波动异常，可能是由于家庭联产承包责任制刺激的边际效率递减，农用地分散化对农业生产规模限制性逐步显现，加上农业机械动力的不断投入带来粮食增产，大量农村劳动力从农业生产中分离出来，此时农用地流动不规范，土地权益得不到保障，农用地流动有限，劳动力流向收益较高的非农生产，农业生产受到限制。随后，2003 年《土地管理法》的实施对农用

地流转进行了规范，农业生产规模进一步扩大，农业机械的持续投入明显提升了农业生产效率。

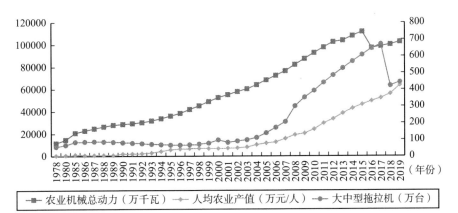

**图 3 - 3　1978～2019 年农业机械情况**

资料来源：《中国统计年鉴》（1978～2019 年）。

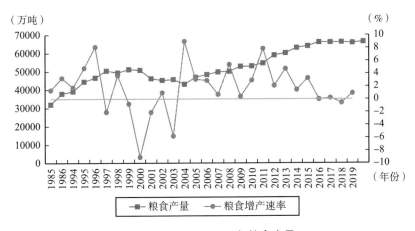

**图 3 - 4　1985～2019 年粮食产量**

资料来源：《中国统计年鉴》（1985～2019 年）。

## 五、农村就业结构发生变化

《中国统计年鉴》数据显示，农村就业总人数在 1997 年达到最高点 4.904 亿人后，出现了一段时间的平稳，并于 1998 年以后开始明显降低。

第一产业从业人数变化趋势与农村就业总人数变化趋势基本一致，在1991 年达到最大值 39098 万人后平稳下降，2019 年减少至 19445 万人，这是由于农业机械动力投入代替了劳动力投入，刺激大量劳动力流向效益更高的非农生产。

农村非农就业人数表现出与前两者明显的差异，农村的非农就业人数逐年提高，《中国统计年鉴》数据显示，非农就业人数由 1978 年的 2320 万人增长至 2019 年的 13779 万人，2019 年，农村非农就业人数占农村就业总人数的 41.5%，其中，1998~2004 年，非农就业人数出现下降，这是由于《土地管理法》（1998 年、2004 年）禁止农村集体土地用于非农业建设，农村建设用地流动性固化，乡镇企业大量倒闭和城镇化的快速扩张都限制了农村非农行业的发展，致使非农就业人数锐减。具体如图 3-5 所示。

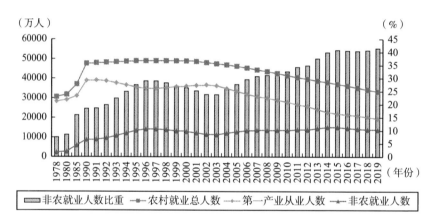

图 3-5 1978~2019 年农村就业情况

资料来源：《中国统计年鉴》（1978~2019 年）。

# 第二节 我国农村土地要素配置演变历程和现状

改革开放之初，我国农村实行家庭联产承包责任制，打破了公社平均主义的束缚，适应当时的生产力条件。按照村集体人口平均分配土地，对农业生产的有效激励，对不适应生产力的农村生产结构进行了调整，保障农民获得土地要素的平等性和公平性，显著提升了农业生产效率。但随着农村生产力的发展，当初平均分配的土地势必会走向分散化和细碎化（见图3-2），加上产权的不清晰以及承包期不稳定等现实问题，农村土地制度与当前生产力条件不匹配。我国农村土地要素配置的演变是生产力发展的结果，伴随着农村人口结构、农村产业结构调整产生，本节基于上一节的背景分析，根据农村土地要素的四个流转方向（见图2-1），梳理我国农村土地要素配置的演变历程和现状。

## 一、农用地配置

农业是产业发展的基础，也是乡村振兴的根基，农业现代化生产需要发展适度规模经营。对于农用地资源来说，随着农村人口的减少和机械动力的普及（见图3-1和图3-3），农业机械动力替代劳动力生产成为必然选择，机械化生产要求规模经营与之匹配，农用地逐步由细碎化向适度规模集中。国家对农用地市场化流转引导较早，不断提升农用地市场的规范化程度。为了解决农业生产效率低下的问题，1986年，中共中央、国务院明确农用地向种田能手集中；随后通过《宪法》的形式允许农用地使用权的依法转让；为适应农业生产现实，调整农用地承包期、明确农用地承包经营权的用益物权性质、实施"三权分置"政策，逐步引导农用地配置向市场化、规范化、规模化方向发展。表3-1为农用地政策梳理情况。

表3-1 　　　　　　　　　　　农用地政策梳理情况

| 时间 | 法律文件 | 内容/地位 |
|---|---|---|
| 1986年 | 《中共中央、国务院关于1986年农村工作的部署》 | 随着农民向非农业转移，鼓励耕地向种田能手集中，发展适度规模的种植专业户 |
| 1986年 | 《土地管理法》 | 国有土地和集体所有土地的使用权可以依法转让 |
| 1988年 | 《宪法》 | 农村土地使用权可以在规定范围内转让 |
| 1993年 | 《关于当前农业和农村经济发展的若干政策措施》 | 确立土地承包期延长三十年的政策 |

续表

| 时间 | 法律文件 | 内容/地位 |
|---|---|---|
| 1998 年 | 《土地管理法》 | 农民集体所有土地由本集体经济组织的成员承包经营，从事种植业、林业、畜牧业、渔业生产，承包期限为三十年 |
| 2003 年 | 《土地管理法》 | 农用地承包政策全面法治化，保护农用地承包经营权，规范经营权流转 |
| 2004 年 | 《国务院关于深化改革严格土地管理的决定》 | 严格控制农用地向建设用地转变 |
| 2007 年 | 《物权法》 | 明确农用地承包经营权为用益物权 |
| 2005 年 | 《农村土地承包经营权流转管理办法》 | 农用地市场化流转的首部法律，对农用地承包用途、承包期限进行规定，开创了农用地规范化流转新局面 |
| 2013 年 | 《关于加快发展现代农业进一步增强农村发展活力的若干意见》 | 散户土地经营向适度规模经营过渡；促进农用地向规模化、集中化经营方向流转 |
| 2014 年 | 《中共中央关于全面深化改革若干重大问题的决定》 | 再次鼓励承包地经营权公开流向专业大户、家庭农场、农民合作社等组织；鼓励多种形式的规模经营 |
| 2014 年 | 《关于引导农村土地经营权有序流转发展农业适度规模经营的意见》 | 所有权、承包权和经营权"三权分置"；农村土地承包经营权的确权登记；引导土地经营权有序流转，培育新型经济主体 |
| 2015 年 | 《深化农村改革综合性实施方案》 | 出台农村承包土地经营权抵押、担保试点指导意见；完善"地票"试点；引导多种方式的农用地经营权流转和适度规模经营；发展家庭农场 |
| 2017 年 | 《决胜全面建成小康社会 夺取新时代中国特色社会主义伟大胜利》 | 重申延长土地承包期 |
| 2018 年 | 《中华人民共和国农村土地承包法》 | 保护土地经营权流转，规范农用地承包经营市场；将"三权分置"制度正式纳入法律规范，从法律层面进一步明确了土地所有权、承包权、经营权的归属和权能 |
| 2021 年 | 《关于保障和规范农村一二三产业融合发展用地的通知》 | 依法办理农用地转用审批和供地手续 |
| 2024 年 | 《关于学习运用"千村示范、万村整治"工程经验有力有效推进乡村全面振兴的意见》 | 明确 2017 年第二轮土地承包到期后，延长 30 年整省试点，健全土地流转价格形成机制，探索防止流转费用不合理上涨 |

资料来源：中华人民共和国中央人民政府门户网站（http：//www.gov.cn/）。

我国农用地配置有以下几个突出特点。

第一，农用地小块经营现象普遍。但家庭联产承包责任制下的小块均包地[1]不适应当前适度规模经营的需要，农用地的细碎化和分散化将农户限制在较小的土地生产面积上。20世纪末，全国平均每户农用地面积为8.35亩，基本上分散为9.7块，每块地约0.86亩[2]。表3-2为2008年、2014年和2017年我国省级人均耕地面积，2008~2017年，仅东北三省人均耕地面积持续扩大；2017年，仅有甘肃、新疆、吉林、内蒙古和黑龙江五个省份人均耕地面积超过3亩，宁夏人均耕地面积为2.84亩，其余25个省份人均耕地面积远低于2亩，其中，上海、北京、广东、天津、福建、浙江、江苏和湖南8个省市人均耕地面积不足1亩。特别是在农业大省河南省的淇县西岗镇宋街村中更是出现这样一个现象：一个四口农户共分得1亩农用地，该1亩地又被分为5块，最大农用地地块面积为0.3亩，最小农用地地块面积仅为0.05亩[3]，细碎化和分散化极其严重。

表3-2　　　　　　　　　我国省级人均耕地面积　　　　　　　　　单位：亩

| 省份 | 2008年 | 2014年 | 2017年 | 省份 | 2008年 | 2014年 | 2017年 |
|---|---|---|---|---|---|---|---|
| 北京 | 0.21 | 0.15 | 0.15 | 河南 | 1.27 | 1.29 | 1.27 |
| 天津 | 0.58 | 0.43 | 0.42 | 湖北 | 1.23 | 1.36 | 1.33 |
| 河北 | 1.36 | 1.33 | 1.30 | 湖南 | 0.89 | 0.92 | 0.91 |
| 山西 | 1.79 | 1.67 | 1.64 | 广东 | 0.45 | 0.37 | 0.35 |
| 内蒙古 | 4.45 | 5.53 | 5.50 | 广西 | 1.32 | 1.39 | 1.35 |
| 辽宁 | 1.42 | 1.70 | 1.71 | 海南 | 1.28 | 1.21 | 1.17 |
| 吉林 | 3.04 | 3.82 | 3.86 | 重庆 | 1.19 | 1.23 | 1.16 |
| 黑龙江 | 4.64 | 6.21 | 6.27 | 四川 | 1.10 | 1.24 | 1.22 |
| 上海 | 0.20 | 0.12 | 0.12 | 贵州 | 1.78 | 1.94 | 1.89 |

---

[1] 钱忠好、牟燕：《乡村振兴与农村土地制度改革》，载于《农业经济问题》2020年第4期，第28~36页。

[2] 张红宇：《粮食生产的三个难点（文摘）》，载于《中共山西省委党校学报》1988年第3期，第18~19页。

[3] 笔者参与2020年8月中国社会科学院大学组织的"乡村振兴数据库建设"调研中所得的数据。

续表

| 省份 | 2008 年 | 2014 年 | 2017 年 | 省份 | 2008 年 | 2014 年 | 2017 年 |
|------|---------|---------|---------|------|---------|---------|---------|
| 江苏 | 0.93 | 0.86 | 0.85 | 云南 | 2.01 | 1.98 | 1.94 |
| 浙江 | 0.57 | 0.54 | 0.52 | 陕西 | 1.62 | 1.59 | 1.56 |
| 安徽 | 1.40 | 1.45 | 1.41 | 甘肃 | 2.66 | 3.11 | 3.07 |
| 福建 | 0.56 | 0.53 | 0.51 | 青海 | 1.47 | 1.51 | 1.48 |
| 江西 | 0.97 | 1.02 | 1.00 | 宁夏 | 2.71 | 2.91 | 2.84 |
| 山东 | 1.20 | 1.17 | 1.14 | 新疆 | 2.93 | 3.37 | 3.21 |

资料来源:《中国环境年鉴》《新疆生产建设兵团统计年鉴》和《中国农业统计资料》。

第二,农用地承包经营权界定不清晰。一方面,农用地经营权主体界定不清。原《物权法》规定,农用地经营权主体属于"土地承包经营权人",与《农村土地承包法》中的"农户""农村承包经营户"等概念相比,完成了从"户"到"人"的转变,凸显民法的司法性质①,实现了对承包经营主体的高度概括②。2018 年修改后的《农村土地承包法》虽区分了土地承包经营权中的承包权和经营权,但对于土地经营权的性质认定存在争议,有物权说、债权说以及二元说等不同学说。原《农村土地承包法》和《物权法》中的土地承包经营权是单纯的用益物权,而 2018 年《农村土地承包法》中的土地承包经营权兼具了专属于集体农户的土地承包权内容,其性质和内容发生了变化,容易造成混淆。但由此也带来了一系列问题,"土地承包经营权人"的概念过于抽象,并未明确土地承包经营权主体究竟是农村集体经济组织中的农户、农村承包经营户③还是农村集体经济组织成员④,抑或几者兼具⑤。另一方面,对农村集体经济组织

---

① 王利明:《物权法研究(下卷)》,中国人民大学出版社 2007 年版,第 53 页。

② 何虹、陆成林:《新型城镇化背景下农地流转的三个重要问题》,载于《学习与实践》2015 年第 4 期,第 32~39 页。

③ 《农村土地承包法》第十五条之规定:"家庭承包的承包方是……农户"。

④ 《农村土地承包法》第五条之规定:"农村集体经济组织成员有权依法承包……不得剥夺和非法限制农村集体经济组织成员……的权利";《土地管理法》第十四条也规定:"……由本集体经济组织成员承包……"

⑤ 按照《民法通则》第二十七条之规定以及《农村土地承包法》第三条、第五条、第十五条之规定,土地承包经营权形式主体为农户,实质主体为集体经济组织成员。

成员的资格认定确定仍然存在争议，农村集体经济组织的成员构成随农民身份的变化而发生变化，特别是对婚嫁女和重新返回农村的原本村成员，现有法律并未做出具体的规定。

第三，农用地流转市场不规范。对于农用地承包期、农用地转包合同等相关的规定并不明确，产生了农用地市场无序流转和土地用途的随意变更等种种乱象，制约了农用地市场化配置[1]和适度规模经营，致使大量农用地流入隐形流转市场。耕地承包经营权流转方式除规定的转包、互换、出租和转让 4 种方式外，还允许"其他方式"的土地要素流转行为[2]，但并未明确规定具体的方式。

## 二、农村集体建设用地配置

农村集体建设用地为农民和乡镇企业提供生活、生产和发展所需的空间，农村人口数量以及非农产业的发展（见图 3 - 1 和图 3 - 5）与农村集体建设用地制度演变息息相关。

（一）农村集体经营性建设用地配置

根据我国农村非农就业情况（见图 3 - 5），可以将 1978 年以后我国农村集体经营性建设用地市场政策环境划分为"宽松—固化—逐步开放"三个阶段。

第一阶段是 1998 年前，此时农村非农就业人数比重在总就业人数中持续提升，农村集体经营性建设用地市场化政策环境较为宽松。1986 年之前，国家对农村集体经营性建设用地的监管基本上处于空白状态，1986 年"集体所有土地的使用权可以依法转让"[3]，新增的经营性建设用地需向县级政府申请，使用存量的经营性建设用地向乡镇政府申请，土地制度政策环境较为宽松，对农村集体经营性建设用地盘活和市场化配置起到了积极作用，为

---

① 林毅夫、杨建平：《健全土地制度 发育土地市场》，载于《中国农村经济》1993 年第 12 期，第 3 ~ 7 页。

② 丁关良、童日晖：《农村土地承包经营权流转制度立法研究》，中国农业出版社 2009 年版，第 45 ~ 51 页。

③ 陈明：《农村集体经营性建设用地入市改革的评估与展望》，载于《农业经济问题》2018 年第 4 期，第 71 ~ 81 页。

乡镇企业的蓬勃发展提供了机会。《中国农村统计年鉴（1980～1986）》和《中国统计年鉴（1999）》显示，1980 年我国乡镇企业为 142.5 万个，从业人数为 2998.7 万人，1998 年乡镇企业增加到 2003.9 万个，企业产值达到 22186.5 亿元，职工人数为 1.254 亿人，吸纳大量农村人口流向非农就业。

第二阶段是 1998～2004 年，此时农村非农就业比重出现明显下降，农村集体经营性建设用地流转市场的政策环境固化。1998 年，禁止农村集体土地使用权"转让或出租用于非农业建设"①，2004 年，再次重申严禁农村集体所有土地流转，随后将农村集体建设用地纳入土地年度计划指令性管理中，农村集体经营性建设用地市场化流转受到政策限制。加上大量的乡镇企业倒闭以及城镇化的快速扩张，大量农村集体经营性建设用地闲置，农村集体经营性建设用地市场发育停滞。

第三阶段为 2005 年以后，农村非农就业比重逐年提升，农村集体经营性建设用地市场化流转的政策环境逐步开放。2005 年，广东省颁布全国首个农村集体经营性建设用地市场化流转的相关法规，2008 年，中共中央确定市场化、公开流转的农村集体经营性建设用地与国有土地享受平等权益。随后，集体经营性建设用地确权登记和试点工作持续推进，至 2018 年，33 个试点完成集体经营性建设用地入市一万余宗，涉及 9 万余亩土地，总价款达到 257 亿元，调节金金额达到 28.6 亿元，集体经营性建设用地用作贷款抵押的有 228 宗，获得贷款 38.6 亿元②，但农村集体建设用地进入土地市场流转的途径狭窄，而试点之外的宅基地使用权严禁买卖③；2019 年，《土地管理法》允许工业、商业等用途的集体经营性建设用地出让给单位或个人，但除工业和商业以外的其他经营性用途的农村集体建设用地④外，哪些能够入市，并没有具体的文件参考；2020 年，集体

---

① 陈明：《农村集体经营性建设用地入市改革的评估与展望》，载于《农业经济问题》2018 年第 4 期，第 71～81 页。

② 农业农村部：《对十三届全国人大二次会议第 8424 号建议的答复》（EB/OL），http://www.moa.gov.cn/gk/tzgg_1/tz/201908/t20190816_6322724.htm，2019-08-16/2021-05-23.

③ 钱忠好、牟燕：《乡村振兴与农村土地制度改革》，载于《农业经济问题》2020 年第 4 期，第 28～36 页。

④ 吴义龙：《集体经营性建设用地入市的现实困境与理论误区——以"同地同权"切入》，载于《学术月刊》2020 年第 4 期，第 118～128、141 页。

经营性建设用地入市全面推开，破除了集体经营性建设用地进入市场的制度障碍①；2021 年，《乡村振兴促进法》在《土地管理法》的基础上，更强调集体经营性建设用地优先用于发展集体所有制经济和乡村产业。到 2024 年各地根据国家相关政策，出台本地的农村集体经营性建设用地入市管理办法等政策文件。表 3 - 3 为农村集体经营性建设用地政策梳理情况。

表 3 - 3　　　　　　　农村集体经营性建设用地政策梳理情况

| 阶段 | 时间 | 法律文件 | 内容/地位 |
|---|---|---|---|
| 第一阶段<br>（1998<br>年前） | 1986 年 | 《土地管理法》 | 农村集体建设用地有偿使用环境宽松 |
| | 1998 年 | 《土地管理法》第八十一条 | 禁止农村集体所有的土地使用权出让或出租用于非农建设 |
| 第二阶段<br>（1998 ~<br>2004 年） | 2004 年 | 《国务院关于深化改革严格土地管理的决定》 | 保护耕地，加强对农村集体建设用地的管理 |
| 第三阶段<br>（2005 年<br>以后） | 2005 年 | 广东省《集体建设用地使用权流转管理办法》 | 首个农村集体经营性建设用地市场化相关法规；允许商业、旅游等经营性项目出租或出让农村集体建设用地 |
| | 2008 年 | 《关于推进农村改革发展若干重大问题的决定》 | 建立城乡统一的建设用地市场；符合规划的、公开规范取得的农村集体经营性建设用地可以与国有土地享有平等权益 |
| | 2010 年 | 《关于加大统筹城乡发展力度　进一步夯实农业农村发展基础的若干意见》 | 加快集体经营性建设用地使用权的确权工作 |
| | 2015 年 | 《关于农村土地征收、集体建设用地入市、宅基地制度改革试点工作的意见》 | 设定 15 个试点地区；完善农村集体经营性建设用地产权制度；明确入市范围和途径 |
| | 2016 年 | 《关于授权国务院在北京市大兴区等三十三个试点县（市、区）行政区域暂时调整实施有关法律规定的决定（草案）》 | 将试点地区扩大至 33 个 |

①　刘晓萍：《农村集体经营性建设用地入市制度研究》，载于《宏观经济研究》2020 年第 10 期，第 137 ~ 144 页。

续表

| 阶段 | 时间 | 法律文件 | 内容/地位 |
|---|---|---|---|
| 第三阶段（2005 年以后） | 2017 年 | 《全国人民代表大会常务委员会关于授权国务院在北京市大兴区等三十三个试点县（市、区）行政区域暂时调整实施有关法律规定的决定》 | 延长试点期限 |
| | 2019 年 | 《土地管理法》 | 符合总体规划的工业、商业等用途的农村集体经营性建设用地可以出租或出让给单位或个人 |
| | 2020 年 | 《新型城镇化建设和城乡融合发展重点任务》 | 全面推开集体经营性建设用地直接入市 |
| | 2022 年 | 《关于深化农村集体经营性建设用地入市试点工作的意见》 | 明确深化农村集体经营性建设用地入市试点工作的目标任务、基本原则、主要内容等 |
| | 2023 年 | 《深化农村集体经营性建设用地入市试点工作方案》 | 细化了入市试点的工作要求和操作流程 |
| | 2024 年 | 《修武县农村集体经营性建设用地入市管理办法（试行）》《中山市农村集体经营性建设用地入市工作指引》《莆田市荔城区农村集体经营性建设用地入市收益分配指导意见》等 | 对入市范围、途径、实施主体、交易方式、程序、收益管理等方面进行了具体规定 |

资料来源：中华人民共和国中央人民政府门户网站（http://www.gov.cn/）、各地方人民政府网站。

（二）宅基地配置

宅基地是农村集体建设用地的重要组成部分[1]。1963 年提出"宅基地使用权"概念[2]，根据农村非农就业情况结合农村人口变动，将宅基地政策环境演变划分为"宽松—严格—开放试点"三个阶段。

第一阶段是 1963～1998 年，宅基地扩张严重。随着大规模农村劳动

---

① 吕萍、陈卫华、陈泓冰：《农村住宅市场建设：理论意义和现实路径》，载于《经济体制改革》2017 年第 2 期，第 62～68 页。

② 刘广栋、程久苗：《1949 年以来中国农村土地制度变迁的理论和实践》，载于《中国农村观察》2007 年第 2 期，第 70～80 页。

力进城务工，大量宅基地出现荒废，《村镇建房用地管理条例》和《土地管理法》（1986 年）逐步放开城市居民购买宅基地，宅基地流转现象普遍出现，但随着城市土地有偿使用制度的改革，城乡接合部的土地价格也随之上涨，城乡接合部宅基地隐性流转现象普遍出现，集体土地资源流失严重。

第二阶段是 1998～2014 年，限制宅基地流转。2008 年，严禁城镇居民购买农村宅基地；2009 年，对不同区域的宅基地的使用标准进行了规定；2010 年，要求加快宅基地使用权的登记颁证工作，但仍然未放开宅基地流转。

第三阶段为 2014 年以后，宅基地试点逐步开放。2015 年，对宅基地的权益保障、宅基地公平取得、有偿退出以及节约利用几个方面作出了明确规定，2015 年 6 月，开放 15 个宅基地试点，2017 年 11 月，扩大至 33 个；鼓励以出租、出让等方式盘活宅基地。随后探索宅基地的"三权分置"，2018 年，宅基地整理工作初见成效，将散乱陈旧的农房实现集中化升级，腾退零散和闲置宅基地 14 万户，约 8.4 万亩[1]，办理宅基地抵押贷款 5.8 万宗，抵押贷款额 111 亿元[2]。以无锡江阴月城镇双泾村为例，2018 年，规划 305 户新农房，占地约 105 亩，节约 40 余亩土地。2020 年，无锡市首批 107 个试点竣工率达 86% 以上，总用地规模减少约 14%[3]，为农村的进一步发展提供了后蓄力量。2019 年，继续鼓励宅基地的有偿退出，2019 年 9 月 20 日，对宅基地的取得进行严格规定，允许城镇居民、工商资本租赁宅基地，对闲散宅基地进行整治，鼓励宅基地有偿退出，仍将宅基地的转让限制在集体内部。2020 年，进一步扩大宅基地改革试点至 104 个县区。表 3 - 4 为宅基地政策梳理情况。

---

[1] 农业农村部：《对十三届全国人大二次会议第 8424 号建议的答复》（EB/OL），http://www.moa.gov.cn/gk/tzgg_1/tz/201908/t20190816_6322724.htm，2019 - 08 - 16/2021 - 05 - 23.

[2] 高强：《宅基地制度改革试点回顾与未来走向》，载于《农村经营管理》2019 年第 3 期，第 40～41 页。

[3] 朱雪霞：《无锡首批 107 个试点村"新江南人均"已建成》，载于《无锡日报》2020 年 12 月 16 日，第 2 版。

表 3 – 4                                                    宅基地政策梳理情况

| 阶段 | 时间 | 法律文件 | 内容/地位 |
|---|---|---|---|
| 第一阶段 | 1963 年 3 月 | 《中共中央关于各地对社员宅基地问题做一些补充规定的通知》 | 明确农民对宅基地的所有权转变成使用权 |
| | 1986 年 | 《村镇建房用地管理条例》 | 城镇居民经批准可以建住宅，并按规定支付补偿费和安置费 |
| | 1986 年 | 《土地管理法》 | 将城镇居民有偿建造住宅法治化 |
| 第二阶段 | 1998 年 | 《土地管理法》第八十一条 | 取消城镇居民申请宅基地；明确宅基地以"户"为单位 |
| | 2004 年 | 《关于加强农村住房用地管理的意见》 | 严禁城镇居民购买农村宅基地，对此类非法建房不颁发土地使用证书 |
| | 2007 年 | 《物权法》 | 把农民宅基地使用权上升为用益物权，承认了宅基地的财产属性 |
| | 2008 年 | 《关于切实加强农业基础建设进一步促进农业发展农民增收的若干意见》 | 重申严禁城镇居民购买农村宅基地；对宅基地进行整理；保护宅基地的用益物权 |
| | 2009 年 | 《促进农业稳定发展　农民持续增收的若干意见》 | 对不同区域的宅基地的使用标准进行规定 |
| | 2010 年 | 《关于加大统筹城乡发展力度进一步夯实农业农村发展基础的若干意见》 | 加快宅基地使用权的登记颁证工作 |
| 第三阶段 | 2013 年 11 月 | 《中共中央关于全面深化改革若干重大问题的决定》 | 改革完善宅基地制度，慎重稳妥地推进农民住房财产权抵押、担保和转让，探索农民增加财产性收入渠道 |
| | 2015 年 | 《关于农村土地征收、集体经营性建设用地入市、宅基地制度改革试点工作的意见》 | 健全宅基地取得、相关权益保障制度、探索本集体内部宅基地的有偿退出和转让；选取全国 30 个左右试点 |
| | 2016 年 | 中央一号文件 | 鼓励有条件的地方通过盘活闲置房屋发展休闲农业 |
| | 2017 年 | 《关于拓展农村宅基地制度改革试点的请示》 | 宅基地制度改革试点扩大至 33 个 |

续表

| 阶段 | 时间 | 法律文件 | 内容/地位 |
|---|---|---|---|
| 第三阶段 | 2017 年 | 《关于深入推进农业供给侧结构性改革、加快培育农业农村发展新动能的若干意见》 | 鼓励以出租等方式盘活宅基地 |
| | 2017 年 | 《利用集体建设用地建设租赁住房试点方案》 | 确定 13 个城市租赁住房试点 |
| | 2018 年 | 《中共中央、国务院关于实施乡村振兴战略的意见》 | 探索宅基地所有权、资格权和使用权的"三权分置",保障农村集体的宅基地所有权,落实农户享有宅基地的资格权和财产权,放活宅基地使用权 |
| | 2019 年 | 《土地管理法》 | 鼓励宅基地有偿退出 |
| | 2019 年 9 月 20 日 | 《关于进一步加强农村宅基地管理的通知》 | 对新建住宅、申请新宅基地严格管理,鼓励村民利用宅基地发展农家乐、民宿等多种形式的经营活动,允许城镇居民或工商资本与农民签订不超过 20 年的农房租赁合同,鼓励村集体整治闲散宅基地,允许集体内部的宅基地转让,鼓励宅基地的有偿退出 |
| | 2020 年 10 月 | 《深化农村宅基地制度改革方案》 | 在 104 个县(市、区)和 3 个设区市开展新一轮宅基地制度改革试点 |
| | 2021 年 | 中央一号文件 | 继续探索宅基地"三权分置"的有效实现形式 |
| | 2021 年 | 《关于保障和规范农村一二三产业融合发展用地的通知》 | 鼓励对依法登记的宅基地等农村建设用地进行复合利用,发展乡村民宿等农村产业 |
| | 2024 年 | 《中共中央、国务院关于学习运用"千村示范、万村整治"工程经验有力有效推进乡村全面振兴的意见》 | 稳慎推进农村宅基地制度改革,深化农村集体产权制度改革 |

资料来源:中华人民共和国中央人民政府门户网站(http://www.gov.cn/)、人民网(http://www.people.com.cn/)和中华人民共和国农业农村部公告。

综上所述，城镇化的推进带来大量宅基地的闲置或荒废，受区位因素和集聚效应的影响，城镇居民、工商资本向宅基地投资的需求受限，加上宅基地流转范围和用途的限制，其市场价值与国有土地有明显差异①，直接造成宅基地利用效率低下；宅基地的市场价值凸显，但集体内封闭式流转的规定滋生了沿海地区或城市边缘地区的宅基地隐形流转②，不利于宅基地产权的保护；宅基地审批权的下放，联合审批制度的设立，一方面会便利宅基地的申请和审批工作，但另一方面无法有效评价村镇部门审批管理的有效性；关于宅基地的使用权流转和宅基地的退出机制并没有详细的规定。近年来，我国集中力度盘活宅基地，但农村宅基地制度改革滞后，始于 2014 年宅基地试点改革并未取得预期成果，试点改革经验仍不可推广③，社会多方关于宅基地改革尚未达成共识。

## 三、征地配置

随着城镇化的快速发展和城镇人口的增多（见图 3-1），国家出于公共利益的需要，通过征收和征用的方式将农村土地转变为城市建设用地，农村土地进入城市土地要素市场④。国家对"公共利益"的界定不断明确，力图构建多元的保障体系，向规范化方向发展。

1950 年，明确国家因建设需要征用土地需进行补偿；1954 年，对征地制度进一步规定，土地征收需以公共利益的需要为出发点，但对公共利益的界定并不明确，部分地区出现基层政府以公共利益的名义进行强制性土地征收，建立酒店、房地产等并非公共利益需要的盈利性项目⑤，出现

---

① 吴宇哲、于浩洋：《农村集体建设用地住宅用途入市的现实约束与赋能探索》，载于《中国土地科学》2021 年第 5 期，第 93~99 页。

② 张合林：《以土地市场制度创新推动城乡融合发展》，载于《中州学刊》2019 年第 3 期，第 38~44 页。

③ 黄延信：《破解农村宅基地制度改革难题之道》，载于《农业经济问题》2021 年第 8 期，第 83~89 页。

④ 桂华：《地权形态与土地征收秩序——征地制度及其改革》，载于《求索》2021 年第 2 期，第 74~81 页。

⑤ 米强：《基于农民感知的城市边缘区土地征收社会效率研究》，南京农业大学博士学位论文，2016 年，第 30 页。

征地滥用的问题；而征地过程农民无权要求协商，只能被动接受规定的征地范围和价格，无法实现与城市土地的"同地同价同权"①，出现了补偿款过低、强制征地等一系列的问题，严重损害农民的土地权利。随着2008～2021年对农村征地市场规定的不断调整，细化国家根据公共利益的需求范围、土地征收和征用程序，国有土地有偿使用的范围逐步扩大，土地征收范围缩小，我国力图构建多元的征地补偿和保障体系，征地市场向规范化方向发展。2018年，试点地区按照新土地征收制度征地1275宗，累积18万亩②，研究表明，2014～2018年，我国征地引发的社会冲突数量呈下降趋势③。表3-5为征地政策梳理情况。

表3-5　　　　　　　　　　　征地政策梳理情况

| 时间 | 法律文件 | 内容/地位 |
| --- | --- | --- |
| 1950年 | 《城市郊区土地改革条例》 | 明确国家因建设需要征用农村土地的，应当予以补偿并安置 |
| 1953年 | 《国家建设征用土地办法》 | 第一部对征地进行规定的法律 |
| 1954年 | 《宪法》 | 土地征收规定提升至宪法层面 |
| 1956年 | 《高级农业生产合作社示范章程》 | 土地所有权为集体所有，征地制度随之调整 |
| 1986年 | 《土地管理法》 | 对征收程序、征收范围和补偿安置进行规定，允许通过招工安置的方式核减安置补偿费 |
| 1998年 | 《土地管理法》 | 对土地管理方式和利用方式进行改革，确定现代土地管理基本法制度；政府负责土地征收和补偿，明确"用途管制"和"耕地占补平衡" |
| 2003年 | 《关于完善社会主义市场经济体制若干问题的决定》 | 提出控制征地规模 |
| 2004年 | 《土地管理法》 | 区分土地征收和征用；将土地征补提升至宪法层面 |

---

① 钱忠好、牟燕：《征地制度、土地财政与中国土地市场化改革》，载于《农业经济问题》2015年第8期，第8～12、110页。

② 农业农村部：《对十三届全国人大二次会议第8424号建议的答复》（EB/OL），http：//www.moa. gov. cn/gk/tzgg_1/tz/201908/t20190816_6322724. htm，2019 – 08 – 16/2021 – 05 – 23.

③ Chen J. C. "Peasant Protests Over Land Seizures in Rural China". The Journal of Peasant Studies, 2020, 6：1327 – 1347.

续表

| 时间 | 法律文件 | 内容/地位 |
|------|---------|----------|
| 2008 年 | 《关于切实加强农业基础建设进一步促进农业发展农民增收的若干意见》 | 开展城乡建设用地，增加挂钩试点 |
| 2013 年 | 《中共中央关于全面深化改革若干重大问题的决定》 | 缩小征地范围、规范征地程序、完善保障机制 |
| 2014 年 | 《关于农村土地征收、集体经营性建设地入市、宅基地制度改革试点工作的意见》 | 对征地制度总体布局进一步部署，建立多元保障机制 |
| 2015 年 6 月 | | 土地征收制度改革征收试点 3 个 |
| 2016 年 12 月 | 《中共中央、国务院关于深入推进农业供给侧结构性改革加快培育农业农村发展新动能的若干意见》 | 土地征收制度改革试点扩大至 33 个 |
| 2017 年 | 十二届全国人大常委会第三十次会议 | 延长试点地区，征收制度改革期限 |
| 2019 年 | 《土地管理法》 | 进一步修改征地制度，采用列举和概括的方式，对"公共利益"的需要征地范围具象化，其中，第 5 条规定对总体规划内的"成片开发"建设用地进一步做出严格限制①，重点关注社会发展和农民权益的平衡 |
| 2021 年 | 《土地管理法实施条例》 | 以维护被征地农民合法权益为核心，对《土地管理法》规定的土地征收程序进行了细化规定 |

资料来源：中华人民共和国中央人民政府门户网站（http：//www. gov. cn/）和人民网（ht-tp：//www. people. com. cn/）。

综上所述，国家出于经济社会的需求的征地行为，实现农村土地进入城市，提升农村土地要素资产属性，但土地征收制度改革亟待继续推进。我国《农村土地承包法》《土地管理法实施条例》《补偿安置意见》等规定土地征收补偿费用给予土地被征收人，但并未对土地征收人进行明确规

---

① 要求"成片开发"的征地必须满足省级以上人民政府批准，符合总体规划的要求，在征地程序启动前通过人大审议决定，同时符合自然资源主管部门的标准。

第三章
我国农村土地要素配置现状

定[1]，与土地征收对被征收人补偿物质损失的原则存在矛盾。同时，征地补偿费用归农村集体所有，由农村集体将土地补偿费分配给本村村民。

此外，我国征地补偿为一次性的货币补偿，以征收的农村土地原用途作为征地补偿和安置费计算的标准，往往会出现征地补偿费用低于土地的真实价值，此种征地补偿方法并不妥当[2]，征地范围不清、征地程序的规范性不足、征地补偿标准设计不合理、保障机制不够完善等[3]。

第一，土地征收年产值倍数法的计算方式忽略了被征地农民生产转化的成本。土地征收完成后，失地农民必须由农业生产转向非农生产，组织非农生产的成本无法计算在土地征收费用补偿中，也未考虑到被征地农民的社会保障问题，特别是失地农民流向城市后的医疗保险、失业保险、养老保险等问题。

第二，区片综合地价定价法中包含征地安置补偿费用，征地农民获得征地补偿后不能再获得失地安置费，而多数地区区片综合地价仍是以土地产值作为定价方法，被征地农民获得的土地补偿款反而失去了失地安置补偿的部分。

第三，农村土地转换为建设用地后价值明显提高，政府获得的土地出让金远高于征地补偿的费用，失地农民便失去分享土地增值利益的可能性，在被征地附近继续组织生产的失地农民会面临地价倍数增加带来的生活和生产的高成本，失地安置农民的生活水平明显降低。

第四，失地农民特别是中老年农民，一旦失去土地很难从事其他的非农生产，依靠征地补偿款和安置款无法维持长期的生计，致使农民无法分享农村土地要素增值带来的收益。

## 四、农村土地隐性流转配置

农村土地隐性流转是伴随着农村人口结构和就业结构（见图 3 - 1 和图 3 - 5）变动而产生的。1978 年，家庭联产承包责任制实施，多种形式

---

[1][2]　唐烈英、唐立文：《中美两国土地征收补偿比较与借鉴》，载于《中州学刊》2014 年第 9 期，第 68~74 页。

[3]　娄培敏：《中国城市化：农民、土地与城市发展》，中国经济出版社 2004 年版，第 1~3 页。

91

的农村土地自发流转相伴而生①。1986 年，《土地管理法》给农村土地要素流转提供了相对宽松的环境，但针对土地流转相关的规范性政策文件缺失，土地隐形流转行为频发，此时农村土地要素隐形流转市场初具雏形；1990 年，《城镇国有土地使用权出让和转让暂行条例》对国有土地使用权流转进行了规范，但对农村土地要素流转的规范仍未出台；2002 年，《农村土地承包法》对农用地市场化流转制定了较为详细的实施规范；2020 年，实施的《土地管理法》仅提出工业和商业等用途的农村经营性建设用地可以入市，针对其他类型的经营性建设用地和农村宅基地流转的法规并未成型。农村土地要素配置不断向市场化和规范化发展，但农村土地要素隐形流转无法完全消灭。

## 第三节　我国农村土地要素配置问题分析

土流网（https：//www.tuliu.com）统计数据显示，2019 年，我国村镇及工矿用地面积为 7 亿亩，占农村建设用地的 87.36%，耕地面积为 20 亿亩，农村土地资源面积庞大。当前农村土地制度已不能满足经济发展的需求②，《中国农村发展报告（2017）》数据显示，农村居民点闲置土地面积高达 3000 万亩左右，低效利用的土地更是高达 9000 万亩，农村土地资源被极大地浪费，资源优势并未转化为资产优势。在城乡二元割裂的土地制度下，当前农村土地资源配置程度低下，不适应农业农村现代化发展的需求，农村土地要素市场化配置体制机制缺位③，农村土地要素规范化流转相关细则和规定缺失与滞后。

---

① 朱明芬、常敏：《农用地隐性市场特征及其归因分析》，载于《中国农村经济》2011 年第 11 期，第 10～22 页。

② 蒋永穆、安雅娜：《我国农村土地制度变迁的路径依赖及其创新》，载于《经济学家》2003 年第 3 期，第 54～59 页。

③ 姚洋：《土地、制度和农业发展》，北京大学出版社 2004 年版，第 2～13 页。

## 一、农村土地要素供给与需求错位

农村土地要素的供给与农村土地要素的需求不能完全适应，无法满足农村社会对农村土地要素的多样化需求。农用地和农村集体建设用地进入市场的规则不同①，农村集体建设用地流转有较为严格的限制，市场价值并未得到很好的实现，资产性质和资本属性不明显。与此同时，由于农用地和农村集体建设用地进入市场的规则和门槛未完全消除，农村土地要素私下交易导致隐形流转行为时有发生，不利于对农民的土地权益的保护。在"三权分置"制度下，农用地允许一定范围内流转，宅基地允许试点内流转，集体经营性建设用地流转范围逐步扩大。

第一，对农用地而言，实现小块均包向耕地集中化适度规模经营转变需要进行农用地流转，但农村土地要素需求的规模化和土地供给的碎片化之间矛盾突出，土地要素需求紧张与供给紧缺和撂荒浪费、粗放利用等问题并存②。而我国农用地流转的相关政策支持相当充足（见表3－1），但农用地配置程度仍旧不高，王振坡等（2015）认为，造成此局面是由于农用地流转动因不足③，提升农用地产出收益是农用地市场繁荣的根本驱动力。当前，我国农用地农作物的种植环节和农产品的生产环节缺乏专业化分工，农产品市场竞争力有限，很难激发农用地市场化动力，专业化的规模农用地需求不足。

第二，对农村集体建设用地而言，试点外的农村集体建设用地市场仍未形成，存量农村集体建设用地入市不足。《中国农村经营管理统计年报》数据显示，2019年，我国农村集体经营性建设用地出租出让面积仅占农村集体建设用地的0.539%，农村集体建设用地供给短缺问题突出④，

① 刘守英：《中国土地制度改革：上半程及下半程》，载于《国际经济评论》2017年第5期，第29~56页。
② 曲福田等：《中国工业化、城镇化进程中的农村土地问题研究》，经济科学出版社2012年版。
③ 王振坡、梅林、詹卉：《产权、市场及其绩效：我国农村土地制度变革探讨》，载于《农业经济问题》2015年第4期，第44~50页。
④ 任大鹏：《盘活土地要素，依法保障乡村振兴的建设用地需求》，载于《农民日报》2021年5月26日，第3版。

存量土地难以形成大规模的建设用地入市，而增量土地市场化流转也并没有完善的范畴规定，变相改变农村土地要素用途，经营模式有利可图，加之农村土地要素市场化体系不完善①，没有合适的交易平台满足农村土地要素市场化需求，催生大量农村土地要素隐形流转，加剧土地供给紧张局面。

第三，对征地而言，征地市场的土地供给和需求是在政府规划的基础上形成的，是农村土地进入城市市场的唯一方式，政府是征地市场单一管控主体，在土地利用计划指标的设定上，征地范围的科学设定受到掣肘②，土地要素供给结构和需求结构无法实现有效匹配。

## 二、农村土地要素市场竞争扭曲

在我国农村土地要素配置过程中，买方过度竞争，但买方竞争不充分③。由于土地要素的特殊性和政府的行政干预，农村土地要素的供求关系偏离价格机制，土地粗放利用和土地短缺并存。具体来说，农村土地要素的特殊性赋予土地要素市场竞争不同于其他生产要素，我国农村土地要素市场竞争具有以下特点。

第一，土地要素市场流动不足产生市场竞争扭曲。由于土地要素的专属性和固定性特征，不同土地要素只能满足某些特定的生产和生活需求。土地需求的针对性和位置的固定性，无法完全通过土地结构调整满足土地要素的市场需求，使得土地要素流动性不高，导致一定范围内的土地要素替代性不足。基于土地要素的低流动性，势必会产生自然垄断问题，市场竞争不足。

第二，过度行政干预产生市场竞争扭曲。在不完善的农村土地要素市场配置下，政府对农村土地要素配置的干预较多④，土地的供求以及价格

① 朱明芬、常敏：《农用地隐性市场特征及其归因分析》，载于《中国农村经济》2011年第11期，第10~22页。

② 严金明、李储、夏方舟：《深化土地要素市场化改革的战略思考》，载于《改革》2020年第10期，第19~32页。

③ 吴郁玲：《基于土地市场发育的土地集约利用机制研究》，南京农业大学博士学位论文，2007年，第119页。

④ Zhang M. Y., Chen Q. X., Zhang K. W., Yang D. Y. "Will Rural Collective – Owned Commercial Construction Land Marketization Impact Local Governments' Interest Distribution？ Evidence from Mainland China". Land, 2021, 2：209.

形成都在很大程度上受到行政力量的影响，势必会产生农村土地要素市场的扭曲，导致市场化配置机制无法有效运作。在政策执行偏差、土地交易成本转移的影响下，过度的行政干预破坏了良好的市场竞争秩序[1]，扰乱了土地要素市场的正常交易环境，也不利于优化土地资源配置。特别是一些地方乡镇企业关闭后的土地、村庄撤并后的办公用地等长期闲置，再加上农村人口结构、村民居住方式发生变化，形成大量荒废的宅基地，土地供给过剩但需求不足，供给弹性远超过需求弹性，卖方过度竞争。

### 三、农村土地要素增值收益公平性和共享性难以实现

在土地要素市场上，农民从土地增值收益中获得的比例不足 4%[2]，增值利益分配比例不合理。此外，城乡二元土地制度导致土地要素产权制度横向断裂明显，我国现存的土地结构为城乡二元土地结构，城市和农村分别实施不同的土地制度，城市土地市场与农村土地市场割裂，城乡土地要素不能自由流转，无法实现"同地同价同权"[3]。存量农村集体建设用地流转路径设定不明晰，流转利益分配比例缺乏科学的设定，存在利益冲突的隐患；征地市场补偿标准较低，农村土地通过征地市场转变成城市土地后，土地价值急速提升，土地增值部分与农民获得的补偿存在较大的落差，农民无法共享城市化成果。

### 四、农村土地要素市场化配置配套机制不健全

农村土地要素市场化配置的配套制度规定不明确，配套机制不健全，政策文件和法律制度对流转范围和流转方式等相关规定表述模糊不清[4][5]，

---

[1] Li L., Helen X. H., Guy M. R. "The Return of State Control and Its Impact on Land Market Efficiency in Urban China". Land Use Policy, 2020, 99: 104878.

[2] 林瑞瑞、朱道林、刘晶、周鑫：《土地增值产生环节及收益分配关系研究》，载于《中国土地科学》2013 年第 2 期，第 3 ~ 8 页。

[3] 张合林、郝寿义：《城乡统一土地市场制度创新及政策建议》，载于《中国软科学》2007 年第 2 期，第 28 ~ 40 页。

[4] 朱明芬、常敏：《农用地隐性市场特征及其归因分析》，载于《中国农村经济》2011 年第 11 期，第 10 ~ 22 页。

[5] 吴义龙：《集体经营性建设用地入市的现实困境与理论误区——以"同地同权"切入》，载于《学术月刊》2020 年第 4 期，第 118 ~ 128 页。

无法有效避免现实中多种触犯法规的农村土地隐性流转行为，交易的不规范化时有发生，农村土地要素配置效率低下。

第一，我国农村土地要素产权主体不尽明晰。农村土地的使用权、收益权、抵押权等缺乏完整的制度规定[①]，农户的细碎化、小规模经营以及土地权能不尽完整导致土地经营权价值被低估[②]，农村土地经营权变现困难，农户很难提供除土地经营权以外的资产进行抵押或担保，农户为获得信贷资金可能需要承担较高的变现费用。

第二，农村金融服务机制也存在问题，我国农业家庭经营和小规模合作经营的现实将长期存在，商业金融机构向普通农户和新型农业经营主体提供信贷支持的条件恶化[③]，我国农村合作金融发育迟缓，金融机构向农村的贷款供给不足。

一方面，农户信贷困难。我国农村金融改革相对滞后[④]，无法为普通农户和小型农业经营主体提供充足的资金保障。以 2018 年为例，普通农户贷款仅占涉农贷款总额的 6.8%，新增贷款大部分流向新型农业经营主体[⑤]，农户融资的困境并未得到有效缓解。农业生产具有高风险、高信贷成本以及低收益率[⑥]的特点，小农户对于风险的承受能力和判断力较弱，农业生产周期性加剧了农户收入的不稳定性[⑦]，2018 年，湖北武汉出现农地经营权抵押贷款风险典型案例 114 起，涉贷土地高达千亩[⑧]，此类农村抵押贷款风险问题加剧了农村金融供给短缺，在农作物欠收的年度，农民

---

① 宋涛、蔡建明、刘彦随、倪攀：《农地流转模式与机制创新研究》，载于《农村经济》2012 年第 8 期，第 23～26 页。

② 孙琳琳、杨浩、郑海涛：《土地确权对中国农户资本投资的影响——基于异质性农户模型的微观分析》，载于《经济研究》2020 年第 11 期，第 156～173 页。

③⑤ 马九杰、亢浩、吴本健：《农村金融机构市场化对金融支农的影响：抑制还是促进？——来自农信社改制农商行的证据》，载于《中国农村经济》2020 年第 11 期，第 79～96 页。

④ 蒋远胜、徐光顺：《乡村振兴战略下的中国农村金融改革——制度变迁、现实需求与未来方向》，载于《西南民族大学学报》（人文社科版）2019 年第 8 期，第 47～59 页。

⑥ Bai C. E., Hsieh C., Qian Y. "The Return to Capital in China". Social Science Electronic Publishing, 2006, 2: 61–88.

⑦ 汪昌云、钟腾、郑华懋：《金融市场化提高了农户信贷获得吗？——基于农户调查的实证研究》，载于《经济研究》2014 年第 10 期，第 33～45、178 页。

⑧ 张广庆、刘永文、汪磊：《乡村振兴背景下农村土地经营权抵押贷款风险研究》，载于《金融理论与实践》2021 年第 5 期，第 50～59 页。

通过借贷维持日常的生活和生产活动难度增加[1]，农村金融供需矛盾加深。

另一方面，农村商业性金融资本出现明显的"外流"。由于农业与工商业发展差距明显，普通农户和新型农业经营主体在信贷市场上均处于劣势[2]，资金非农化倾向严重[3]，2018 年，金融机构贷款总额为 138.572 万亿元，流向农林牧渔业的贷款为 1.221 万亿元[4]，仅占总贷款额的 0.881%，当前信贷支农更多地依赖政策性贷款和信贷配给，农村金融供需矛盾突出，农村金融内生动力不强[5]。因此，解决好农村土地要素市场化配置改革中"钱从哪来"的问题离不开农村金融的支持，以农村土地要素市场化为导向，以农村金融服务机制供给侧改革为抓手，解决农村土地要素资金供求矛盾，从而提升农村土地要素市场化配置程度。

第三，税收调节机制有待完善。以集体建设用地为例，集体建设用地市场化交易产生了巨大的土地增值收入，王婷婷（2016）提出，应基于建设城乡一体化土地市场"同地同权同价"的要求，在土地增值税收益分配上，对农村集体土地与国有土地实行相同的土地增值税税收政策。但农村的获得发展机会相对较少，大量资金从农村流至城市，特别是商业性资金非农化趋势严重[6][7]，因此，若在城乡统一土地市场建立之初便要求设置城乡统一标准的税率，农村建设用地市场并无发展优势，会造成城乡统一土地市场的不统一，城乡建设用地市场间发展速度的差距较大，城乡建设用地市场的统一税率显然并不符合实际。

2009 年，以农村土地要素作为课税对象和征费对象的税费有 13 种之

---

　　① Pham B. D., Yoichi I. "Rural Development Finance in Vietnam: A Microeconometric Analysis of Household Surveys". World Development, 2002, 2: 319 – 335.

　　② 马九杰、亓浩、吴本健：《农村金融机构市场化对金融支农的影响：抑制还是促进？——来自农信社改制农商行的证据》，载于《中国农村经济》2020 年第 11 期，第 79～96 页。

　　③⑦ Huang J. K., Rozelle S., Wang H. L. "Fostering or Stripping Rural China: Modernizing Agriculture and Rural to Urban Capital Flows". The Developing Economies, 2006, 1: 1 – 26.

　　④ 资料来源：《中国金融年鉴（2019）》。

　　⑤ 徐忠：《当前农村金融市场存在的问题》，载于《财富时代》2020 年第 7 期，第 24～25 页。

　　⑥ 谢平：《中国农村信用合作社体制改革的争论》，载于《金融研究》2001 年第 1 期，第 1～13 页。

多，其中土地增值税、耕地占用税、契税以及城镇土地使用税4个税种合计4008.38亿元，占税收收入的6.74%①。随着"清费立税"等税费改革的推行，将农村土地要素作为课税对象的税费科目主要包括增值税、印花税、个人所得税、土地增值税、土地使用税、耕地占用税、契税7个税种（见表3-6），固定资产投资方向调节税、营业税、城建税等税收停征或减免，农村土地税收属于地方专项税。但当前仍存在针对交易环节的土地税收占比过高的问题，制约土地税收的健康增长，而土地税收实质上是土地价格的反映②，税收的提高会带来土地价格的上升，土地受让方成本增加，抑制土地要素市场化配置，影响农村土地要素市场化配置程度。

表3-6 我国农村土地要素作为课税对象的税收

| 税种 | 文件 | 解读 |
| --- | --- | --- |
| 增值税 | 《关于建筑服务等营改增试点政策的通知》 | 农户土地流转用于农业生产的，免征增值税；用于非农业生产的，按照不动产经营租赁缴纳增值税 |
| | 《关于全面推开营业税改征增值税试点的通知》 | 农村集体组织对外出租的土地不论是用于农业生产或非农业生产，均免征增值税；农户从农村集体组织取得的补偿收入免征增值税 |
| 印花税 | 《中华人民共和国印花税法》 | 土地租赁合同不征印花税 |
| 个人所得税 | 《关于农村税费改革试点地区有关个人所得税问题的通知》《关于个人取得青苗补偿费收入征免个人所得税的批复》《关于农村农用土地出租和转让收入有关所得税问题的通知》 | 农民取得的土地流转费和青苗补偿费收入不征收个人所得税 |
| 土地增值税 | 《土地增值税暂行条例》《土地增值税法（征求意见稿）》《中华人民共和国耕地占用税法》 | 出让或以集体土地使用权、地上建筑物或附属物入股的，征收土地增值税，但允许地方核定征收或相应减征、免征；对承包经营权流转不征税；对占用耕地建房或从事其他非农业建设的行为进行规范征税 |

① 王朝才、张立承：《我国农村土地流转过程中的税收问题研究》，载于《财政研究》2010年第9期，第34~37页。

② 白景明、吴笑晗：《经济增长换挡期土地税收状况研究》，载于《价格理论与实践》2019年第2期，第15~18页。

续表

| 税种 | 文件 | 解读 |
|------|------|------|
| 土地使用税 | 《关于集体土地城镇土地使用税有关政策的通知》《关于承租集体土地城镇土地使用税有关政策的通知》 | 若承租人租用农民位于城市、县城、建制镇、工矿区的土地，缴纳土地使用税；若土地位于城市、县城、建制镇、工矿区以外，不征收土地使用税 |
| | 《城镇土地使用税暂行条例》《关于检发〈关于土地使用税若干具体问题的解释和暂行规定〉的通知》《关于房产税城镇土地使用税有关政策的通知》 | 承租企业若直接从事于种植、养殖、饲养的专业用地，免缴土地使用税；承租企业从事休闲娱乐行业的，经营、办公即生活用地征收城镇土地使用税 |
| 耕地占用税 | 《中华人民共和国耕地占用税法》 | 农用地建设直接为农业生产服务的生产设施的，不缴纳耕地占用税；对纳税人因建设项目施工或者地质勘查临时占用耕地，应当缴纳耕地占用税；纳税人在批准临时占用耕地期满之日起一年内依法复垦的，全额退还缴纳的耕地占用税；占用基本农田的，按当地适用税额，加按150%征收 |
| 契税 | 《中华人民共和国契税暂行条例》 | 农村集体土地承包经营权的流转不征契税 |

资料来源：中华人民共和国中央人民政府门户网站（http：//www.gov.cn/）。

第四，农村土地市场化交易平台、信息化等配套服务机制不完善。当前地方政府主要负责农村土地要素承包档案计算管理机构、土地要素市场化流转信息网上发布和更新的机构及土地流转服务中心的设立，企业设立农村土地要素市场中介和信息化服务机构和平台的较少，且各地区农村土地要素市场中介和信息化发育不平衡[1]，势必对活跃农村土地要素市场化配置产生不利影响。

第五，我国农村社保覆盖面不足。我国农村人口众多，社保覆盖面较低，社保资金短缺是农村社保覆盖面扩大和持续推进的主要障碍，而农村经济发展水平较低，由农民缴纳的社保资金有限，社保资金来源渠道有限，社保资金稳健性收益很难保证。《中国统计年鉴》显示，2010～2019年，我国农村养老保险覆盖面由15.313%提升至96.563%，但社保覆盖

---

[1] 刘世洪、许世卫：《中国农村信息化测评方法研究》，载于《中国农业科学》2008年第4期，第1012～1022页。

面仍然较低①，农民倾向于保留土地社会福利保障功能，推进农村土地要素市场化配置进程受阻。

# 第四节 小 结

我国当前制度条件下，农村土地要素配置效率仍旧不高，农村土地要素配置仍有较多的问题。农村土地改革是在农村人口结构变化、人均耕地面积细碎化、就业结构变化等背景下进行的。通过调整农村土地政策，逐步引导农用地、农村集体经营性建设用地、被征用土地以及农村土地隐性流转土地配置向规范化、规模化方向发展。但当前我国农村土地要素市场化配置程度仍旧不高，土地要素供给和需求错位、土地要素市场竞争扭曲、土地要素增值收益难以实现公平性和共享性、市场化配置机制不健全。随着政府弱化对市场的直接干预，市场的基础性和决定性的作用不断增强，提高农村土地要素市场化配置程度及效率便成为农村土地改革的方向。在此背景下，需要对我国农村土地要素市场化配置程度进行测度，从时间和空间上，了解我国农村土地要素配置现状及农村土地要素市场化配置程度的变化情况。

---

① 张明斗、王姿雯：《新型城镇化中的城乡社保制度统筹发展研究》，载于《当代经济管理》2017 年第 5 期，第 42~46 页。

# 第四章

# 我国农村土地要素市场化
# 配置程度测度及分析

前文构建了农村土地要素市场化配置程度测度体系，包括农村土地要素市场的商品化程度（FCD）、市场发育程度（DSD）、市场运行机制健全程度（OMD）、农民适应市场和政府调控市场的程度（FAGED）4 部分。并从定性角度出发，梳理了我国农村土地要素配置改革的路径和问题。本部分从学理角度出发，基于 F－D－O－F 模型，继续完善农村土地要素市场化配置程度测度体系，对 2010～2019 年我国农村土地要素市场化配置程度进行测度和分析。

本部分安排如下：第一节为我国农村土地要素市场化配置程度测度体系的构建，基于前文建立的 F－D－O－F 模型，选取 23 个指标，从 4 个方面构建我国农村土地要素市场化配置程度体系；第二节选定我国农村土地要素市场化配置程度的测度范围、测度数据以及测度方法，用均等权重法给指标赋权，用极值法消除指标量纲；第三节为 2010～2019 年我国农村土地要素市场化配置程度的测度结果及分析，从全国、省级以及四大区 3 个层面，分别考察农村土地要素市场化配置程度一级指标和二级指标结果，并发现我国农村土地要素市场化配置程度的特点和规律；第四节为本部分小结。

本部分的边际贡献在于：从实证角度入手，基于科学性和完备性，建立较为全面的测度体系测算我国农村土地要素市场化配置程度，探索我国农村土地要素市场化配置所处的阶段和发展规律，寻找农村土地要素市场化配置过程中存在的问题。

# 第一节 我国农村土地要素市场化配置程度测度体系构建

在当前研究中，关于市场化（李静和韩斌，2011；Ho，2021；王小鲁等，2019）和城市土地要素市场化配置程度（Li et al.，2020；Fan et al.，2020；李隆伟和郭沛，2015；李尚蒲和罗必良，2016；Jiang and Lin，2021；张合林和刘颖，2017；龚广祥等，2020）的研究相对成熟，但当前并没有官方的农村土地要素市场化配置程度测度方法，农村土地要素市场化配置程度研究滞后（李尚蒲和罗必良，2016）。首先，部分学者从市场化配置结果出发，用单一指标或较少的几个复合指标进行考察，常常聚焦在转入面积（许恒周和金晶，2011；李博伟，2019）和流转发生率（李尚蒲和罗必良，2016；Jiang and Chen，2021；王亚晨和张合林，2021），此类研究未考虑市场化配置的机制体制建设，无法反映农村土地要素市场化配置复杂的全貌，无法直接体现市场化的自主交易特征，亦无法体现土地要素市场化配置的过程，但洪建国和杨刚桥（2012）、阿尔弗雷德和詹姆斯（2021）的研究更多的是从契约论的角度入手，重视合同在土地流转中的作用，更符合市场的规范化的特点；其次，一些学者从市场化配置行为（康清，2013）和内涵（张月娥等，2011）出发，更多地考虑了市场机制的作用，但仍无法展现市场化全貌；最后，较多学者仅从市场机制的外部环境因素（钱昱如等，2009；李沛桐，2016；Brueckner and Hyun，2001；Agyei et al.，2020）出发进行考察，对农村土地要素市场化配置程度的直接分析存在缺失。因此，需要借鉴较为成熟和科学（黄增付，2018）的市场化配置研究方法，从我国农村市场化内在本质、规律及未来发展趋势出发，由农村土地要素市场的商品化程度（FCD）、市场发育程度（DSD）、市场运行机制健全程度（OMD）、农民适应市场和政府调控市场的程度（FAGED）入手，充分考虑市场化内涵、农村土地要素市场特征、市场运行情况、市场主体、市场参与者等诸多要素，构建适应我国国情、更客观、更科学、更全面的农村土地要素市场化配置程度测度体系，如表 4 - 1 所示。

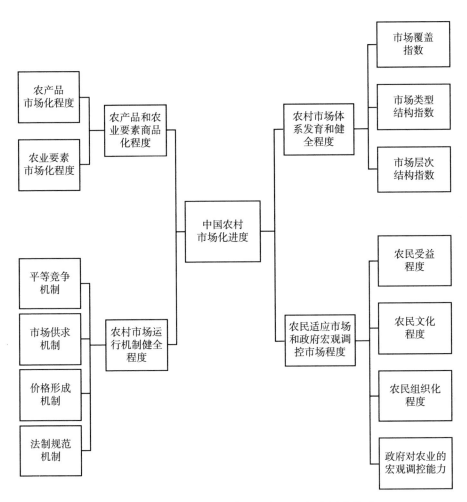

图 4 - 1 中国农村土地要素市场化配置程度测度体系

资料来源：笔者根据王小鲁等（2019）和南开大学中国市场质量研究中心等（2020）测度体系整理。

## 一、农村土地要素商品化程度

我国农村土地制度为农村集体所有制，随着 20 世纪 80 年代逐步放开了对土地流转的限制，农村土地要素流转向农用地流转、农村集体建设用地流转、农村征地以及农村土地隐性流转4个方向流动（见图2-1）。因此，测度农村土地要素商品化程度时仅对农用地流转效率[①②③]测算是不全面的，还应综合考虑农村集体建设用地、征地市场以及农村土地隐性流转市场。本书用农用地市场商品化程度、农村集体建设用地市场商品化程度、农村征地市场商品化程度、农村土地隐性流转市场商品化程度，分别指代4类农村土地要素市场上农村土地要素商品化程度。

（一）农用地市场商品化程度

农用地是农业发展的根基，在中国人多地少的国情限制下，势必要通过农用地的承包和流转实现规模经营[④]，以解决农用地的土地细碎化和分散化问题。农用地市场是最早允许进行市场化流转的农村土地市场，农用地市场化配置的活跃度和农用地商品化程度也是学术界公认的衡量农村土地要素市场化配置程度的重要指标。对农用地商品化程度的测算主要借鉴李尚蒲和罗必良（2016）、王亚晨和张合林（2021）的测算方法，从土地流转的广度方面[⑤]对农用地商品化进行测度。农用地流转的广度用"家庭农用地流转面积占比"表示，即"家庭农用地流转面积在总农用地面积中的比重"。在当前生产力条件下，农用地流转面积比重越大，市场化配置范围越广，所涉及的农用地商品化程度越高，该指标为正向指标。

（二）农村集体建设用地市场商品化程度

农村集体建设用地依法直接入市，2019年，中共中央、国务院印发的《关于建立健全城乡融合发展体制机制和政策体系的意见》及我国新土地管理法均已明确规定，根据国家有关文件精神，允许把闲置农村宅基地盘活整治后纳入入市范围，均直接关系农村的土地要素市场化配置。因此，用农村集体建设用地市场商品化程度作为测度农村土地要素市场化配

①⑤ 李尚蒲、罗必良：《中国城乡土地市场化：估算与比较》，载于《南方经济》2016年第4期，第24~36页。

② 王丽媛、韩媛媛：《劳动力回流与土地流转相悖吗？——论异质型非农就业如何影响土地流转》，载于《经济问题》2020年第9期，第18~26页。

③ 王亚晨、张合林：《城乡互动下农村土地市场化与脱贫效应》，载于《统计与决策》2021年第21期，第85~88页。

④ 钱忠好、牟燕：《乡村振兴与农村土地制度改革》，载于《农业经济问题》2020年第4期，第28~36页。

置程度的重要指标具有科学性。本书借鉴姜和陈（2021）的研究方法，对农村集体建设用地市场商品化的测度用农村集体建设用地的流转效率表示[①]，从土地流转的广度方面入手，用"农村集体建设用地流转面积占集体建设用地面积的比重"指代，即"农村集体建设用地出租出让面积占比"。规定范围内的农村集体建设用地商品化程度越高，农村土地要素市场化程度越高，则该指标为正向指标。

（三）农村征地市场商品化程度

土地征收必须符合公共利益[②]，出于公共利益对农村的征地包括对农用地的征收和农村集体建设用地的征收，是农村土地要素流动的一个方面（见图2－1），通过土地征补产生"钱"和"地"的交易，是农村土地要素市场的渠道之一[③]。一方面，在闲置宅基地允许入市之前，征地是农地非农化的唯一合法途径[④]，宅基地等农地通过征地得以开发，农地非农化产生了巨大的土地增值收益，形成极强的农地自发入市动力。另一方面，虽然征地是国家依靠行政权力将农村土地转化为国有土地的过程，具有强制性，在征地补偿过程中会有征地范围过宽、补偿不到位或权力滥用的现象发生，但一般来说，若征地市场完全通过市场进行调控，会导致土地利用过程中的自发性，产生土地过度利用，同时忽视农村生态效率和环境效率，逐步规范化的政府征地在一定程度上能够弥补市场化配置机制本身的缺陷[⑤]。从本质上说，征地是在为公共利益需求的约束下进行的，通过政府的土地用途管制可以将农地非农化的数量控制在合理范围内，解决农村土地被非法侵占的问题，控制无限增长的建设用地的供给量，避免农村社会福利的损失。钱忠好和牟燕（2012）、李隆伟和郭沛（2015）、张合林

---

① Zhang M. Y., Chen Q. X., Zhang K. W., Yang D. Y. "Will Rural Collective – Owned Commercial Construction Land Marketization Impact Local Governments' Interest Distribution? Evidence from Mainland China". Land, 2021, 2：209.

②④ 钱忠好、牟燕：《中国土地市场化水平：测度及分析》，载于《管理世界》2012年第7期，第67～75页。

③ 王亚晨、张合林：《城乡互动下农村土地市场化与脱贫效应》，载于《统计与决策》2021年第21期，第85～88页。

⑤ 吴郁玲：《基于土地市场发育的土地集约利用机制研究》，南京农业大学博士学位论文，2007年，第88～89页。

和刘颖（2017）均用征地面积表示农地非农化水平，此种方法有一定的科学性，并且新土地管理法对土地征收进行了规范。因此，从"当年征收征用农用地面积占比"和"当年征收征用农村集体建设用地面积占比"两个方面衡量征地商品化程度，"征用农用地面积占比"和"征用农村集体建设用地面积占比"都用当年征收征用的土地面积在农用地面积、集体建设用地面积的比重测算。综上，认为完善的征地市场能够助推农村土地要素市场化配置程度，为正向指标。

（四）农村土地隐性流转市场商品化程度

隐性流转土地为农民自发交易的土地。农村土地要素流转的"灰色地带"[1]不受法律的管控，长期处在失范状态，此类交易会对市场化配置主体的合法利益产生威胁，使农村土地要素交易从正常市场化配置的轨道偏离（吕萍等，2017），影响农村土地要素市场化配置程度。本书借鉴李隆伟和郭沛（2015）、张合林和刘颖（2017）的研究方法，用"土地违法案件中查处的农村土地面积占比"来衡量。农地隐性流转市场的商品化程度决定了农村土地要素市场化配置程度，农村土地隐性流转的规模越大，市场失范越严重，土地交易风险越大，农村土地要素市场化配置程度越低[2]，因此，该指标为逆指标。

## 二、农村土地要素市场体系发育程度

市场的覆盖程度是市场发育程度的直观表现，随着科技水平的提升和现代市场体系的发展，市场建设过程中来自资本、中介和信息等生产要素[3]的支持力度提升，资金、中介组织和信息化程度也成为现代市场体系的主要特征。

（一）市场覆盖指数

市场覆盖指数用来表示市场对市场主体活动的涵盖水平。土地是农

---

① 吕萍、陈卫华、陈泓冰：《农村住宅市场建设：理论意义和现实路径》，载于《经济体制改革》2017年第2期，第62~68页。

② 王亚晨、张合林：《城乡互动下农村土地市场化与脱贫效应》，载于《统计与决策》2021年第21期，第85~88页。

③ 王磊、梁俊：《中国现代市场体系建设进程评价研究》，载于《经济纵横》2021年第2期，第46~60页。

村最基本的生产要素之一，农村土地要素市场上农民发生的农村土地要素交易活动的活跃程度表示农村土地要素的覆盖程度。用"农民来自土地流转的财产性收入"在"农民可支配收入"中的比例可以考察农民参与农村土地要素市场的程度，也是表征土地要素市场覆盖程度的重要依据。

（二）市场资金支持指数

农民投入资金的额度直接表现出农民的投资意愿，农民固定资产投资是农户生产投资的主体，农民在生产过程中愿意投入资金额度在一定程度上关系到农民是否有转入土地的能力，与农村土地要素市场化水平直接相关，符合经济学上定义的投资行为[1]，用"农户固定资产投资额"来衡量农村土地要素市场上的资金支持。农民固定资产投资额越多，越有利于农村土地要素市场的发展。

（三）市场中介服务指数

交易成本是获得市场信息和签订契约的必要成本，在农村土地市场上，市场中介起到搜集信息[2]、连接供求双方的作用[3]。与一般的市场相同，对农村土地要素市场来说，中介服务程度与市场发育程度息息相关。县乡土地流转服务中心作为土地要素市场化服务机构，为农村土地要素市场上的中介，市场服务中介机构越发达，市场信息交换越频繁，供需双方联系越密切，市场化配置程度越高。

（四）市场信息化指数

随着科技和通信技术的发展，信息要素成为现代市场体系中不可忽视的因子，通过互联网储存大量的交易信息能够极大地节约时间成本和人力成本。信息搜集成本较高，将信息化引入农村土地要素市场中成为克服信

---

[1] 郭熙保、吴方：《家庭农场经营规模、信贷获得与固定资产投资》，载于《经济纵横》2020 年第 7 期，第 92 ~ 105 页。

[2] Shi X. P. , Chen S. J. , Ma X. L. , et al. "Heterogeneity in Interventions in Village Committee and Farmland Circulation: Intermediary Versus Regulatory Effects". Land Use Policy, 2018, 74: 291 – 300.

[3] 张献、邓蕾蕾：《中介组织介入下交易成本对土地流转差异性影响》，载于《中国农机化学报》2017 年第 6 期，第 118 ~ 122 页。

息壁垒的有效手段①，农村土地要素中的"档案信息化程度""管理信息化程度""交易信息化程度"能较好地表现出农村土地要素市场的信息化程度。

### 三、农村土地要素市场运行机制健全程度

市场化的内涵要求市场竞争具有自由、平等的特点，市场化配置能够维护市场平等、法制和规范，对农村土地要素市场来说，运行机制中的平等竞争、市场法制化和市场规范化等机制健全程度直接关系土地市场的健康运行。

（一）平等竞争指数

市场的不平等竞争会造成市场纠纷，2000～2018 年，我国发生超过1500 起②农村土地相关的纠纷，农村土地纠纷案件量较大（Aberra and Chemin，2021）。一般来说，法律途径是解决市场纠纷的主要③方式之一，但是在农村土地要素市场，市场主体更倾向于通过其他方式④⑤⑥⑦处理纠纷，特别是依靠农村社会关系⑧进行调解，或向农村土地流转仲裁委员⑨会寻求帮助。农村土地流转仲裁委员会起到维护农村土地要素市场化平等

---

① 侯建昀、霍学喜：《信息化能促进农户的市场参与吗？——来自中国苹果主产区的微观证据》，载于《财经研究》2017 年第 1 期，第 134～144 页。

② Chen J. C. "Peasant Protests over Land Seizures in Rural China". The Journal of Peasant Studies，2020，6：1327 - 1347.

③ Aberra A. ，Chemin M. "Does Legal Representation Increase Investment? Evidence from a Field Experiment in Kenya". Journal of Development Economics，2021，150：102612.

④ Williamson O. E. "Markets and Hierarchies：Analysis and Antitrust Implications"（研究报告），New York：Free Press，1975.

⑤ Williamson O. E. "The Mechanisms of Governance"（研究报告），New York：Oxford University Press，1996.

⑥ Dixit A. "Lawlessness and Economics：Alternative Modes of Governance"（研究报告），Princeton：Princeton University Press，2004.

⑦ 向静林：《市场纠纷与政府介入——一个风险转化的解释框架》，载于《社会学研究》2016 年第 4 期，第 27～51、242～243 页。

⑧ 张婷婷：《市场理性与乡土伦理：一项基于征地补偿引发的家庭纠纷的社会学研究》，载于《华东理工大学学报》（社会科学版）2012 年第 1 期，第 12～18 页。

⑨ Winters M. S. ，Conroy K. J. "Preferences for Traditional and Formal Sector Justice Institutions to Address land Disputes in Rural Mali". World Development，2021，142：279 - 301.

竞争机制的作用，因此，用"农村土地流转仲裁委员会个数"和"农村土地流转仲裁委员会工作人员人数"来衡量农村土地要素市场的平等竞争指数。维护市场平等竞争的机构越多，市场化活动越能得到更好的保护。

（二）市场法制化指数

制度变迁的实质是对产权制度的调整[1][2]。2018年，我国基本完成农村耕地承包经营权[3]确权工作，2020年底，宅基地和农村集体经营性建设用地使用权[4]的登记确权工作也基本完成。农村土地要素的确权登记是农村土地要素市场化中土地流转的法律基础，也是土地纠纷案件处理的主要法律和事实依据。因此，用"农用地和农村集体建设用地的确权登记数额"表示农村土地要素市场法制化程度，市场法制化程度越高，市场效率越高。

（三）市场规范化指数

1995年3月农业部发布的《关于稳定和完善土地承包关系意见的通知》中规定所有土地承包流转等内容都应由双方协商签订书面合同，报管理机构备案。合同的签订是对市场交易行为的记录，日后一旦发生土地纠纷，便是处理纠纷的主要依据，对农村土地要素市场化主体起到规范和约束作用，市场化程度越高的地区签订的书面合同越多，交易行为越规范（卞琦娟等，2011），合同具有规避交易风险的作用。由于农村集体建设用地和征地市场上有关签订合同的数据缺失，因此，仅用"农用地流转合同份数"和"农用地流转合同面积"表示市场的规范化程度。

## 四、农民适应土地要素市场和政府调控土地要素市场程度

农民、农村组织和政府都是农村土地要素市场的重要组成部分，农民

---

① North D. C. , Thomas R. P. "The First Economic Revolution". Economic History Review, 1977，2：229 – 241.

② 冀县卿、钱忠好：《中国农地产权制度改革40年——变迁分析及其启示》，载于《农业技术经济》2019年第1期，第17~24页。

③ 2013年，中国中央、国务院下发中央一号文件《中共中央、国务院关于加快发展现代农业进一步增强农村发展活力的若干意见》，要求全面开展农村土地确权工作，"用5年时间"基本完成农村土地承包经营权的确权登记和颁证。

④ 自然资源部：《自然资源部关于加快宅基地和集体建设用地使用权确权登记工作的通知》（EB/OL），http：//gi. mnr. gov. cn/202005/t20200518_2514094. html，2020 – 5 – 14/2021 – 3 – 30.

是市场的主体，政府是市场"有形的手"，在农村这个"人情社会"中，农村组织也对农村土地要素市场产生极其重要的作用。

（一）农民在市场中的收益程度

在"理性人"假设的基础上，农民作为农村土地要素市场的主体，往往倾向于做出满足自身利益需求并追求最大化利润的判断。农民在市场上的收益直接关系农民是否在下一个环节继续参与市场活动，能够很好地衡量农民对市场的适应程度。因此，用农民在农用地、农村集体建设用地和征地市场中获得的收益衡量农民在农村土地要素市场上的收益程度。

（二）农民文化程度

农民进行农业生产和利用建设用地特别是宅基地的主要力量，是决定土地是否流转和如何流转的内生因素，也是农村土地要素市场的重要组成部分。户主受教育程度直接关系市场主体的行为判断[1][2]。户主接受过越多的教育、掌握越多的生产技能越能有效利用土地（包宗顺等，2009；张瑞娟和高鸣，2018；Liu and Zhou，2020），决定是进行土地转入实现规模生产，还是土地转出从事其他非农劳动能作出更有利的判断，当所有的市场主体都作出最有利的判断时，形成帕累托最优。

（三）农民进入市场的组织化程度

社会信任是农村公共政策推进的特殊软环境[3]，马克思·韦伯[4]提出，村落活动是在血缘特殊信任和信仰共同的普遍信任基础上进行的，在中国村落中主要存续的是特殊信任。农民专业合作社、联合社等组织是新型的

---

① Liu H. B. , Zhou Y. P. "The Marketization of Rural Collective Construction Land in Northeastern China: The Mechanism Exploration". Sustainability, 2020, 1: 1 - 17.

② 张瑞娟、高鸣：《新技术采纳行为与技术效率差异：基于小农户与种粮大户的比较》，载于《中国农村经济》2018 年第 5 期，第 84 ~ 97 页。

③ 丁从明、吴羽佳、秦姝媛、梁甄桥：《社会信任与公共政策的实施效率——基于农村居民新农保参与的微观证据》，载于《中国农村经济》2019 年第 5 期，第 109 ~ 123 页。

④ ［德］马克思·韦伯：《中国的宗教：儒教与道教》，康乐、简惠美译，广西大学出版社2020 年版，第 90 ~ 120 页。

农民组织形式，以农村"人情社会"中特殊的信任关系[1]作为社会基础，能够代表农民进入市场的组织化程度[2]。因此，用"农民专业合作社数"表示农民进入市场的组织化程度。

（四）政府调控市场程度

由于市场调控的自发性弊端，农村土地要素市场可能会出现投机行为[3]，过度追求土地流转和农业生产规模扩大，可能会导致土地效率的衰减、农村人口锐减或者农村凋敝[4]，土地规划和政府调控能够有效保护市场主体的权利[5]，财政投入是政府宏观调控方向和力度的直接信号，因此，用"政府农业财政支出"与"政府农业增加值"之比衡量政府调控农村土地要素市场的能力和效果。

表4-1为我国农村土地要素市场化配置程度指标体系。

**表4-1　　　　我国农村土地要素市场化配置程度指标体系**

| | 一级指标 | 二级指标 | 三级指标 | 指标衡量 | 单位 | 指标方向 |
|---|---|---|---|---|---|---|
| 我国农村土地要素市场化配置程度 M | 农村土地要素商品化程度 $M_1$ | 农用地市场商品化程度 $M_{11}$ | 农用地流转度 $X_1$ | 家庭农用地流转面积占比 | — | 正向 |
| | | 农村集体建设用地市场商品化程度 $M_{12}$ | 农村集体建设用地流转度 $X_2$ | 农村集体建设用地出租出让面积占比 | — | 正向 |
| | | 农村征地市场商品化程度 $M_{13}$ | 征用农用地 $X_3$ | 农村当年征收征用农用地面积占比 | — | 正向 |

① 韩文龙、徐灿琳：《农民自发性合作社的组织功能探究——兼论小农户与现代农业融合发展的路径》，载于《学习与探索》2020年第11期，第128~136页。

② 崔宝玉、孙迪：《组织印记、生态位与农民合作社联合社发展》，载于《北京理工大学学报》（社会科学版）2020年第5期，第86~95页。

③ Nirmal V. P. "Part-time Brokers in Financialised Rural Land Markets: Processes, Typology and Implications". Review of Development and Change, 2020, 1: 70-88.

④ 曹斌：《乡村振兴的日本实践：背景、措施与启示》，载于《中国农村经济》2018年第8期，第117~129页。

⑤ Aminova S. F., Shafkarova M. X. "Integrated Regional Development Based on Future Land Use". Academicia: An International Multidisciplinary Research Journal, 2020, 5: 206-209.

续表

| 一级指标 | 二级指标 | 三级指标 | 指标衡量 | 单位 | 指标方向 |
|---|---|---|---|---|---|
| 我国农村土地要素市场化配置程度 M | 农村土地要素商品化程度 $M_1$ | 农村征地市场商品化程度 $M_{13}$ | 征用农村集体建设用地 $X_4$ | 农村当年征收征用集体土地面积占比 | — | 正向 |
| | | 农村土地隐性流转市场商品化程度 $M_{14}$ | 农用地被非法侵占度 $X_5$ | 土地违法案件中查处的农村土地面积占比 | — | 逆向 |
| | 农村土地要素市场体系发育程度 $M_2$ | 市场覆盖指数 $M_{21}$ | 农民参与农村土地要素市场化收益占比 $X_6$ | 农村财产性净收入/可支配收入 | — | 正向 |
| | | 市场资金支持指数 $M_{22}$ | 农民投入资金额 $X_7$ | 农户固定资产投资额 | 亿元 | 正向 |
| | | 市场中介服务指数 $M_{23}$ | 土地要素市场化服务机构数 $X_8$ | 县乡土地流转服务中心数量 | 个 | 正向 |
| | | 市场信息化指数 $M_{24}$ | 农村土地要素档案信息化程度 $X_9$ | 实现土地承包档案计算管理的机构数 | 个 | 正向 |
| | | | 农村土地要素管理信息化程度 $X_{10}$ | 自主建立农村土地承包管理系统数量 | 个 | 正向 |
| | | | 农村土地要素交易信息化程度 $X_{11}$ | 实现农村土地承包流转信息网上发布并及时更新的机构数 | 个 | 正向 |
| | 农村土地要素市场运行机制健全程度 $M_3$ | 平等竞争指数 $M_{31}$ | 农村土地要素交易纠纷处理主体 $X_{12}$ | 农村土地流转仲裁委员会个数 | 个 | 正向 |
| | | | 农村土地要素交易纠纷处理能力 $X_{13}$ | 农村土地流转仲裁委员会工作人员人数 | 人 | 正向 |
| | | 市场法制化指数 $M_{32}$ | 农用地法制化程度 $X_{14}$ | 颁发的家庭承包经营权证份数 | 份 | 正向 |
| | | | 农村建设用地法制化程度 $X_{15}$ | 完成农村集体产权制度改革单位数 | 个 | 正向 |

续表

| | 一级指标 | 二级指标 | 三级指标 | 指标衡量 | 单位 | 指标方向 |
|---|---|---|---|---|---|---|
| 我国农村土地要素市场化配置程度 M | 农村土地要素市场运行机制健全程度 $M_3$ | 市场规范化指数 $M_{33}$ | 农用地流转规范程度 $X_{16}$ | 农用地流转合同份数 | 份 | 正向 |
| | | | 农用地流转规范化覆盖面积 $X_{17}$ | 农用地流转合同面积 | 亩 | 正向 |
| | 农民适应土地要素市场和政府调控土地要素市场程度 $M_4$ | 农民在市场中的收益程度 $M_{41}$ | 农用地流转收益 $X_{18}$ | 农地流转租金值 | 万元 | 正向 |
| | | | 农民集体建设用地收益 $X_{19}$ | 农村集体建设用地出租出让值 | 万元 | 正向 |
| | | | 农民征地收益 $X_{20}$ | 征地补偿款分配给农户的金额 | 万元 | 正向 |
| | | 农民文化程度 $M_{42}$ | 大专及以上学历农民比重 $X_{21}$ | 大专及以上学历农民总人数/6岁以上农民总人数 | — | 正向 |
| | | 农民进入市场的组织化程度 $M_{43}$ | 农民专业化组织规模 $X_{22}$ | 农民专业合作社数 | 个 | 正向 |
| | | 政府调控市场程度 $M_{44}$ | 农业财政支出比重 $X_{23}$ | 政府农业财政支出/政府农业增加值 | — | 正向 |

# 第二节　我国农村土地要素市场化配置程度测度数据选取与方法

## 一、数据范围和数据来源

由于西藏数据存在较多缺失，因此，本书在测度省级农村土地要素市场化配置程度过程中剔除了西藏的数据。

"土地违法案件中查处的耕地面积数据"来源于历年《中国国土资源统计年鉴》，"农民财产性净收入""可支配收入""农村财政支出"和"农业增加值"数据均来源于历年《中国统计年鉴》，"农户固定资产投资额"数据来源于历年《中国农村统计年鉴》,"大专及以上学历农民总人数"和"6 岁以上农民总人数"数据来源于历年《中国人口和就业统计年鉴》,"农用地流转合同面积"等数据均源于《2019 年中国农村改革政策与改革统计年报》和历年《中国农村经营管理统计年报》。

## 二、数据处理

（一）对于缺失值和异常值的处理

第一,2018 年,甘肃农村集体建设用地出租出让面积、农村集体建设用地出租出让收入、集体经济组织总收入统计数据空缺,采用 2017 年和 2019 年相关数据的均值补齐;第二,由于《中国国土资源统计年鉴》（2020 年）、《中国人口和就业统计年鉴》（2020 年）发布时间较晚,因此,2019 年查处违法案件中农用地面积数据用 2018 年的查处违法案件中农用地面积数据乘以 2018 年查处违法案件中农用地面积增长率而得到,大专及以上学历农民占比用 2018 年的大专及以上学历农民占 6 岁以上农民总人数比例乘以 2018 年学历农民占 6 岁以上农民比重的增长率得到;第三,2011 年和 2012 年的县乡土地流转服务中心统计数据缺失,用当年的"乡镇中承担综合农经职能机构"的数量代替①;第四,2019 年,吉林②征地面

---

① 根据《中国农村经营管理统计年报》中相关概念的解释,农经职能机构指的是"各级地方人民政府批准设立的承担农村经营管理职能的机构",承担综合农经职能机构指的是"承担多项乡镇农村经营管理职能的机构",该类综合职能机构除了"承担农村基本经济管理职能"外,还承担农村经营管理的其他职能,包括"农村经营管理基本职能和农业技术推广责的农业综合服务站或服务中心、承担农村经营管理基本职能和财政职能的财政（经）所、承担农村经营管理基本职能和其他信息交易的服务中心"等,承担乡镇综合农经职能的机构也担任为县乡土地流转提供服务的职能,因此,用乡镇中承担综合农经职能的机构数作为县乡土地流转服务中心数量的替代数据有一定的合理性。

② 2019 年,吉林省征收农户承包耕地和集体土地面积分别为 116.809 万亩和 147.469 万亩,而 2018 年吉林省征收农户承包耕地和集体土地面积分别为 8.862 万亩和 10.143 万亩,涉及农化 56764 户,2019 年的征地面积远高于 2018 年的面积。2019 年,吉林省承包地总面积为 6537.529 万亩,流转承包地面积为 2555.129 万亩,剩余 3982.4 万亩,征收农用地面积占未参与承包地流转的 3%,涉及农户数为 18574 户（资料来源:《中国农村经营管理统计年报（2019）》）,显然不符合 2014 年中共中央、国务院印发《关于全面深化农村改革加快推进农业现代化的若干意见》中"缩小征地范围"之要求和《土地管理法》（2019 年）第四十五条"征收基本农田、基本农田以外的耕地超过三十五公顷的、其他土地超过七十公顷的土地时,需经由国务院批准"之规定,因此,判断此数据误差可能是由数据统计和录入过程中的失误造成的。

积和福建[1]农民征地收入出现异常值,分别用吉林 2018 年相关数据乘以对应的增长率得到,而 2019 年福建征收征用农用地收入直接用统计数据乘以一万得到。

(二) 数据极值化处理

若测度指标的量纲不一致,测度结果极有可能出现较大的误差,为了解决由量纲产生的误差问题,本书选择极值法对所有变量 X 进行标准化处理。对原始数据进行线性变换,处理后的指标数值全部落在 [0,1] 之间,越接近 1,表明该指标发展越好,反之,越接近 0,代表该指标发展越差。对于逆向指标 ($X_5$),用原数据与极大值的差除以极差值,对于正向指标 ($X_1 - X_4$、$X_6 - X_{23}$),用原数据与极小值的差除以极差值得到无量纲值,具体公式如下:

$$X_k = \frac{\max(x_k) - x_k}{\max(x_k) - \min(x_k)}, \quad k = 5 \qquad (4-1)$$

$$X_k = \frac{x_k - \min(x_k)}{\max(x_k) - \min(x_k)}, \quad k = 1,2,3,4,6,\cdots,23 \qquad (4-2)$$

其中,$X_k$ 为标准化之后的数据,$x_k$ 为原始数据,$\max(x_k)$ 为 $x_k$ 的极大值,$\min(x_k)$ 为 $x_k$ 的极小值。

## 三、测度方法

本书借鉴樊纲等 (2011)[2] 测算中国市场化的研究方法,用算术平均法测算我国农村土地要素市场化配置程度,具体公式如下:

$$M = \sum_{i=1}^{4} W_i M_i = \sum_{i=1}^{4} \sum_{j=1}^{4} W_{ij} M_{ij} = \sum_{k=1}^{23} W_k X_k \qquad (4-3)$$

其中,M、$M_i$、$M_{ij}$、$X_k$ 分别为农村土地要素市场化配置程度综合水平、一级指标水平、二级指标水平和三级指标水平,$X_k$ 为标准化之后的

---

① 2019 年,福建省农民征地收入为 43.8 万元,征用农户承包地面积为 63432 亩,亩均补偿款为 6.905 元,2018 年,福建省农民征地收入为 412671.3 万元,征用承包地面积为 55637 亩,亩均补偿款为 7.417 万元,2018 年,征收农用地的亩均补偿款是 2019 年的一万倍之多,此处出现数据异常,可能是由于统计数据录入过程未进行单位转换造成的数据误差。

② 樊纲、王小鲁、马光荣:《中国市场化进程对经济增长的贡献》,载于《经济研究》2011 年第 9 期,第 4~16 页。

值，$W_i$、$W_{ij}$ 和 $W_k$ 分别为一级、二级、三级各层指标权重。

测度某指标体系的首要任务是设定各指标的权重。一般来说，设定指标权重的方法有主观赋权法、客观赋权法和综合集成赋权法，均等权重法为主观赋值法的一种，被广泛地应用于综合指标评价中，斯梅尔等（Smale et al.，2011）度量加拿大幸福指数[1]、兰德等（Land et al.，2001）和哈尔等（Hare et al.，2013）测算儿童幸福指数[2][3]、UNDP（2015）测算人类发展指数[4]、仲崇峻等（2015）测算海洋生态岛建设评价指数[5]、韩磊和刘长全（2018）和韩磊等（2019）测算中国农村发展指数[6][7]、施和肯尼斯（Shi and Kenneth，2020）测度社会综合发展指数[8]时都使用均等权重法，徐和茨威格（Xu and Zweifel，2020）认为，管理运营水平、技术水平和用户体验三个主要维度指标对评估保险技术创新水平具有同等的重要性[9]。本书借鉴以上学者的研究方法，用均等权重法作为确定我国农村土地要素市场化配置程度指标权重的方法。均等权重法具有以下优势。

第一，均等权重法能够有效体现公正性和客观性[10]。给每层指标赋予

① Smale B.，Hilbrecht M. "The Canadian Index of Wellbeing". Waterloo：University of Water-loo，2013.

② Land K. C.，Lamb V. L.，Mustillo S. K. "Child and Youth Well-being in the United States (1975 – 1998)：Some Findings from A New Index". Social Indicators Research，2001，56：241 – 320.

③ Hare W. P.，Mather M.，Dupuis G. et al. "Analyzing Differences in Child Well-being among U. S. States". Child Indicators Research，2013，6：401 – 431.

④ United Nations Development Program "Human Development Report 2015". New York：United Nations development program，2015.

⑤ 仲崇峻、刘大海、邢文秀等：《海洋生态岛建设评价方法研究与应用——以崇明岛为例》，载于《海洋环境科学》2015 年第 2 期，第 294 ~ 299 页。

⑥ 韩磊、刘长全：《乡村振兴背景下中国农村发展进程测评及地区比较》，载于《农村经济》2018 年第 12 期，第 44 ~ 48 页。

⑦ 韩磊、王术坤、刘长全：《中国农村发展进程及地区比较——基于 2011 ~ 2017 年中国农村发展指数的研究》，载于《中国农村经济》2019 年第 7 期，第 2 ~ 20 页。

⑧ Shi C.，Kenneth C. L. "The Data Envelopment Analysis and Equal Weights/Minimax Methods of Composite Social Indicator Construction：a Methodological Study of Data Sensitivity and Robustness". Applied Research in Quality of Life，2020，16：1689 – 1716.

⑨ Xu X.，Zweifel P. "A Framework for the Evaluation of Insur Tech". Risk Management and Insurance Review，2020，4：305 – 329.

⑩ 丁辉：《管理定量分析》，经济管理出版社 2009 年版，第 189 ~ 204 页。

相同的权重系数，不要求频繁调整指标权重，频繁调整指标权重会导致测算结果的不稳定性，均等权重法能保证结果的稳定性，并实现跨年度数据的可比性。

第二，在乡村振兴战略背景下，农村土地要素市场化配置程度测度体系中所有指标权重均等，更强调农村土地要素多目标地位和多方面的均衡发展，符合乡村振兴"产业兴旺、生态宜居、乡风文明、治理有效和生活富裕"的总体目标。

具体均等权重法的赋权结果如表4-2所示。

表4-2 我国农村土地要素市场化配置程度体系指标权重

| 指标 | 一级指标 | 权重 $W_i$ | 二级指标 | 权重 $W_{ij}$ | 三级指标 | 权重 $W_k$ |
|------|---------|-----------|---------|--------------|---------|-----------|
| M | $M_1$ | 0.25 | $M_{11}$ | 0.063 | $X_1$ | 0.063 |
| | | | $M_{12}$ | 0.063 | $X_2$ | 0.063 |
| | | | $M_{13}$ | 0.063 | $X_3$ | 0.031 |
| | | | | | $X_4$ | 0.031 |
| | | | $M_{14}$ | 0.063 | $X_5$ | 0.063 |
| | $M_2$ | 0.25 | $M_{21}$ | 0.063 | $X_6$ | 0.063 |
| | | | $M_{22}$ | 0.063 | $X_7$ | 0.063 |
| | | | $M_{23}$ | 0.063 | $X_8$ | 0.063 |
| | | | $M_{24}$ | 0.063 | $X_9$ | 0.021 |
| | | | | | $X_{10}$ | 0.021 |
| | | | | | $X_{11}$ | 0.021 |
| | $M_3$ | 0.25 | $M_{31}$ | 0.083 | $X_{12}$ | 0.042 |
| | | | | | $X_{13}$ | 0.042 |
| | | | $M_{32}$ | 0.083 | $X_{14}$ | 0.042 |
| | | | | | $X_{15}$ | 0.042 |
| | | | $M_{33}$ | 0.083 | $X_{16}$ | 0.042 |
| | | | | | $X_{17}$ | 0.042 |

续表

| 指标 | 一级指标 | 权重 $W_i$ | 二级指标 | 权重 $W_{ij}$ | 三级指标 | 权重 $W_k$ |
|---|---|---|---|---|---|---|
| M | $M_4$ | 0.25 | $M_{41}$ | 0.063 | $X_{18}$ | 0.021 |
| | | | | | $X_{19}$ | 0.021 |
| | | | | | $X_{20}$ | 0.021 |
| | | | $M_{42}$ | 0.063 | $X_{21}$ | 0.063 |
| | | | $M_{43}$ | 0.063 | $X_{22}$ | 0.063 |
| | | | $M_{44}$ | 0.063 | $X_{23}$ | 0.063 |

# 第三节 我国农村土地要素市场化配置程度测度结果及分析

对选取的 2010～2019 年 23 组指标数据进行极值化处理，用均等权重法对各指标进行赋权后，得到 2010～2019 年全国、30 个省、自治区、市以及四大区的农村土地要素市场化配置程度综合得分、各一级指标和各二级指标得分。

## 一、全国农村土地要素市场化配置程度测度结果及分析

用 Stata15.0 软件分别对 2010～2019 年的全国农村土地要素市场化配置程度的一级指标和二级指标进行测度。

（一）全国农村土地要素市场化配置程度一级指标结果分析

由表 4－3 可得，全国农村土地要素市场化配置程度虽在逐步上升，但仍然不高，2019 年，全国农村土地要素市场化配置程度综合水平为 0.482；2010 年，全国农村土地要素市场化配置程度综合水平仅为 0.094；2010～2019 年的年均增速为 17.753%。

表 4 - 3　　　　　2010～2019 年全国农村土地要素市场化配置

程度综合得分及各一级指标得分

| 年份 | M | $M_1$ | $M_2$ | $M_3$ | $M_4$ |
|------|------|------|------|------|------|
| 2010 | 0.094 | 0.083 | 0.184 | 0.095 | 0.013 |
| 2011 | 0.155 | 0.109 | 0.258 | 0.162 | 0.092 |
| 2012 | 0.232 | 0.235 | 0.312 | 0.248 | 0.131 |
| 2013 | 0.276 | 0.314 | 0.343 | 0.285 | 0.165 |
| 2014 | 0.298 | 0.330 | 0.329 | 0.302 | 0.233 |
| 2015 | 0.379 | 0.406 | 0.392 | 0.327 | 0.389 |
| 2016 | 0.359 | 0.383 | 0.396 | 0.322 | 0.336 |
| 2017 | 0.402 | 0.462 | 0.389 | 0.329 | 0.429 |
| 2018 | 0.437 | 0.426 | 0.452 | 0.375 | 0.493 |
| 2019 | 0.482 | 0.586 | 0.436 | 0.360 | 0.545 |
| 均值 | 0.311 | 0.333 | 0.349 | 0.280 | 0.283 |

全国农村土地要素市场化进程与我国农业发展进程基本吻合，农村土地要素市场化配置程度持续提升，增速先快后慢，呈现出阶段性特征。其中，2011～2013 年，市场化配置程度增长速度快；2011 年，全国农村土地要素市场化配置程度增长了 65.142%，这是由于我国农村土地要素市场化配置程度是逐步建立的过程，期初配置程度较低，农村土地改革初期市场化增长快，所获得的边际效率较为明显；2014 年，出现短暂的放缓，但随着土地要素市场化配置改革的推进，已有的多项政策规定和基础设施无法与之匹配，市场化增速减缓，边际效率降低；2015 年，出现新的增长峰值，2015 年的增长率为 26.896%，是由于 2014 年中共中央、国务院提出"所有权、承包权和经营权三权分置"以及"经营权流转"[①] 的改革方向，进一步强调在落实土地集体所有权的基础上，保护农户的土地承包权，盘活土地使用者的经营权，给农村土地要素市场化配置改革注入新的

---

① 高国力、王继源：《新中国 70 年来我国农业用地制度改革：回顾与展望》，载于《经济问题》2019 年第 11 期，第 1～8 页。

活力；2016~2017年农村土地要素市场化配置程度波动上升；2017年以后，农村土地要素市场化配置程度稳步提升；2018年和2019年农村土地要素市场化配置程度增长率为8.615%、10.424%，这是由于2017年党的十九大以及第十二届全国人大常委会第三十次会议的召开，农用地承包期延长、农村集体建设用地改革试点期限延长，2018年增加征地改革期限延长[1]，党的十九大报告中明确提出乡村振兴战略[2]，给农村发展带来前所未有的机遇，农村土地要素市场化配置稳步推进。

全国农村土地要素一级指标结果逐年增长，但当前仍旧较低，各指标水平存在差异，2019年，全国农村土地要素一级指标结果在0.586以下。2019年，全国农村土地要素商品化效率$M_1$最高，全国市场运行机制健全程度$M_3$最低。

从各指标年增速来看，农民适应市场和政府调控市场程度增速最快，市场体系发育程度增速最慢。$M_1$由2010年的0.083提升到2019年的0.586，年均增速为21.531%；$M_2$由2010年的0.184提升到2019年的0.436，年均增速为8.998%；$M_3$由2010年的0.095提升到2019年的0.360，年均增速为14.226%；$M_4$由2010年的0.013提升到2019年的0.545，年均增速为45.124%。

从均值来看，全国农村土地要素市场体系发育程度最高，全国农村土地要素商品化效率次高，全国农村土地要素市场运行机制健全程度最低，全国土地要素市场化配置程度综合水平均值高于全国农村土地要素市场运行机制健全程度、全国农民适应市场和政府调控市场程度。

由图4-2可得，从整体变化趋势来看，2010~2019年，全国农村土地要素市场化配置程度综合水平和4个一级指标均呈现上升趋势，但当前水平不高，各一级指标对农村土地要素市场化配置程度综合水平均有一定的贡献。

---

① 资料来源：中华人民共和国中央人民政府门户网站（http：//www.gov.cn/）。
② 新华社：《习近平对实施乡村振兴战略作出重要指示》（EB/OL），http：//www.gov.cn/xinwen/2018-07/05/content_5303799.htm，2018-7-5/2020-4-5。

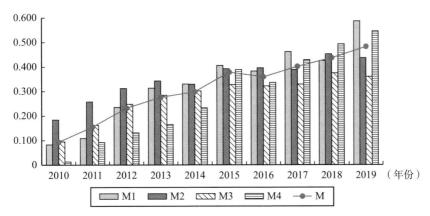

图 4－2　2010～2019 年全国农村土地要素市场化配置程度变化趋势

具体来看，2010～2019 年，农村土地要素商品化程度 $M_1$ 对全国农村土地要素市场化配置程度综合水平有持续向上的拉动作用，特别是 2019 年的拉动作用最强；2010～2018 年，农村土地要素市场体系发育程度 $M_2$ 对市场化配置程度综合水平有向上的拉动作用；2019 年，对市场化配置程度综合水平有一定的抑制作用；2010～2014 年，农村土地要素市场运行机制健全程度 $M_3$ 对全国农村土地要素市场化配置程度综合水平的拉动作用较强，但 2015～2019 年对市场化配置程度综合水平有一定的抑制作用；2010～2014 年，农民适应土地要素市场和政府调控土地要素市场程度 $M_4$ 对市场化配置程度综合水平有一定程度的抑制作用，但 2015 年以后对市场化配置程度综合水平有较为明显的拉动作用。

（二）全国农村土地要素市场化配置程度二级指标结果分析

由图 4－3 可得到 2010～2019 年全国农村土地要素市场化配置程度二级指标的均值情况，二级指标水平整体不高。在全国农村土地要素市场化配置程度二级指标中，平等竞争机制指数 $M_{31}$（0.452）最高，农民在市场中的收益程度 $M_{41}$（0.218）最低。农用地市场商品化程度 $M_{11}$、农村土地隐性流转市场商品化程度 $M_{14}$、市场资金支持指数 $M_{22}$、市场中介服务指数 $M_{23}$、平等竞争机制指数 $M_{31}$、市场规范化指数 $M_{33}$、农民进入市场的组织化程度 $M_{43}$ 高于全国农村土地要素市场化配置程度综合水平，其余二级指标均低于市场综合程度的平均值。

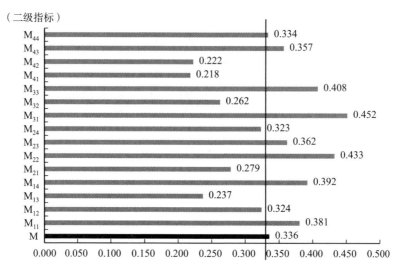

（二级指标）

M_{44}    0.334
M_{43}    0.357
M_{42}    0.222
M_{41}    0.218
M_{33}    0.408
M_{32}    0.262
M_{31}    0.452
M_{24}    0.323
M_{23}    0.362
M_{22}    0.433
M_{21}    0.279
M_{14}    0.392
M_{13}    0.237
M_{12}    0.324
M_{11}    0.381
M         0.336

0.000  0.050  0.100  0.150  0.200  0.250  0.300  0.350  0.400  0.450  0.500

图 4 - 3    2010～2019 年全国农村土地要素市场化配置程度二级指标均值

　　第一，农用地商品化程度和隐性流转商品化程度高于 2010～2019 年的全国农村土地要素市场化配置程度均值，农村集体建设用地和征地市场商品化程度低。由于家庭联产承包经营制度下农用地细碎化和分散化严重，加之农民进城务工或从事其他非农生产的机会增加，从事非农生产的农民倾向于将农用地流转出去，农用地利用效率出现规模效益递增，土地流转速度加快，农用地市场发育程度相对较高；农村集体经营性建设用地的全面入市、宅基地"三权分置"政策的实施，农村集体建设用地试点全面推开，极大地提升了农村集体建设用地商品化程度，但由于农村集体建设用地入市起步较晚，当前的商品化程度并不高。随着近些年国家对"三农"工作的重视，土地流转工作逐步细致化，加上农村土地制度变迁和各方的利益博弈[①]，农用地隐形流转得到有效的治理，人民能够从中获得更多收益，隐性流转率下降，隐形流转商品化程度提升；征地商品化程

---

　　① 朱明芬、常敏：《农用地隐性市场特征及其归因分析》，载于《中国农村经济》2011 年第 11 期，第 10～22 页。

度最低，由于农民在征地过程中获得的补偿标准过低[1][2]，农民在征地市场的积极性不高。

第二，农村土地要素市场化配置资金支持和中介服务支持向上拉动农村土地要素市场化配置程度，但市场覆盖指数、市场信息化指数较低。2019年，资金支持水平为0.291，第一产业固定资产投资额为12633亿元[3]，农民固定资产投入额为9396.2亿元[4]，农民投资额占第一产业固定投资额的75%左右，其中，相当一部分固定资产投入家庭农场的规模化生产中；中介服务指数较高，2018年，县乡成立的土地流转服务中心有20372个，全国38755个乡镇中平均每个乡镇都设立了0.526个土地流转市场化服务机构[5]，服务机构设立较为密集；市场覆盖指数不高，是由于农民从土地要素市场化配置利益中分配仍然不足，财产性收益较低；市场信息化程度低，当前，县乡土地信息服务机构和系统所提供的信息规模仍无法满足土地要素市场化配置程度的需求。

第三，农村土地要素市场平等竞争机制和市场规范机制对农村土地要素市场化配置程度有积极作用，但市场法制化程度仍需提升。2019年，在农用地市场交易过程中，合同签订率达到65.61%[6]，市场的规范化是市场平等竞争的基础；平等竞争程度最高，2019年，全国农村土地流转仲裁委员会有2605个，仲裁委员有44325人[7]，能较为有效地处理农村土地要素市场化中出现的土地交易纠纷，保护市场主体的利益，保证土地合同的顺利履行，维护市场的自由平等；市场法制化程度较低，农村土地要素特别是农村宅基地确权工作任重道远。

第四，农民进入市场的组织化程度向上拉动农村土地要素市场化配置程度，但农民文化程度不高，农民从农村土地要素市场化配置中获得的收

---

① 张建平、葛扬：《土地市场化与城乡收入分配》，载于《山西财经大学学报》2020年第11期，第1~15页。

② Cao Y., Zhang X. L. "Are They Satisfied with Land Taking? Aspects on Procedural Fairness、Monetary Compensation and Behavioral Simulation in China's Land Expropriation Story". Land Use Policy, 2018, 74: 166 - 178.

③⑤ 《中国统计年鉴》（2020年）。

④⑦ 《中国农村经营管理统计年报》（2020年）。

⑥ 农用地市场合同签订率=（农用地流转合同面积/家庭承包耕地流转总面积）×100%。

益分配较少，政府对市场的宏观调控能力需进一步提升。农民受教育程度较低，接受专科及以上教育的农民数量较少，影响农民在市场化配置中进行决策的科学性；农民的组织化程度较高，这是由于政府强调要激活农村土地活力，提高农村土地要素市场化配置程度需要通过合作社、联合社等新型基层农村组织形式将农民组织起来（伍春强，2020）[①]，克服小规模农业生产的弊端，为农民和其他农村土地要素市场主体提供制度支持[②]，把党和政府与农民密切联系起来；农民土地流转收益不足，农民无法享受农村土地要素市场化配置改革的红利；与此同时，农业农村专项财政支出不足，很难为农村土地要素市场化配置提供持久的资金支持。

## 二、省级农村土地要素市场化配置程度测度结果及分析

### （一）省级农村土地要素市场化配置程度一级指标结果分析

为进一步了解省级农村土地要素市场化情况，对 2010～2019 年我国省级农村土地要素市场化配置程度进行分别测度，得到 2010～2019 年我国省级农村土地要素市场化配置程度测度结果及排序。

由表 4-4 可得，总体来看，各省农村土地要素市场化配置程度均逐步提升，但当前水平仍然较低，地区差异明显，地区农村土地要素市场化配置程度与市场化程度基本一致，市场化程度越高的地区，农村土地要素市场化配置程度越高，其配置效率越高；反之，市场化我国程度越低的地区，农村土地要素市场化配置程度越低，效率越低。2010～2019 年，省级农村土地要素市场化配置程度综合水平基本上在 0.099～0.43 之间，地区间农村土地要素市场化配置程度差异明显，市场化程度越高的地区，农村土地要素市场化程度越高，其效率越高。考察期内，省级市场化配置程度综合水平的最大值和最小值均得到提升，2010 年，农村土地要素市场化配置程度综合水平最高的省份为江苏（0.248），2019 年为浙江

---

① 伍春强：《加强村供销合作社建设　提高农民组织化程度》，载于《中华合作时报》2020年 12 月 1 日，第 A6 版。
② 林劲松：《村社集体再造与农民组织化研究——以绵阳三清观村为例》，载于《四川农业科技》2020 年第 11 期，第 87～89 页。

（0.430），10 年间，农村土地要素市场化配置程度的最高值提升了
73.387%；2010 年，农村土地要素市场化配置程度综合水平最低的省份
为广西（0.099），2019 年为青海（0.129），农村土地要素市场化配置程
度的最低值提升了 30.303%。从 2010～2019 年省级农村土地要素市场化
配置程度综合水平均值来看，浙江、山东、江苏、广东排在前四，后四名
为海南、新疆、宁夏、青海，此排名与省级农业贡献率排序基本上具有一
致性。以 2019 年为例，浙江、山东、江苏、广东的第一产业增加值分别为
2097.38 亿元、5116.44 亿元、4296.28 亿元、4351.26 亿元[1]，高于当年其
他省份；海南、新疆、宁夏、青海的第一产业增加值分别为 1080.36 亿元、
1781.75 亿元、279.93 亿元、301.9 亿元[2]，第一产业的增加值基本上位于
当年的末端。

表 4 - 4 　　　　　　　2010～2019 年我国省级农村土地要素市场化
配置程度测度结果及排序

| 省份 | 2010年 | 2011年 | 2012年 | 2013年 | 2014年 | 2015年 | 2016年 | 2017年 | 2018年 | 2019年 | 均值 | 排序 |
|---|---|---|---|---|---|---|---|---|---|---|---|---|
| 北京 | 0.156 | 0.213 | 0.222 | 0.231 | 0.209 | 0.225 | 0.226 | 0.252 | 0.270 | 0.279 | 0.228 | 11 |
| 天津 | 0.155 | 0.211 | 0.221 | 0.220 | 0.206 | 0.220 | 0.227 | 0.243 | 0.266 | 0.270 | 0.224 | 12 |
| 河北 | 0.170 | 0.164 | 0.218 | 0.233 | 0.244 | 0.283 | 0.228 | 0.296 | 0.301 | 0.314 | 0.245 | 9 |
| 山西 | 0.131 | 0.132 | 0.167 | 0.187 | 0.182 | 0.183 | 0.206 | 0.221 | 0.223 | 0.229 | 0.186 | 16 |
| 内蒙古 | 0.131 | 0.167 | 0.171 | 0.175 | 0.194 | 0.201 | 0.217 | 0.176 | 0.228 | 0.236 | 0.190 | 15 |
| 辽宁 | 0.099 | 0.146 | 0.157 | 0.167 | 0.176 | 0.184 | 0.183 | 0.192 | 0.189 | 0.189 | 0.168 | 24 |
| 吉林 | 0.136 | 0.137 | 0.144 | 0.141 | 0.143 | 0.157 | 0.177 | 0.180 | 0.188 | 0.194 | 0.160 | 26 |
| 黑龙江 | 0.154 | 0.217 | 0.229 | 0.257 | 0.272 | 0.293 | 0.279 | 0.272 | 0.277 | 0.296 | 0.255 | 8 |
| 上海 | 0.160 | 0.164 | 0.174 | 0.174 | 0.164 | 0.171 | 0.185 | 0.192 | 0.202 | 0.221 | 0.181 | 18 |
| 江苏 | 0.248 | 0.263 | 0.303 | 0.328 | 0.311 | 0.312 | 0.323 | 0.295 | 0.302 | 0.361 | 0.305 | 3 |
| 浙江 | 0.217 | 0.216 | 0.258 | 0.297 | 0.325 | 0.379 | 0.330 | 0.362 | 0.394 | 0.430 | 0.321 | 1 |
| 安徽 | 0.138 | 0.157 | 0.173 | 0.194 | 0.214 | 0.251 | 0.274 | 0.285 | 0.303 | 0.310 | 0.230 | 10 |

---

①② 《中国统计年鉴》（2020 年）。

| 省份 | 2010年 | 2011年 | 2012年 | 2013年 | 2014年 | 2015年 | 2016年 | 2017年 | 2018年 | 2019年 | 均值 | 排序 |
|---|---|---|---|---|---|---|---|---|---|---|---|---|
| 福建 | 0.145 | 0.160 | 0.169 | 0.172 | 0.190 | 0.175 | 0.181 | 0.190 | 0.193 | 0.194 | 0.177 | 20 |
| 江西 | 0.135 | 0.143 | 0.183 | 0.169 | 0.195 | 0.212 | 0.217 | 0.225 | 0.275 | 0.269 | 0.202 | 14 |
| 山东 | 0.206 | 0.232 | 0.246 | 0.281 | 0.352 | 0.326 | 0.343 | 0.350 | 0.393 | 0.413 | 0.314 | 2 |
| 河南 | 0.211 | 0.238 | 0.275 | 0.288 | 0.297 | 0.310 | 0.302 | 0.315 | 0.331 | 0.340 | 0.291 | 6 |
| 湖北 | 0.173 | 0.159 | 0.191 | 0.210 | 0.205 | 0.228 | 0.236 | 0.241 | 0.263 | 0.261 | 0.217 | 13 |
| 湖南 | 0.182 | 0.206 | 0.215 | 0.256 | 0.274 | 0.307 | 0.314 | 0.303 | 0.298 | 0.299 | 0.265 | 7 |
| 广东 | 0.221 | 0.268 | 0.278 | 0.298 | 0.290 | 0.300 | 0.320 | 0.300 | 0.354 | 0.359 | 0.299 | 4 |
| 广西 | 0.099 | 0.144 | 0.123 | 0.158 | 0.161 | 0.196 | 0.199 | 0.180 | 0.190 | 0.216 | 0.167 | 25 |
| 海南 | 0.182 | 0.141 | 0.143 | 0.153 | 0.151 | 0.149 | 0.152 | 0.152 | 0.164 | 0.197 | 0.159 | 27 |
| 重庆 | 0.135 | 0.152 | 0.166 | 0.184 | 0.183 | 0.182 | 0.180 | 0.164 | 0.173 | 0.214 | 0.173 | 22 |
| 四川 | 0.216 | 0.259 | 0.294 | 0.268 | 0.281 | 0.291 | 0.301 | 0.324 | 0.337 | 0.369 | 0.294 | 5 |
| 贵州 | 0.161 | 0.105 | 0.171 | 0.166 | 0.210 | 0.206 | 0.181 | 0.163 | 0.184 | 0.195 | 0.174 | 21 |
| 云南 | 0.144 | 0.141 | 0.169 | 0.186 | 0.178 | 0.179 | 0.173 | 0.196 | 0.202 | 0.212 | 0.178 | 19 |
| 陕西 | 0.145 | 0.156 | 0.185 | 0.149 | 0.167 | 0.186 | 0.192 | 0.203 | 0.225 | 0.252 | 0.186 | 17 |
| 甘肃 | 0.123 | 0.144 | 0.172 | 0.148 | 0.173 | 0.162 | 0.187 | 0.193 | 0.204 | 0.200 | 0.171 | 23 |
| 青海 | 0.108 | 0.092 | 0.101 | 0.119 | 0.111 | 0.123 | 0.122 | 0.124 | 0.130 | 0.129 | 0.116 | 30 |
| 宁夏 | 0.103 | 0.094 | 0.110 | 0.114 | 0.116 | 0.125 | 0.132 | 0.132 | 0.136 | 0.135 | 0.120 | 29 |
| 新疆 | 0.180 | 0.138 | 0.146 | 0.155 | 0.153 | 0.144 | 0.150 | 0.155 | 0.162 | 0.198 | 0.158 | 28 |
| 最大值 | 0.248 | 0.268 | 0.303 | 0.328 | 0.352 | 0.379 | 0.343 | 0.362 | 0.394 | 0.430 | 0.321 | |
| 最小值 | 0.099 | 0.092 | 0.101 | 0.114 | 0.111 | 0.123 | 0.122 | 0.124 | 0.130 | 0.129 | 0.116 | |

　　根据 2010～2019 年我国省级农村土地要素市场化配置程度综合得分，进一步将 30 个省、自治区、市综合程度分为 4 个等级：高水平（≥0.25）、中高水平（0.2～0.25）、中低水平（0.15～0.2）、低水平（0～0.15），得到 2010～2019 省省级综合程度等级划分空间分布。

　　由表 4－5 可知，农村土地要素市场化配置程度整体提升，高水平地区范围扩大，低水平地区范围缩小。具体来说，0.25 以上高水平的省、自治区、市数量由 2010 年的 0 个增加到 2019 年的 15 个，0.15 以下低水

表4-5　2010～2019年我国省级农村土地要素市场化配置程度综合得分等级划分

| 综合程度 | 2010年 | 2011年 | 2012年 | 2013年 | 2014年 | 2015年 | 2016年 | 2017年 | 2018年 | 2019年 |
|---|---|---|---|---|---|---|---|---|---|---|
| 高水平（≥0.25） | | 粤、苏、川 | 苏、川、浙、豫、粤 | 苏、粤、鲁、豫、川、湘、黑 | 鲁、浙、粤、豫、湘、苏、川、黑 | 浙、鲁、湘、粤、豫、皖、川、苏、黑、冀 | 鲁、浙、苏、粤、湘、豫、川、皖、黑 | 浙、鲁、川、豫、湘、粤、冀、苏、黑、京、皖 | 浙、鲁、粤、川、豫、皖、苏、湘、黑、京、津、赣、鄂 | 浙、川、苏、鲁、豫、冀、粤、皖、黑、京、赣、津、鄂、湘、陕 |
| 中高水平（0.2～0.25） | 苏、粤、浙、川、豫、鲁 | 豫、鲁、黑、浙、京、冀、湘、津 | 鲁、黑、京、津、冀、湘 | 冀、京、鄂、津 | 冀、皖、京、贵、津、鄂 | 鄂、京、赣、津、贵、蒙 | 鄂、冀、津、赣、晋 | 津、鄂、晋、赣、陕 | 蒙、陕、甘、晋、沪、云 | 蒙、桂、甘、晋、沪、渝、云、辽 |
| 中低水平（0.15～0.2） | 湘、鄂、沪、京、黑、新、贵、津、云、渝 | 蒙、闽、陕、沪、冀、皖、渝 | 鄂、沪、贵、云、辽、赣、甘、蒙、晋 | 皖、渝、闽、贵、琼、晋、蒙、赣、沪、辽、桂、新 | 赣、渝、辽、沪、琼、闽、云、晋、甘、桂、新 | 桂、晋、闽、吉、辽、渝、沪、陕、云、甘 | 桂、沪、闽、云、陕、辽、渝、琼、甘、贵、吉 | 云、辽、吉、贵、沪、甘、闽、蒙、新、桂、渝、琼 | 桂、贵、新、闽、吉、琼、辽、渝 | 新、闽、琼、吉、辽 |
| 低水平（0～0.15） | 陕、闽、吉、蒙、甘、桂、皖、赣、晋、宁、青、辽、云、渝 | 辽、桂、云、新、贵、吉、宁、琼、晋、甘、青 | 新、吉、桂、宁、青 | 陕、甘、青、宁 | 吉、宁、青 | 琼、新、青、宁 | 新、宁、青 | 宁、青 | 宁、青 | 青、宁 |

平的省、自治区、市数量由 2010 年的 14 个下降到 2019 年的 2 个；
2010～2019 年，浙江、江苏、广东、河南、山东 5 个省份的农村土地要
素市场化配置程度持续居全国前列，青海和宁夏长期位于全国末端，市场
化高的地区，农村土地要素市场化配置程度越高。

为进一步分析我国农村土地要素市场化配置程度状况，对 2010～
2019 年省级农村土地要素市场化配置程度一级指标进行测算，如表 4－6
所示。

2010～2019 年，省级农村土地要素市场化配置程度一级指标水平差
异明显，基本上表现为东部和中部地区高于西部地区，与市场化发展状况
基本一致。东部地区经济增速快，人才和资金投入密集，基础设施优于其
他地区，就业机会较多，农民的非农就业收益高于农业生产，农民更倾向
于将土地流转出去。同时，东部地区能有效地消化农村土地的相关政策，
累积效应强，产生农村土地要素市场化配置程度的指数型增长速度；中部
省份多是农业大省，农业发展基础较好，加上中原崛起和黄河流域高质量
发展等政策的支持，给农村土地要素市场化发展提供了良好的外部环境；
西部地区农村土地要素市场化配置程度一级指标水平最低，由于西部地区
农业科技投入产出低，且市场化程度最低，因此，农村土地要素市场化配
置程度最低，但四川 $M_1$、$M_2$、$M_3$ 较高，可能是由于四川作为西部大开发
和长江上游经济带重要节点城市以及"自贸区"制度的支持，地区营商
环境持续优化[①]，能更好地实现"三产"融合，农村获得更多的投资和发
展机会。具体表现为以下方面。

第一，江苏（0.474）、黑龙江（0.406）、湖南（0.391）、河南
（0.352）、广东（0.351）为农业发展程度较高的地区，农村土地要素商
品化程度排名前五位，而农村土地要素商品化程度最低的省份为海南
（0.247）、云南（0.231）、青海（0.212），其农业发展程度较低；第二，
天津（0.419）、河北（0.347）、山西（0.335）、内蒙古（0.314）、辽宁
（0.282）的农村市场体系发育程度最高，最低的省份为青海（0.104）、

---

① 龙云安、张健、王雪梅：《科技创新支撑自贸区与长江上游地区协同发展：效应与模式》，载于《科学管理研究》2019 年第 4 期，第 92～97 页。

宁夏（0.080）、新疆（0.068），山东是海南的 6.162 倍；第三，河南
（0.435）、四川（0.428）、山东（0.370）、江苏（0.340）、河北（0.340）
的农村土地要素市场运行机制健全程度最高，新疆（0.131）、青海
（0.068）、宁夏（0.063）、海南（0.045）的农业发展程度较低，市场运
行机制不够完善；第四，农民适应土地要素市场和政府调控土地要素市场
程度最高的 5 个省份为北京（0.322）、上海（0.213）、广东（0.176）、
山东（0.135）、江苏（0.125），最低的 5 个省份为四川（0.057）、辽宁
（0.055）、重庆（0.054）、贵州（0.053）、广西（0.046）。具体如
表 4 - 6 所示。

表 4 - 6　　2010 ~ 2019 年我国省级农村土地要素市场化配置程度一级指标

| 省份 | $M_1$ | $M_2$ | $M_3$ | $M_4$ | 省份 | $M_1$ | $M_2$ | $M_3$ | $M_4$ |
|---|---|---|---|---|---|---|---|---|---|
| 北京 | 0.248 | 0.201 | 0.138 | 0.322 | 河南 | 0.352 | 0.186 | 0.435 | 0.061 |
| 天津 | 0.245 | 0.419 | 0.057 | 0.113 | 湖北 | 0.286 | 0.164 | 0.257 | 0.071 |
| 河北 | 0.289 | 0.347 | 0.340 | 0.087 | 湖南 | 0.391 | 0.163 | 0.333 | 0.062 |
| 山西 | 0.214 | 0.335 | 0.204 | 0.089 | 广东 | 0.351 | 0.160 | 0.271 | 0.176 |
| 内蒙古 | 0.341 | 0.314 | 0.181 | 0.090 | 广西 | 0.253 | 0.147 | 0.204 | 0.046 |
| 辽宁 | 0.278 | 0.282 | 0.203 | 0.055 | 海南 | 0.247 | 0.147 | 0.045 | 0.086 |
| 吉林 | 0.287 | 0.279 | 0.146 | 0.059 | 重庆 | 0.282 | 0.137 | 0.197 | 0.054 |
| 黑龙江 | 0.406 | 0.276 | 0.311 | 0.059 | 四川 | 0.345 | 0.133 | 0.428 | 0.057 |
| 上海 | 0.257 | 0.264 | 0.133 | 0.213 | 贵州 | 0.266 | 0.133 | 0.245 | 0.053 |
| 江苏 | 0.474 | 0.261 | 0.340 | 0.125 | 云南 | 0.231 | 0.129 | 0.238 | 0.058 |
| 浙江 | 0.307 | 0.253 | 0.284 | 0.124 | 陕西 | 0.288 | 0.123 | 0.201 | 0.091 |
| 安徽 | 0.284 | 0.242 | 0.313 | 0.061 | 甘肃 | 0.286 | 0.119 | 0.182 | 0.086 |
| 福建 | 0.271 | 0.237 | 0.163 | 0.075 | 青海 | 0.212 | 0.104 | 0.068 | 0.080 |
| 江西 | 0.304 | 0.222 | 0.225 | 0.058 | 宁夏 | 0.268 | 0.080 | 0.063 | 0.080 |
| 山东 | 0.332 | 0.199 | 0.370 | 0.135 | 新疆 | 0.276 | 0.068 | 0.131 | 0.092 |

（二）省级农村土地要素市场化配置程度二级指标结果分析

为了解我国各省份农用地商品化程度、农村集体建设用地商品化程

度、农村征地市场商品化程度、农村隐性流转土地商品化程度等二级指标情况，对 2010～2019 年全国 30 个省、自治区、市进一步分析。

2010～2019 年，我国省级农村土地要素商品化程度差异明显，四种不同土地要素市场的土地要素商品化类型具有不同的特征。农用地市场商品化程度省级差异最大，表现为明显的东北高西南低，农用地市场商品化程度最高的省份为黑龙江（0.813），最低的省份为海南（0.003）；农村集体建设用地市场商品化程度整体不高，表现为南高北低，农村集体建设用地市场商品化程度最高的省份为江苏（0.432），最低的省份为青海（0.001）；农村征地市场商品化程度省级差异较小，整体程度较低，且中部高南北部低，农村征地商品化程度最高的省份为江苏（0.368），最低的省份为青海（0.025）；农村土地隐性流转土地商品化程度整体较高，省级差异较大，且表现为西北东南高、东北低，农村土地隐性流转市场商品化程度最高的省份为宁夏（0.954），最低的省份为贵州（0.362）。具体如表 4 - 7 所示。

表 4 - 7　　　2010～2019 年我国省级农村土地要素商品化程度

| 省份 | $M_{11}$ | $M_{12}$ | $M_{13}$ | $M_{14}$ | 省份 | $M_{11}$ | $M_{12}$ | $M_{13}$ | $M_{14}$ |
|---|---|---|---|---|---|---|---|---|---|
| 北京 | 0.034 | 0.072 | 0.023 | 0.864 | 河南 | 0.454 | 0.044 | 0.221 | 0.680 |
| 天津 | 0.018 | 0.006 | 0.027 | 0.930 | 湖北 | 0.209 | 0.030 | 0.180 | 0.720 |
| 河北 | 0.277 | 0.122 | 0.172 | 0.580 | 湖南 | 0.245 | 0.251 | 0.224 | 0.842 |
| 山西 | 0.102 | 0.012 | 0.088 | 0.652 | 广东 | 0.132 | 0.318 | 0.113 | 0.842 |
| 内蒙古 | 0.341 | 0.001 | 0.113 | 0.901 | 广西 | 0.089 | 0.078 | 0.170 | 0.676 |
| 辽宁 | 0.172 | 0.005 | 0.134 | 0.798 | 海南 | 0.003 | 0.025 | 0.029 | 0.929 |
| 吉林 | 0.225 | 0.002 | 0.122 | 0.796 | 重庆 | 0.186 | 0.007 | 0.207 | 0.727 |
| 黑龙江 | 0.813 | 0.034 | 0.088 | 0.674 | 四川 | 0.240 | 0.016 | 0.248 | 0.872 |
| 上海 | 0.017 | 0.038 | 0.026 | 0.948 | 贵州 | 0.110 | 0.237 | 0.351 | 0.362 |
| 江苏 | 0.393 | 0.432 | 0.368 | 0.699 | 云南 | 0.102 | 0.009 | 0.180 | 0.631 |
| 浙江 | 0.133 | 0.126 | 0.225 | 0.743 | 陕西 | 0.126 | 0.035 | 0.200 | 0.788 |
| 安徽 | 0.368 | 0.013 | 0.233 | 0.516 | 甘肃 | 0.129 | 0.005 | 0.089 | 0.917 |
| 福建 | 0.059 | 0.011 | 0.136 | 0.875 | 青海 | 0.019 | 0.001 | 0.025 | 0.802 |
| 江西 | 0.140 | 0.056 | 0.190 | 0.829 | 宁夏 | 0.033 | 0.008 | 0.075 | 0.954 |
| 山东 | 0.317 | 0.035 | 0.265 | 0.707 | 新疆 | 0.080 | 0.097 | 0.109 | 0.828 |

2010～2019 年，我国省级农村土地要素市场体系发育程度差异明显，4 个土地市场指数基本表现为两种特征。市场覆盖指数和资金支持指数省级差异大，市场信息化指数省级差异小。市场覆盖指数表现出较为明显的中部低和东南部、东北部、西南部高的特征，东南部高是由于东南部经济基础好，土地流转较为频繁，农民获得的财产性收益较多，而东北部、西南部高是由于东北部、西南部地区经济发展程度较低，农民获得的人均可支配收入较低，来自财产性收入所占比例较大，其中，北京（0.697）市场覆盖率最高，贵州最低（0.066）；市场资金支持指数、市场中介服务指数和市场信息化指数表现为东南部高、西北部低的特征，其中，资金支持指数、市场中介服务指数和市场信息化指数最高的省份分别是山东（0.784）、河南（0.457）、广东（0.333），最低的是上海（0.002）、北京（0.005）、宁夏（0.003）。具体如表 4-8 所示。

表 4-8　　2010～2019 年我国省级农村土地要素市场体系发育程度

| 省份 | $M_{21}$ | $M_{22}$ | $M_{23}$ | $M_{24}$ | 省份 | $M_{21}$ | $M_{22}$ | $M_{23}$ | $M_{24}$ |
|---|---|---|---|---|---|---|---|---|---|
| 北京 | 0.697 | 0.049 | 0.005 | 0.052 | 河南 | 0.078 | 0.658 | 0.457 | 0.065 |
| 天津 | 0.408 | 0.018 | 0.034 | 0.031 | 湖北 | 0.049 | 0.393 | 0.383 | 0.185 |
| 河北 | 0.152 | 0.423 | 0.358 | 0.122 | 湖南 | 0.073 | 0.541 | 0.226 | 0.265 |
| 山西 | 0.125 | 0.245 | 0.394 | 0.183 | 广东 | 0.317 | 0.373 | 0.105 | 0.333 |
| 内蒙古 | 0.313 | 0.132 | 0.121 | 0.022 | 广西 | 0.055 | 0.469 | 0.116 | 0.012 |
| 辽宁 | 0.160 | 0.236 | 0.113 | 0.041 | 海南 | 0.120 | 0.168 | 0.013 | 0.019 |
| 吉林 | 0.213 | 0.167 | 0.131 | 0.075 | 重庆 | 0.163 | 0.100 | 0.268 | 0.111 |
| 黑龙江 | 0.440 | 0.244 | 0.161 | 0.122 | 四川 | 0.173 | 0.531 | 0.544 | 0.138 |
| 上海 | 0.414 | 0.002 | 0.031 | 0.030 | 贵州 | 0.066 | 0.209 | 0.220 | 0.036 |
| 江苏 | 0.287 | 0.295 | 0.271 | 0.262 | 云南 | 0.196 | 0.341 | 0.191 | 0.015 |
| 浙江 | 0.264 | 0.567 | 0.379 | 0.130 | 陕西 | 0.148 | 0.298 | 0.173 | 0.037 |
| 安徽 | 0.096 | 0.452 | 0.400 | 0.095 | 甘肃 | 0.115 | 0.106 | 0.265 | 0.030 |
| 福建 | 0.155 | 0.247 | 0.322 | 0.073 | 青海 | 0.247 | 0.058 | 0.103 | 0.006 |
| 江西 | 0.091 | 0.317 | 0.366 | 0.115 | 宁夏 | 0.159 | 0.063 | 0.049 | 0.002 |
| 山东 | 0.191 | 0.784 | 0.427 | 0.276 | 新疆 | 0.164 | 0.250 | 0.056 | 0.063 |

2010～2019 年，我国省级农村土地要素市场运行机制健全程度差异较大，4 种不同市场化配套指数特征不同。市场平等竞争机制省级差异最大，表现为西南部、中部高，东部、北部低，其中，平等竞争机制最完善的是四川（0.838），较差的为天津（0.021）；市场法制化指数分布特征与平等竞争指数分布类似，西南部和中部地区高，东部和南部较低，北部最低，山东（0.581）法制化指数最高，青海（0.019）最低；市场规范化指数省级差异较小，整体表现为东北地区和长江下游地区高、西部、南部地区低的特征，黑龙江（0.431）最高，海南（0.001）最低，具体如表 4 - 9 所示。

表 4 - 9    2010～2019 年我国省级农村土地要素市场运行机制健全程度

| 省份 | $M_{31}$ | $M_{32}$ | $M_{33}$ | 省份 | $M_{31}$ | $M_{32}$ | $M_{33}$ |
|---|---|---|---|---|---|---|---|
| 北京 | 0.059 | 0.044 | 0.028 | 河南 | 0.732 | 0.508 | 0.307 |
| 天津 | 0.021 | 0.018 | 0.009 | 湖北 | 0.442 | 0.266 | 0.139 |
| 河北 | 0.688 | 0.341 | 0.177 | 湖南 | 0.511 | 0.380 | 0.169 |
| 山西 | 0.541 | 0.160 | 0.038 | 广东 | 0.432 | 0.318 | 0.083 |
| 内蒙古 | 0.344 | 0.085 | 0.162 | 广西 | 0.432 | 0.220 | 0.045 |
| 辽宁 | 0.424 | 0.159 | 0.100 | 海南 | 0.094 | 0.027 | 0.001 |
| 吉林 | 0.269 | 0.075 | 0.106 | 重庆 | 0.171 | 0.215 | 0.173 |
| 黑龙江 | 0.436 | 0.116 | 0.431 | 四川 | 0.838 | 0.571 | 0.151 |
| 上海 | 0.027 | 0.021 | 0.012 | 贵州 | 0.409 | 0.203 | 0.072 |
| 江苏 | 0.305 | 0.329 | 0.322 | 云南 | 0.549 | 0.245 | 0.076 |
| 浙江 | 0.358 | 0.334 | 0.116 | 陕西 | 0.457 | 0.190 | 0.053 |
| 安徽 | 0.465 | 0.349 | 0.227 | 甘肃 | 0.403 | 0.125 | 0.103 |
| 福建 | 0.317 | 0.153 | 0.025 | 青海 | 0.130 | 0.019 | 0.015 |
| 江西 | 0.450 | 0.201 | 0.078 | 宁夏 | 0.077 | 0.024 | 0.025 |
| 山东 | 0.548 | 0.581 | 0.217 | 新疆 | 0.345 | 0.047 | 0.043 |

2010～2019 年，我国省级农民适应土地要素市场和政府调控土地要素市场程度差异较大，且 4 个二级指标特征明显。农民在市场中的收益程度省级差异较大，表现为东部沿海地区高、内陆地区低的趋势，其中，四

川（0.838）农民从土地要素市场化中获得的收益最高，天津（0.021）
农民收益最低；农民文化程度差异较大，表现为北部、东南沿海地区高，
中部和西部地区低，其中，上海（0.471）农民文化程度最高，海南
（0.058）农民文化程度最低；农民进入市场的组织化程度整体不高，省
级差异较小，表现为中部高，北部和南部略低，农民组织化程度最高的为
山东（0.581），最低的为宁夏（0.003）；政府调控市场程度差异明显，
北京、上海等一线城市[①]政府控制市场的能力明显高于其他地区，北京
（0.544）最高，海南（0.001）最低，具体如表4-10所示。

表4-10 　　　2010~2019年我国省级农民适应土地要素市场
和政府调控土地要素市场程度

| 省份 | $M_{41}$ | $M_{42}$ | $M_{43}$ | $M_{44}$ | 省份 | $M_{41}$ | $M_{42}$ | $M_{43}$ | $M_{44}$ |
|---|---|---|---|---|---|---|---|---|---|
| 北京 | 0.059 | 0.419 | 0.044 | 0.028 | 河南 | 0.732 | 0.193 | 0.508 | 0.307 |
| 天津 | 0.021 | 0.182 | 0.018 | 0.009 | 湖北 | 0.442 | 0.180 | 0.266 | 0.139 |
| 河北 | 0.688 | 0.154 | 0.341 | 0.177 | 湖南 | 0.511 | 0.270 | 0.380 | 0.169 |
| 山西 | 0.541 | 0.078 | 0.160 | 0.038 | 广东 | 0.432 | 0.254 | 0.318 | 0.083 |
| 内蒙古 | 0.344 | 0.132 | 0.085 | 0.162 | 广西 | 0.432 | 0.120 | 0.220 | 0.045 |
| 辽宁 | 0.424 | 0.128 | 0.159 | 0.100 | 海南 | 0.094 | 0.058 | 0.027 | 0.001 |
| 吉林 | 0.269 | 0.134 | 0.075 | 0.106 | 重庆 | 0.171 | 0.229 | 0.215 | 0.173 |
| 黑龙江 | 0.436 | 0.261 | 0.116 | 0.431 | 四川 | 0.838 | 0.150 | 0.571 | 0.151 |
| 上海 | 0.027 | 0.471 | 0.021 | 0.012 | 贵州 | 0.409 | 0.296 | 0.203 | 0.072 |
| 江苏 | 0.305 | 0.405 | 0.329 | 0.322 | 云南 | 0.549 | 0.082 | 0.245 | 0.076 |
| 浙江 | 0.358 | 0.331 | 0.334 | 0.116 | 陕西 | 0.457 | 0.105 | 0.190 | 0.053 |
| 安徽 | 0.465 | 0.210 | 0.349 | 0.227 | 甘肃 | 0.403 | 0.096 | 0.125 | 0.103 |
| 福建 | 0.317 | 0.158 | 0.153 | 0.025 | 青海 | 0.130 | 0.109 | 0.019 | 0.015 |
| 江西 | 0.450 | 0.173 | 0.201 | 0.078 | 宁夏 | 0.077 | 0.125 | 0.024 | 0.025 |
| 山东 | 0.548 | 0.134 | 0.581 | 0.217 | 新疆 | 0.345 | 0.094 | 0.047 | 0.043 |

---

① 第一财经：《2020最新1-5线城市排名发布（附完整名单）》（EB/OL），https://www.yicai.com/news/100648666.html，2020-5-29/2021-3-30.

## 三、区域农村土地要素市场化配置程度测度结果及分析

把我国30个省、自治区、直辖市分为东部、中部、西部和东北部地区①4个区域，分别考查区域农村土地要素市场化配置程度的平均水平。图4-4中从上到下分别为区域农村土地要素市场化配置程度综合水平、区域农村土地要素商品化程度、区域农村土地要素市场体系发育程度、区域农村土地要素市场运行机制健全程度和区域农民适应土地要素市场和政府调控土地要素市场程度。

2010~2019年，东部、中部、西部、东北部地区的农村土地要素市场化配置程度不高，区域间农村土地要素市场化配置程度差异明显，基本上呈现出东高西低的趋势，市场化程度越高，农村土地要素市场化配置程度越高。东部、中部地区对全国平均水平有上拉的作用，西部地区对全国平均水平具有一定的抑制作用。

由图4-4（a）可得，2010~2019年区域农村土地要素市场化配置程度持续提升，但均在0.29以下。东部地区和中部地区农村土地要素市场化配置程度持续高于全国平均水平。2010~2013年，东部地区农村土地要素市场化配置程度高于中部地区农村土地要素市场化配置程度，2014~2019年，中部地区农村土地要素市场化配置程度持续提高，并高于东部地区农村土地要素市场化配置程度，东北部地区农村土地要素市场化配置程度基本上低于东部地区和中部地区的农村土地要素市场化配置程度，但高于西部地区农村土地要素市场化配置程度。

由图4-4（b）可得，2010~2012年、2014~2019年区域农村土地要素商品化程度波动上升，但均在0.39以下。东北部地区农村土地要素商品化程度对全国平均水平有向上的拉力，东部地区农村土地要素商品化程度近似于全国农村土地要素商品化平均水平，2010~2015年，中部地区农村土地要素商品化程度拉低全国均值，2016年后，对于全国农村土

---

① 东部地区包括京、津、沪、鲁、冀、苏、浙、闽、粤、琼；中部地区包括晋、豫、鄂、皖、湘、赣；西部地区包括蒙、新、宁、陕、甘、青、渝、川、西、桂、贵、云；东北部地区包括黑、吉、辽。

地要素商品化程度，西部地区农村土地要素商品化程度低于全国均值。

由图 4 - 4（c）可得，2010～2019 年区域农村土地要素市场体系发育程度平稳上升，但均在 0.31 以下。东部地区农村土地要素市场体系发育程度提升缓慢，中部、东北部、西部地区农村土地要素市场体系发育程度较为平稳。其中，东北部地区农村土地要素市场体系发育程度最高，其次是东部地区和中部地区，西部地区最低，且西部地区农村土地要素市场体系发育程度远低于全国平均水平。

由图 4 - 4（d）可得，2010～2019 年区域农村土地要素市场运行机制健全程度持续提升，但均在 0.37 以下。中部地区农村土地要素市场运行机制健全程度持续高于全国农村土地要素市场运行机制健全程度，东部地区和东北部地区的农村土地要素市场运行机制健全程度近似于或略高于全国水平，东部、中部和东北部地区的农村土地要素市场运行机制健全程度对全国平均水平都有一定的拉升作用，西部地区农村土地要素市场运行机制健全程度平均水平最低。

由图 4 - 4（e）可得，2010～2019 年区域农民适应土地要素市场和政府调控土地要素市场程度均值持续提升，但均在 0.23 以下。东部地区农民适应土地要素市场和政府调控市场程度持续拉高全国农民适应土地要素市场和政府调控土地要素市场的平均水平，其他地区均拉低全国平均水平，中部地区农民适应市场和政府调控市场程度略低于西部地区，东北部地区最低。

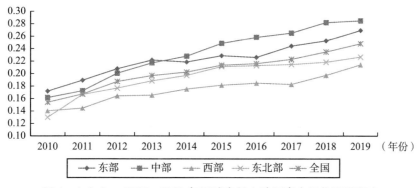

图 4 - 4（a）　2010～2019 年区域农村土地要素市场化配置程度

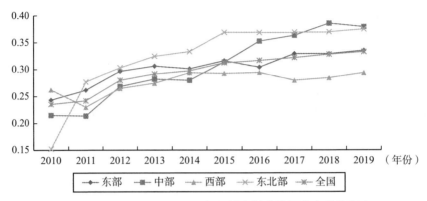

**图 4 - 4（b）　2010～2019 年区域农村土地要素商品化程度**

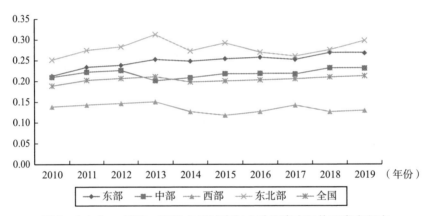

**图 4 - 4（c）　2010～2019 年区域农村土地要素市场体系发育程度**

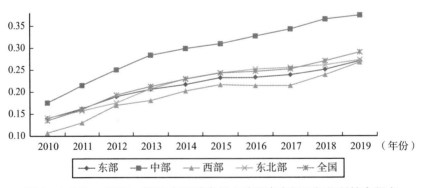

**图 4 - 4（d）　2010～2019 年区域农村土地要素市场运行机制健全程度**

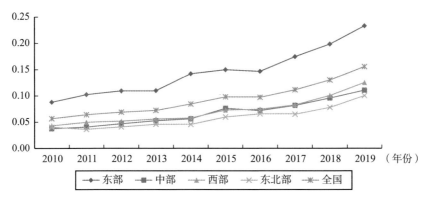

**图4-4（e）　2010～2019年区域农民适应土地要素市场
和政府调控土地要素市场程度**

# 第四节　小　结

本部分基于前文对我国农村土地要素配置的现状和问题的定性分析，从实证角度再次测度我国农村土地要素市场化配置现状和当前配置程度。通过建立完整的农村土地要素市场化配置程度测度体系，用均权法赋权，对2010～2019年全国农村土地要素市场化配置程度、省级农村土地要素市场化配置程度和四大区域农村土地要素市场化配置程度进行测度，并对测度体系的一级指标结果和二级指标结果进行分析。

第一，全国农村土地要素市场化配置程度虽在阶段性上升，但仍然不高。2019年，全国农村土地要素市场化配置程度综合水平为0.482，2010～2019年的年均增速为17.735%。全国农村土地要素市场化进程与我国农业发展进程基本吻合，农村土地要素市场化配置程度增速先快后慢，呈现出阶段性特征，2011～2013年市场化配置程度增长速度较快，2011年全国农村土地要素市场化配置程度增长65.142%，2014年出现短暂的放缓，2015年出现新的增长峰值，2015年的增长率26.896%，2016～2017年农村土地要素市场化配置程度波动上升；2017年以后农村土地要素市场化配置程度稳步提升，2018年和2019年农村土地要素市场化配置程度增长率为8.615%、10.424%。

全国农村土地要素一级指标结果逐年增长，但当前仍旧较低，各指标水平存在差异。2019年，全国市场运行机制健全程度最低，全国农村土地要素商品化程度均值不高，市场供需均衡度和竞争水平不高。从各指标年增速来看，农民适应市场和政府调控市场程度增速最快，市场体系发育程度增速最慢。从均值来看，农村市场体系发育程度最高，农村土地要素商品化程度次高，全国市场运行机制健全程度最低，土地要素市场化配置程度综合水平均值高于全国市场运行机制健全程度、农民逐步适应市场和政府调控市场程度。

　　各一级指标对农村土地要素市场化配置程度综合水平均有一定的贡献，其贡献力有一定差异。土地要素商品化程度对全国农村土地要素市场化配置程度综合水平有持续向上的拉动作用；2010~2018年，农村市场体系发展程度对市场化配置程度综合水平有向上的拉动作用，2019年，表现出一定的抑制性；2010~2014年，市场运行机制健全程度对全国农村土地要素市场化配置程度综合水平的拉动作用强，但2015~2019年，有一定的抑制作用；2010~2014年，农民适应市场和政府调控市场程度对市场化配置程度综合水平有一定程度的抑制作用，但2015年以后对市场化配置程度综合水平有较为明显的拉动作用。

　　全国农村土地要素市场化配置程度二级指标水平整体不高。平等竞争机制健全程度最高，农村土地要素商品化程度较低，特别是农村集体建设用地和征地市场的配置程度更低，农村土地要素流转率低，农村土地要素市场上土地需求不足和供给过剩共存，市场化配置供给和需求错位，市场竞争扭曲；农民在土地要素配置中的收益极少，农民很难享受到农村土地要素市场化配置带来的红利，农村土地要素增值利益公平性和共享性较难实现；农村土地要素市场产权保护、资金支持、市场中介服务规模、信息化平台等支撑不足，农村专业合作社发展程度较低，市场化配置配套机制不健全。

　　第二，各省农村土地要素市场化配置程度逐年提升，但当前水平仍然较低，地区差异明显。地区农村土地要素市场化配置程度发展状况与市场化发展状况基本一致，市场化程度越高的地区，农村土地要素市场化配置程度越高，其配置效率越高；反之，市场化程度越低的地区，农村土地要素市场化配置程度越低，配置效率越低。省级农村土地要素市场化配置程度综合水平均值排名与农业贡献率有一致性；一级指标水平差异明显，基本上表现为东部和中部地区高于西部地区，且各二级指标异质性强。

第三，东部、中部、西部、东北部地区的农村土地要素市场化配置程度不高，区域间农村土地要素市场化配置程度差异明显，基本上呈现出东高西低的趋势。表明市场化程度越高，农村土地要素市场化配置程度越高，东部、中部地区对全国平均水平有上拉的作用，西部地区对全国平均水平具有一定的抑制作用。

综上，虽然我国农村土地要素市场化配置程度逐年提高，但当前市场化程度仍然不高，农村土地要素市场化配置程度低下，且地区间差距较为明显，市场化程度高的地区土地要素市场化配置程度越高，农村土地要素市场化配置效率越高，市场化改革过程伴随着农村土地要素市场化改革。从全国和不同地区来看，农村土地要素市场化配置程度不断提高，且市场化程度越高的地区，农村土地要素市场化配置程度越高。同时，农用地市场、农村集体建设用地市场、农村征地市场、农村隐形流转土地市场的商品化程度差异明显，农村土地要素流转率低，农村土地要素市场上土地需求不足和供给过剩共存，市场化配置供给和需求错位，市场竞争扭曲；农民在土地要素配置中的收益极少，农村土地要素增值利益公平性和共享性较难实现；农村土地要素市场产权保护、资金支持、市场中介服务规模、信息化平台等支撑不足，市场化配置配套机制不健全。因此，为了提升我国农村土地要素市场化配置程度，需要从市场化配置供求机制、竞争机制、利益分配机制和配套机制入手，探索和培育农村土地要素市场化配置影响机制，分析其机制的作用机理，并从学理上探寻影响机制的影响效果及其内在关联。

# 第五章

# 我国农村土地要素市场化
# 配置的影响机制分析

　　农村土地要素市场化配置是一个长期的、渐进的过程，农用地和农村集体建设用地等的供求机制、竞争机制、利益分配机制等是农村土地要素市场化配置影响机制的重要组成部分，是推进农村土地要素市场化配置的核心力量和内生动力，市场化配置的配套机制是农村土地要素市场化配置改革的重要引擎，为农村土地要素市场化配置提供必须的政策支撑，对农村土地要素市场化配置程度提升的意义重大。

　　本部分主要对农村土地要素市场化配置的供求机制、竞争机制、利益分配机制和配套机制①进行机理分析，并基于 2010～2019 年的省级面板数据及东部、中部、西部和东北部四大区域面板数据，建立回归模型，从学理角度考察农村土地要素市场配置的供求机制、竞争机制、利益分配机制和配套机制的影响效果，以及其与农村土地要素市场化配置程度的相关关系。

　　本部分的安排如下：第一节，聚焦农村土地要素市场化配置供求机制，逐步放开政府和市场自发性等条件，讨论短期和长期条件下供求机制的作用机理，基于 B－P 模型的短边规则，衡量农村土地要素市场供求指数，从学理分析角度，探索农村土地要素市场化配置供求机制对农村土地要素市场化配置程度提升的影响效果及其与农村土地要素市场化配置程度的内在联系；第二节，聚焦农村土地要素市场化配置竞争机制，从完全竞

---

　　① 由于数据的可得性问题，本书尚未讨论影响农村土地要素市场化配置的"价格机制"。

争和不完全竞争两种情况出发，对市场化配置竞争机制作用机理进行探讨，并基于赫芬因德竞争函数，测算农村土地要素市场竞争强度，建立回归模型探究农村土地要素市场化配置竞争机制的影响效果及其与农村土地要素市场化配置程度的内在联系；第三节，将聚焦农村土地要素市场化配置利益分配机制，基于博弈论视角，建立动态演化博弈模型，探讨农村土地要素市场化配置利益主体决策的影响因素，对利益分配机制进行机理分析，并基于村经济组织和农户之间的矛盾和共生关系，设定农村土地要素市场利益分配比指标，建立数理模型，分析农村土地要素市场化配置利益分配机制影响效果及其与农村土地要素市场化配置程度的内在联系；第四节，聚焦农村土地要素市场化配置的配套机制，探讨配套机制对农村土地要素市场化配置程度提升的作用机理，基于配套机制内涵，建立产权机制、农村金融服务机制、税收机制、中介服务机制、市场信息化机制、专业合作社机制以及农村社会保障机制测度指标，从定量角度，剖析农村土地要素市场化配置配套机制的影响效果及其与农村土地要素市场化配置程度的内在联系；第五节，考虑到分别建立 4 大农村土地要素市场化配置影响机制的回归模型可能会存在内生性问题，本节将综合考察供求机制、竞争机制、利益分配机制、配套机制对农村土地要素市场化配置程度的影响效果，建立静态回归模型和动态回归模型，验证影响机制的促进作用。

本部分的边际贡献主要在于：从学理分析角度，考察我国农村土地要素市场化配置影响机制作用机理，及其对市场化配置程度的影响效果。

## 第一节　我国农村土地要素市场化
## 配置供求机制分析

土地要素是特殊性的生产要素，具有有限性和位置的固定性等特点[①]。随着总人口的不断增加和农村社会经济文化的发展，人口结构和社会生产

---

① 毕宝德：《土地经济学》，中国人民大学出版社 2016 年版，第 3～5 页。

方式发生变化，农用地和农村集体建设用地的使用方式面临新的要求，可供利用的农村土地供给与土地需求的矛盾日益凸显。与我国城市土地要素市场相比，农村土地要素市场化配置程度低，市场化配置机制发育不完善。农村土地要素市场化配置过程中受政府的干预作用较明显，农村土地要素长期处于限制流转或禁止流转状态，市场化配置供求机制偏离机制规律的引导，存在一定程度的扭曲，无法发挥出土地资源配置的作用，致使农村土地要素配置低效。

## 一、农村土地要素市场化配置供求机制作用机理分析

（一）农村土地要素市场化配置供求

第一，农村土地要素市场需求。在土地要素市场上，土地需求包括有效需求和潜在需求两种形式，有效需求指的是有支付能力的土地需求，潜在需求指的是暂时无支付能力的需求，农村土地要素市场的需求由有效需求决定。土地需求方不决定土地市场价格，是土地市场价格的被动接受者，按照市场既定价格购买土地。土地要素的有效需求随着经济的发展和土地价值的凸显逐步上升，土地流转支出在生产成本中占较大的比重，因此，土地需求受土地获取成本影响较大，土地需求的弹性大。

第二，农村土地要素市场供给。土地供给是土地要素市场化配置供求机制的另一方面。农村土地要素供给与城市土地要素供给不同。土地的供给有自然供给和经济供给两类，农村土地要素供给基本上属于自然供给，农村土地要素市场提供给土地需求方已利用或从未利用的土地资源，所提供的土地需要需求方进行开发才能产生经济价值。农村土地要素有自然地理条件差、土地产出效率低、土地碎片化严重的特点，严重制约了农村土地要素流转的规模，整理和开发农村土地要素增加了流转的交易成本，致使农民在土地要素流出后非农劳动的期望收益与土地流出的租金之和减去土地流转付出的成本不超过当前在土地中的利润，农民倾向于不参与农村土地要素市场化配置流转，从而加剧了农村土地要素供给的短缺①。与城

---

① Wang X. L. "Different Roles of Land in Rural – Urban Migration：Evidence from China's Household Survey". China & World Economy，2013，21：107 – 126.

市土地要素相比，农村土地要素除去征地市场上农地转为非农的土地外，土地的供给规模和范围受到人为因素以及社会因素的影响较小，很难通过调整土地结构等活动扩大供给规模，供给总量相对稳定，供给弹性小。

（二）农村土地要素市场供求均衡分析

对整个社会而言，供给能力与需求水平相对一致时为社会的最理想状态，[1] 市场供求均衡的条件是"社会的平均成本等于社会的平均收益"[2]，当不存在外部性时，均衡市场供求量对整个社会是最有利的。以农用地市场为例，土地流出方的成本为土地流转的信息成本与土地流转后从事非农劳动的机会成本之和，流入方的收益为流入后土地从事生产活动的收益和。当供给量大于均衡量时，所有供给方的平均成本大于所有需求方的平均收益，社会平均成本大于社会平均收益，此时减少供给量对社会有利；反之，当供给量小于均衡量时，所有供给方的平均成本小于所有需求方的平均收益，社会平均成本小于平均收益，此时增加社会供给量能提升社会福祉；只有当供给量等于均衡量时，供给方的平均成本等于需求方的平均收益，社会平均收益等于平均成本，所有社会主体的利益都能达到最大化，损失最小化。

从农村土地要素市场化配置供求机制来看，土地要素市场的均衡是市场供求接近或相等的稳定状态，借鉴系统论中关于城市土地市场供求平衡[3][4]的解释，土地市场供求的范畴包括土地要素市场供求总量以及土地的供求结构两方面，两者共存共生、交互作用，土地供求总量的改变会引起供给结构的改变，而供给结构变动反过来也会带来供给总量的调整。农村土地要素供求结构和总量的变动包括农用地市场、农村集体建设用地市场、农村土地隐性流转市场以及征地市场供求的变动，还包括各市场之间

① 郭云、黄炳昭、蒋玉丹、韦正峥：《"十一五"以来各省份环保投资供求水平及其空间均衡性分析》，载于《生态经济》2021年第5期，第163~170页。
② 冯金华：《价值规律、供求关系和市场机制——基于马克思主义劳动价值论的研究》，载于《上海经济研究》2020年第5期，第5~21、31页。
③ 杨刚桥：《论城市土地供需平衡》，载于《中国土地科学》1998年第4期，第21~23页。
④ 吴郁玲：《基于土地市场发育的土地集约利用机制研究》，南京农业大学博士学位论文，2007年，第76页。

的土地要素市场供求变动，特别是农用地市场、农村集体建设用地市场的土地向农村土地隐性流转市场或者征地市场流动；土地要素市场供求均衡包括各市场内部的要素市场供求均衡，还包括市场之间的总量和结构的供求均衡。

第一，农村土地要素市场供求短期动态均衡分析。本书对政府和市场自发行为是否影响农村土地竞争市场的条件进行控制。假设在较短时间内，土地供给量恒定，未出现政府征地行为[①]和农村土地隐性流转行为，也就是说，此时不存在政府干预和市场自发行为，农村土地要素市场近似为完全竞争的土地市场；供需双方仍具有原有的供需特征，土地最大供给量有上限约束，且土地需求者是土地市场价格的接受者，即土地供给弹性小，市场均衡价格为土地需求价格。

短期内，农村土地要素供给量 S 恒等于 $L_0$，需求曲线为左上向右下方倾斜的曲线，土地要素市场的均衡量由土地需求决定。社会经济环境、人口总量和产业结构等外部环境完全静止，短期内土地要素市场供给量不增不减，S 和 $D_1$ 曲线相交处出现第一个市场均衡点 $E_1$，此时均衡价格为 $P_1$。通过市场自动均衡的实现，短期内任何偏离 $P_1$ 的均衡价格都会修正到 $P_1$。进一步放松对外部环境假设条件的控制，土地的需求为引致需求，当出现外部环境导致的土地需求发生变化时，需求曲线便会发生整体移动。假设外部环境对需求结构产生正向刺激，原有需求曲线由 $D_1$ 移动至 $D_2$，S 和 $D_2$ 曲线相交处出现第二个市场均衡点 $E_2$，此时均衡价格为 $P_2$。如图 5 - 1 所示。

第二，农村土地要素市场供求长期动态均衡分析。在较长时间内，本书进一步在农村土地要素市场中加入政府行为，出现农村土地征收和农村土地的隐形流转，并加入短期市场的变动情况。原来较接近完全竞争市场模式的农用地市场和农村集体建设用地市场发生变化，农用地和农村集体建设用地外流至征地市场和农村土地隐性流转市场，农村土地竞争市场上的农村土地要素供给量降低。

---

① 吴郁玲：《基于土地市场发育的土地集约利用机制研究》，南京农业大学博士学位论文，2007 年，第 125 页。

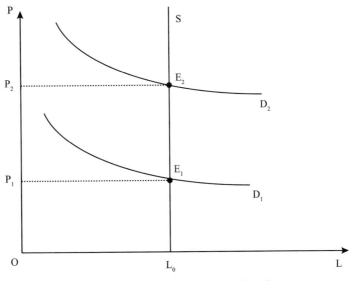

**图 5 - 1 农村土地要素市场短期均衡**

短期内，农村土地要素的市场供给量随着价格的提高而增加，农村土地要素的供给曲线 $S_1$ 向右上方倾斜，农村土地要素的需求曲线 $D_1$ 向右下方倾斜，此时土地市场均衡点为 $E_1$，市场供需均衡的土地为 $L_1$，均衡价格为 $P_1$；随着时间的推移，土地要素供给量无法持续增长，便出现土地要素市场的供给量恒等于 $L_2$，土地要素市场的均衡量由土地需求决定，土地市场均衡点为 $E_2$，此时的均衡价格为 $P_2$；随着土地需求的继续增长，土地供给量无法继续增加，均衡价格不断提升，直至 $P_3$，此时的土地市场均衡点为 $E_3$，土地供求均衡量仍为 $L_2$，市场达到最优的土地资源配置状态；当政府征地和农村土地隐性流转行为发生时，部分农用地和农村集体建设用地从土地要素市场外流，原有价格水平的土地供给量减少。假设政府征地和农村土地隐性流转土地面积呈固定增长率变化，此时的土地市场的供给曲线围绕 $E_3$ 点发生偏转，偏转的斜率绝对值即为土地从农用地和农村集体建设用地流向征地市场和农村土地隐性流转市场的速度，也就是农村土地要素市场供给的流出率，此时农村土地要素的土地供给曲线为左上向右下倾斜的曲线 $S_3$，受外部条件影响农村土地要素的需求曲线为 $D_4$，产生新的土地市场均衡点 $E_4$，此时均衡价格为 $P_4$，土地供给均衡量

为 $L_4$。新的均衡点市场价格提高且土地供给数量减少，原有的价格下得到的土地交易数量减少。如图 5-2 所示。

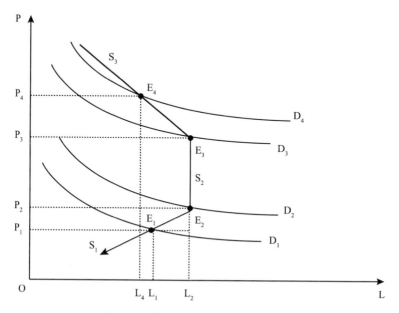

图 5-2　农村土地要素市场长期均衡

（三）农村土地要素市场化配置供求均衡机制作用机理

为研究农村土地要素市场化配置供求均衡水平（L）与农村土地要素市场化配置程度（M）的作用机理，本书引入农村土地要素流转率来指代农村土地要素商品化程度（m），前文将农村土地要素商品化程度定义为狭义的农村土地要素市场化配置程度。此处假设农村土地要素市场为短期市场，建立农村土地要素市场化配置供求均衡机制作用模型进行机理分析。

图 5-3（a）为农村土地要素市场化配置供求均衡水平与土地价格之间的关系。根据短期供给和需求曲线，当农村土地要素市场上供求发生变动时，均衡土地面积随之由 $L_1$ 增加至 $L_2$，此时的农村土地要素价格由 $P_1$ 增加至 $P_2$。图 5-3（b）为农村土地要素价格与农村土地要素商品化程度之间的关系。当农村土地要素价格越高，农村土地越倾向于选择参与市场化，农村土地要素流转率越高，此时狭义的农村土地要素市场化配置程度

越高，也就是说，当农村土地要素价格由 $P_1$ 增加至 $P_2$ 时，农村土地要素商品化程度由 $m_1$ 增加至 $m_2$。图 5－3（c）为广义农村土地要素市场化配置程度与农村土地要素商品化程度之间的关系。根据前文构建的农村土地要素市场化配置程度测度体系，农村土地要素商品化程度与农村土地要素市场化配置程度线性正相关，因此，农村土地要素商品化程度越高，农村土地要素市场化配置程度越高，即农村土地要素商品化程度由 $m_1$ 增加至 $m_2$ 时，农村土地要素市场化配置程度由 $M_1$ 增加至 $M_2$。综合图 5－3（a）至图 5－3（c）来看，当农村土地要素市场上供求发生变动时，均衡土地面积随农村土地要素市场化供求由 $L_1$ 增加至 $L_2$，农村土地要素价格由 $P_1$ 增加至 $P_2$，农村土地要素商品化程度由 $m_1$ 增加至 $m_2$，农村土地要素市场化配置程度由 $M_1$ 增加至 $M_2$。因此，将农村土地要素市场供求均衡水平与农村土地要素市场化配置程度之间的关系用图 5－3（d）来表示，农村土地要素市场供求均衡水平与农村土地要素市场化配置程度正相关，即农村土地要素市场供求均衡水平越高，农村土地要素市场化配置程度越高；反之，农村土地要素市场供求均衡水平越低，农村土地要素市场化配置程度越低。因此，提升农村土地要素市场供求均衡水平对提高农村土地市场化配置程度具有重要意义。

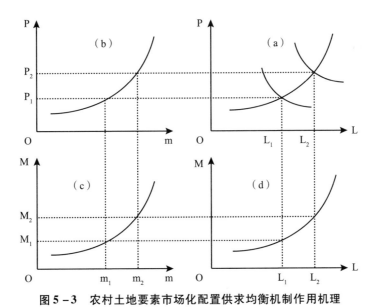

图 5－3　农村土地要素市场化配置供求均衡机制作用机理

## 二、农村土地要素市场化配置供求机制影响效果实证研究设计

（一）变量设定

为研究农村土地要素市场化配置供求均衡机制对农村土地要素市场化配置程度的作用机理，把我国农村土地要素市场化配置程度作为被解释变量，农用地市场供求均衡指数和农村集体建设用地市场供求均衡指数作为解释变量，加入经济发展水平、农民获得的贷款额、农民社保水平、二元经济结构水平、农村缴纳税款总额5个控制变量[①]，具体作如下说明。

第一，被解释变量。以前文测度我国农村土地要素市场化配置程度结果作为本节计量模型的被解释变量，我国农村土地要素市场化配置程度在0~1之间。

第二，核心解释变量。由于征地市场受政府规划和调控的影响程度较大，农村土地隐性流转市场上由于产权保护机制和规范化机制的缺失，致使在该两种市场上虽然发生了"钱"和"地"的市场交易行为，但市场化配置供求机制的作用仍然无法得到较大程度的发挥，而农用地市场和农村集体建设用地市场逐步走向规范化和自由化，其受市场供求机制的影响更大。因此，本节选取农用地市场和农村集体建设用地市场的市场化配置供求均衡指数作为核心解释变量。

根据陆文聪和朱志良（2007）对土地市场供求关系的定义[②]，本书将有效需求作为接近竞争模式的市场化配置供求机制中所关注的需求，表示为有支付能力且市场能够满足的需求。贝纳西－博特斯模型（B－P模型）证实了"短边规则"，即市场上的总交易量等于总需求和总供给中的最小值[③]。在农用地市场和农村集体建设用地市场上，土地要素市场供求均衡

① 为保证全书的一致性，本节所选取的5个控制变量也是后文中农村土地要素市场化配置竞争机制、利益分配机制研究模型中的控制变量，后文不再赘述。

② 陆文聪、朱志良：《农地流转供求关系实证分析——以上海为例》，载于《中国农村经济》2007年第1期，第45~51页。

③ 王成璋、龙志和、贾志永：《非均衡模型的设定》，载于《数量经济技术经济研究》1992年第10期，第46~50、14页。

指数[①]由土地供给量和土地需求量的最小值决定，用短边规则表示为：

$$\begin{cases} L_{cl} = MIN(D_{cl}, S_{cl}) \\ L_{ccl} = MIN(D_{ccl}, S_{ccl}) \end{cases} \qquad (5-1)$$

其中，$L_{cl}$、$L_{ccl}$分别为家庭农用地和农村集体建设用地市场供求均衡量，$D_{cl}$和$D_{ccl}$分别为家庭农用地和农村集体建设用地的土地有效需求量，$S_{cl}$和$S_{ccl}$分别为家庭农用地和农村集体建设用地的土地供给量。

在当前生产力水平下，农村土地要素市场并未完全开放，农用地和农村集体建设用地的有效需求远低于供给，因此，农用地和农村集体建设用地的短边供求均衡水平均由土地的有效需求量决定。吴（2018）用耕地流转率作为衡量农用地需求的主要依据，本节参考吴（2018）[②]的观点，用土地交易面积代表土地有效需求。借鉴 B - P 模型，对农用地市场和集体建设用地市场的供求均衡指数作如下规定：土地要素市场供求均衡指数 = 土地交易量/供给量，即有效需求量与土地供给面积之比，也就是土地流转面积与供给面积比表示，农村土地流转面积分别用农用地流转面积、农村集体建设用地出租出让面积表示，供给面积分别用家庭承包经营的耕地总面积、农村集体建设用地总面积表示。一年内同一块土地可以进行 0 次或多次交易，农村土地要素市场供求均衡指数的取值范围为 [0, +∞)。

第三，控制变量。除农村土地要素市场供求均衡指数外，经济发展水平[③]、农民获得的贷款额[④][⑤]、农民社保水平[⑥][⑦]、二元经济结构水

① 由于隐形流转市场土地供需调整难以准确衡量，各个时期的征地市场上的土地供求是完全由政府在整体规划指导下进行的，因此，隐形流转市场和征地市场不作为本部分重点考察的部分。

② Wu Z. X. "Rural Road Improvement and Farmland Circulation: The Production Cost Perspective". American Journal of Industrial and Business Management, 2018, 10: 2061 - 2071.

③ Long H. L., Tu S. S., Ge D. Z. et al. "The Allocation and Management of Critical Resources in Rural China under Restructuring: Problems and Prospects". Journal of Rural Studies, 2016, 3: 6 - 12.

④ 严金明、陈昊、夏方舟：《深化农村"三块地"改革：问题、要义和取向》，载于《改革》2018 年第 5 期，第 48 ~ 55 页。

⑤ Chari A. V., Liu E., Wang S. Y. et al. "Property Rights, Land Misallocation and Agricultural Efficiency in China"（研究报告），Cambridge: National Bureau of Economic Research, 2020.

⑥ 郎大鹏：《农村土地流转制度下农民养老保障问题思考》，载于《农业经济》2016 年第 9 期，第 78 ~ 80 页。

⑦ 钱忠好、牟燕：《中国土地市场化改革：制度变迁及其特征分析》，载于《农业经济问题》2013 年第 5 期，第 20 ~ 26、110 页。

平①、农村缴纳税款总额②③5个因素也会影响农村土地要素市场化配置程度，但不将其作为本部分研究的重点④，将经济发展水平等5个变量作为非核心解释变量进行控制。

以各省份的人均国内生产总值表示各地的经济发展水平（led），以年末涉贷款余额表示各地农民获得的贷款额（rl），用年末农村居民养老保险参保人数衡量各地农民社保水平（fss），用二元对比系数代表各地二元经济结构水平（des），用农民专业合作社、完成产权改革的集体经济组织和农民三类主体年末上缴的税金总额测算各地农村缴纳税款总额（pt）。其中，农村缴纳税款总额为逆指标，农村上缴税款越多，用于规模化生产的资金越少，降低土地流转和集中的速度，抑制农村土地要素市场化配置程度，除农村缴纳税款总额外的指标均为正指标（见表5-1）。

表5-1 变量设定

| 变量类型 | 变量名称 | 变量符号 | 变量含义 | 单位 | 变量属性 |
|---|---|---|---|---|---|
| 被解释变量 | 农村土地要素市场化配置程度 | M | $M = \sum_{k=1}^{25} W_k X_k$ | — | 正指标 |
| 核心解释变量 | 农用地市场供求均衡指数 | cl | 农用地流转面积/承包经营的耕地总面积 | — | 正指标 |
| | 农村集体建设用地市场供求均衡指数 | ccl | 农村集体建设用地出租出让面积⑤/集体建设用地总面积 | — | 正指标 |

---

① 张海鹏：《中国城乡关系演变70年：从分割到融合》，载于《中国农村经济》2019年第3期，第2~18页。

② 王朝才、张立承：《我国农村土地流转过程中的税收问题研究》，载于《财政研究》2010年第9期，第34~37页。

③ 王婷婷：《缺位与再造：农村集体建设用地流转的税收问题检思》，载于《广西社会科学》2016年第8期，第98~103页。

④ 后续在农村土地要素市场化配置配套机制分析中，会对此类控制变量进一步分析。

⑤ 测算农用地供求均衡指数、集体建设用地供求均衡指数时分别用到"家庭承包地流转面积""农村集体建设用地出租出让面积"两组数据，该两组数据也用于农村土地要素市场化配置程度M的计算中，但对农村土地要素市场化配置程度M测算除利用"家庭承包地流转面积""农村集体建设用地出租出让面积"两组数据外，还利用了其他的21组数据，在测算农村土地要素市场化配置程度M时，"家庭承包地流转面积""农村集体建设用地出租出让面积"两组数据的权重仅为0.063，"家庭承包地流转面积""农村集体建设用地出租出让面积"对农村土地要素市场化配置程度M的影响较小，由此产生回归过程中的内生性问题基本可以忽略，为支持该观点，本书会在后续回归分析中进行详细的内生性检验。

续表

| 变量类型 | 变量名称 | 变量符号 | 变量含义 | 单位 | 变量属性 |
|---|---|---|---|---|---|
| 控制变量 | 经济发展水平 | led | 人均GDP | 元 | 正指标 |
| | 农民获得的贷款额 | rl | 涉农贷款额 | 亿元 | 正指标 |
| | 农民社保水平 | fss | 农村居民养老保险参保人数 | 万人 | 正指标 |
| | 二元经济结构水平 | des | 农业部门生产率/非农部门生产率① | — | 正指标 |
| | 农村缴纳税款总额 | pt | 农村纳税总额 | 万元 | 逆指标 |

（二）数据来源和处理

选取2010～2019年我国农村土地要素市场化配置作为研究对象。

"农村土地要素市场化配置程度"数据源于前文我国农村土地要素市场化配置程度测度结果；"农用地流转面积""承包经营的耕地总面积""农村集体建设用地出租出让面积"数据均源于《2019年中国农村改革政策与改革统计年报》和历年《中国农村经营管理统计年报》；"集体建设用地总面积""人均GDP""农业生产部门产值""非农业部门产值""农业生产部门劳动力数""非农业部门劳动力数""总劳动力数""总产值"数据源于历年《中国统计年鉴》；"农村居民养老保险参保人数"数据源于历年《中国社会统计年鉴》；"涉农贷款"数据源于Wind数据库；"农村缴纳税款总额"数据源于《2019年中国农村改革政策与改革统计年报》和历年《中国农村经营管理统计年报》。此外，对有单位的控制变量（经济发展水平、农民获得的贷款额、农民社保水平、农村缴纳税款总额）进行对数化处理。

（三）计量模型构建

农村土地要素市场供求水平和价格是市场化配置的主要表现形式，供求规律表明市场供求关系决定市场价格。农村土地要素市场化配置程度取

---

① 农业部门生产率＝（农业部门产值/总产值）/（农业部门劳动力数/总劳动力数）；非农业部门生产率＝（非农业部门产值/总产值）/（非农业部门劳动力数/总劳动力数）

决于农村土地要素市场供求均衡指数，具体表示为：

$$M = F(D_{cl}, S_{cl}, D_{ccl}, S_{ccl}) \qquad (5-2)$$

其中，$\begin{cases} L_{cl} = L(D_{cl}, S_{cl}) \\ L_{ccl} = L(D_{ccl}, S_{ccl}) \end{cases}$

$$M = F(L_{cl}, L_{ccl}) \qquad (5-3)$$

将控制变量纳入方程（5-3）中，得到农村土地要素市场化配置供求机制实证研究模型：

$$M = F(L_{cl}, L_{ccl}, led, rl, fss, des, pt) \qquad (5-4)$$

按照以上思路，建立如下计量基准模型：

$$M_{it} = \alpha_0 + \beta_1 cl_{it} + \beta_2 ccl_{it} + \beta_3 led_{it} + \beta_4 rl_{it} + \beta_5 fss_{it} + \beta_6 des_{it}$$
$$+ \beta_7 pt_{it} + \alpha_i + \lambda_t + \varepsilon_{it} \qquad (5-5)$$

其中，$i$ 和 $t$ 分别表示省份和年份，$M_{it}$ 为 $i$ 省 $t$ 年的农村土地要素市场化配置程度，$cl_{it}$、$ccl_{it}$ 分别为 $i$ 省 $t$ 年的农用地及农村集体建设用地市场供求均衡指数，$led_{it}$、$rl_{it}$、$fss_{it}$、$des_{it}$、$pt_{it}$ 分别为 $i$ 省 $t$ 年的经济发展水平、农民获得的贷款额、农民社保水平、二元经济结构水平及农村缴纳税款总额，$\alpha_0$ 为截距项，$\alpha_i$ 和 $\lambda_t$ 分别为 $i$ 省的个体效应和 $t$ 年的时间效应，$\varepsilon_{it}$ 为随机扰动项，且 $\varepsilon_{it} \sim (0, \sigma^2)$。若 $\beta_i > 0$，则该解释变量与农村土地要素市场化配置程度正相关，$\beta_i \leqslant 0$，则非正相关。

本节学理分析的思路为：第一，设定不加入解释变量的 OLS 空模型，考察无解释变量时被解释变量的显著性；第二，设定变截距面板静态模型，作为基准模型分析农村土地要素市场供求均衡指数对农村土地要素市场化配置的影响效果；第三，为解决基准模型中可能存在的内生性和自相关问题，引入农村土地要素市场供求均衡指数的一阶滞后项、农村土地要素市场化配置程度的滞后一阶项和二阶项，建立差分 GMM 动态短面板模型；第四，引入农村土地要素市场化配置程度的滞后一阶项和二阶项，并用系统 GMM 模型和 2SLS 模型分别进行稳健性检验；第五，异质性分析，用基准模型进行初步异质性分析，随后加入农村土地要素市场化配置程度一阶和二阶滞后项建立 OLS 模型；第六，为分析农村土地要素市场供求均衡对农村土地要素市场化配置的长期范围内影响，加入农村土地要素市场供求均衡指数的二次项，建立随机效应模型以作进一步分析。

## 三、农村土地要素市场化配置供求机制影响效果实证分析

（一）描述性检验与相关性分析

表 5-2 为所有变量初始数据的描述性统计，从统计结果可得，农村土地要素市场化配置程度均值为 0.204，中位数为 0.191，较多数省份农村土地要素市场化配置程度低于总样本的均值，说明数据分布呈现偏右状态，2010~2019 年，农村土地要素市场化配置程度一直处于上升阶段，而最大值、最小值分别为 0.413 和 0.087，最值差距较大，说明各省农村土地要素市场发育水平不高且差异较大；农用地市场供求均衡指数均值为 0.298，中位数为 0.272，最大值为 0.873，说明大部分样本的农用地市场供求均衡指数高于总样本的平均值，反映统计期内农用地市场供求情况良好，而最小值仅为 0.026，说明各省农用地市场供求均衡指数差距明显，所选样本具有代表性；农村集体建设用地均值更大，为 0.401，但其中位数仅为 0.089，大部分省份农村集体建设用地市场供求均衡指数小于样本均值，则统计期内各省农村集体建设用地市场供求不均衡情况普遍存在，而最大值和最小值的差距极其明显，说明各省份农村集体建设用地市场供求均衡指数发展阶段各不相同，省份个体异质性较强。经济发展水平等控制变量的统计情况也能得到明显的差异，基本上符合我国的基本国情。

表 5-2　　　　　　　　　　描述性统计

| 变量 | 观测值 | 均值 | 中位数 | 标准差 | 最小值 | 最大值 |
|---|---|---|---|---|---|---|
| M | 300 | 0.204 | 0.191 | 0.066 | 0.087 | 0.413 |
| cl | 300 | 0.298 | 0.272 | 0.164 | 0.026 | 0.873 |
| ccl | 300 | 0.401 | 0.089 | 0.762 | 0.02 | 6.533 |
| led | 300 | 23661.47 | 17883.25 | 19164.53 | 1350.43 | 107671.1 |
| rl | 300 | 7949.123 | 5999.87 | 7170.805 | 538.45 | 38855.93 |
| fss | 300 | 1551.968 | 1239.275 | 1234.236 | 35.408 | 6231.215 |
| des | 300 | 20.0432 | 18.773 | 7.716 | 4.54 | 58.876 |
| pt | 300 | 222916.9 | 67190.19 | 446017.9 | 1764.401 | 2689689 |

注：描述性统计所用数据为原始数据。

用 Stata15.1 软件进行 pwcorr 相关性分析，重点关注我国农村土地要素市场化配置程度与农村土地要素市场供求均衡指数间的相关性。由表 5 – 3 可知，我国农村土地要素市场化配置程度与农用地市场供求均衡指数、农村集体建设用地市场供求均衡指数的相关系数为 0.321 和 0.21，说明农用地市场供求均衡指数、农村集体建设用地市场供求均衡指数能对农村土地要素市场化配置程度有较好的解释能力，其他控制变量与农村土地要素市场化配置程度的相关系数均小于 0.53，能通过 1% 置信水平的显著性检验，指标设定较为合理。同时，农用地市场供求均衡指数、农村集体建设用地市场供求均衡指数等 7 个解释变量间大部分的相关系数（pt 与 rl 的相关系数除外）小于 0.5，基本不存在多重共线性问题；pt 与 rl 的相关系数为 – 0.594，可能会存在多重共线性问题；但所有控制变量的相关系数均通过 10% 或更严格的显著性检验，借鉴陈强（2010）观点，若多重共线性不影响变量显著性，可以不予以理会，直接关注回归系数①。

表 5 – 3 　　　　　　　　　　　变量相关性分析

| 变量 | M | cl | ccl | led | rl | fss | des | pt |
|---|---|---|---|---|---|---|---|---|
| M | 1 | | | | | | | |
| cl | 0.321 *** | 1 | | | | | | |
| ccl | 0.21 *** | 0.264 *** | 1 | | | | | |
| led | 0.268 *** | 0.15 *** | 0.206 *** | 1 | | | | |
| rl | 0.49 *** | 0.371 *** | 0.146 ** | 0.261 *** | 1 | | | |
| fss | 0.529 *** | – 0.043 * | 0.003 * | – 0.241 *** | 0.489 *** | 1 | | |
| des | 0.437 ** | 0.04 * | – 0.068 * | – 0.05 * | 0.237 *** | 0.001 * | 1 | |
| pt | – 0.358 *** | – 0.249 *** | – 0.145 ** | – 0.228 *** | – 0.594 *** | – 0.164 *** | – 0.26 *** | 1 |

注：1. 相关性分析所用数据为原始数据。
　　2. * 、** 、*** 分别表示在 10% 、5% 、1% 的水平上显著。

（二）趋势图分析

图 5 – 4 为 2010～2019 年全国农村土地要素市场化配置程度与农用地市

①　陈强：《高级计量经济学及 stata 应用》，高等教育出版社 2010 年版，第 124 页。

场供求、农村集体建设用地市场供求均衡指数三者的变化趋势。由图 5 - 4 可得，农村土地要素市场化配置程度和农用地市场供求均衡指数明显成倍高于农村集体建设用地市场供求均衡指数，且三者整体上均呈现出增长趋势，农用地市场供求均衡指数与农村土地要素市场化配置程度变化一致性最强。除 2015 ~ 2016 年出现波动外，农村集体建设用地供求均衡指数与农村土地要素市场化配置程度也表现出正相关，但由于农村集体建设用地市场整体水平较低，对市场化配置程度的驱动作用相对较小。初步验证假设 1.1 和假设 1.2。

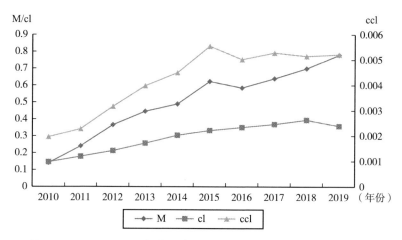

**图 5 - 4  2010 ~ 2019 年全国农村土地要素市场化配置程度与农村
土地要素市场供求均衡指数变化趋势**

（三）基准静态回归结果及分析

第一，空模型结果及分析。建立空模型作为探索性模型（见表 5 - 4 列（1）），考察未引入核心解释变量和控制变量时被解释变量的显著性。在列（1）中，OLS 结果表明，常数项通过 1% 的显著性检验，解释变量未进入模型时，截距项显著为正，对被解释变量农村土地要素市场化配置程度的影响显著。但 $R^2 = 0$，说明列（1）无法解释被解释变量的方差变化情况，需要引入解释变量进一步考察。

第二，变截距面板数据模型结果及分析。引入两个核心解释变量，采取固定效应模型和随机效应模型分别进行估计（见表 5 - 4 列（2）~（3）），Hausman 检验结果①接受原假设；再次，引入 5 个控制变量分别进行估计（见表 5 - 4 列（4）~（5）），Hausman 检验结果②拒绝原假设。为了方便比较回归结果中各变量的影响程度，将引入控制变量前后的模型结果都列在表 5 - 4 中。表 5 - 4 列（2）~（5）中 F/Wald 检验的 P 值均等于 0，认为四个模型总体拟合较为理想。表 5 - 4 中的 $R^2$ 由引入控制变量前的 0.666、0.666 提升至 0.822 和 0.867，模型的拟合优度提升，回归结果稳健，模型的解释能力进一步增强。

由表 5 - 4 列（2）~（3）可得，纳入两个核心解释变量后，解释变量的回归系数分别为 0.79、0.155 和 0.777、0.153，且均在 1% 的水平上显著为正，表明农用地供给均衡指数、农村集体建设用地供给均衡指数与农村土地要素市场化配置程度显著正相关，即农用地市场和农村集体建设用地市场供给均衡指数推动农村土地要素市场化配置程度提升，支持"农村土地要素市场供求均衡指数与农村土地要素市场化配置程度正相关"的假设。由表 5 - 4 列（4）~（5）可得，引入 5 个控制变量后，表 5 - 4 列（4）相较于表 5 - 4 列（2）、列（5）、列（3）得到的农用地市场供求均衡指数及农村集体建设用地供求均衡指数的回归系数减小，表明控制变量对农村土地要素市场化配置程度有一定的影响；农用地市场供求均衡指数及农村集体建设用地供给均衡指数的回归系数显著为正，仍旧能通过 1% 水平的显著性检验，强烈支持"农村土地要素市场化配置供求机制的发育程度与土地要素市场化配置程度正相关"的假设。

综合表 5 - 4 列（2）~（5）可得，四种模型下的农用地市场供求均衡指数的回归系数均大于农村集体建设用地市场供求均衡指数的回归系数，表明农用地市场供求均衡水平提高对农村土地要素市场化配置程度的提升能力更强，可以解释为农用地市场化配置程度对农村土地要素市场化配置发展的正向拉动作用更大，证实假设 1.1 和假设 1.2。

---

① Chi2（3）= 3.83，p > chi2 = 0.281。
② Chi2（11）= 23.79，p > chi2 = 0.014。

进一步对表5–4列（4）~（5）中报告的控制变量回归系数作简要解读[1]，控制变量的回归结果基本符合预期，初步验证假设5。

在1%水平的检验下经济发展水平、农民获得的贷款额的回归系数显著均为正。表明经济发展水平越高，农村土地要素市场化配置程度提升速度越快；农村土地规模化生产需要大量的资金支持[2]，农民贷款额的提升保证农村土地要素市场的高效交易和规模化生产，涉农贷款持续增加在农村土地要素市场化配置进程中发挥出持续"造血"的功能，与阚立娜等（2015）的观点一致[3]。

农民社保水平和二元经济结构水平在10%的显著性检验水平上显著为正。扩大农村社会保障以及养老体系覆盖面，为"洗脚上楼"的农民和农村家庭提供最基本的保障，打破农村劳动力对土地资源的传统依赖[4]，逐步将农村土地从特殊的保障功能中剥离，充分释放农村土地在要素市场上的生产价值，提升土地要素市场化配置程度；二元经济结构水平对农村土地要素市场化配置存在显著的正向影响，但二元经济结构回归系数的绝对值较小，这是由于党的十八大以来，城乡融合发展迈向新台阶，城市对农村的单方面"虹吸"发生改变，城乡要素的双向流动不断加强[5]。随着良性城乡关系的持续发展，农业部门生产效率持续提升，农村迎来了更多的发展机会，大量农民流向城市的同时也有相当一部分城市资源，特别是高素质人才及资金向农村流动，给农村土地要素市场化配置带来了发展所需的人力资本和金融资本。虽然二元对比系数与农村土地要素市场化配置程度显著正相关，但由于当前城乡不协调的问题仍然存在，旧

---

① 对农民获得的贷款额、农民社保水平、农村缴纳税款总额此处不作详细解释，对农民贷款额以及其他归类至农村土地要素市场化配置配套机制中的因素，将在后文进行详细分析。

② Long H. L., Tu S. S., Ge D. Z. et al. "The Allocation and Management of Critical Resources in Rural China under Restructuring: Problems and Prospects". Journal of Rural Studies, 2016, 3: 6–12.

③ 阚立娜、李录堂、文龙娇：《金融支持对农地产权流转效率影响的实证研究——以陕西省杨凌示范区为例》，载于《华东经济管理》2015年第8期，第55~61页。

④ 郎大鹏：《农村土地流转制度下农民养老保障问题思考》，载于《农业经济》2016年第9期，第78~80页。

⑤ 张海鹏：《中国城乡关系演变70年：从分割到融合》，载于《中国农村经济》2019年第3期，第2~18页。

的城乡关系制度的路径依赖未完全破除，城乡二元分割的问题仍需要解决[1]，二元经济结构给土地要素市场化配置发展带来的正向影响有限，二元经济结构的回归系数较小。

农村缴纳税款总额的回归系数为正，能通过10%的显著性检验，结果表明，农村缴纳税款总额与农村土地要素市场化配置程度负相关，即农村缴纳税款总额越高，农村土地要素市场化配置程度越低；反之，农村缴纳税款总额越低，农村土地要素市场化配置程度越高。这是税收在资源配置中有调节收入的作用，由于税收总额的降低能促使土地需求方作出弱政策性风险的判断，种植大户、农业企业等越来越多的市场主体加入，农村土地要素市场化配置程度较快提升。

表 5 – 4　　　农村土地要素市场化配置供求机制影响效果回归结果

| 解释变量 | （1） | （2） | （3） | （4） | （5） |
| --- | --- | --- | --- | --- | --- |
| cl | | 0.79 ***<br>（0.035） | 0.777 ***<br>（0.035） | 0.386 ***<br>（0.048） | 0.408 ***<br>（0.043） |
| ccl | | 0.155 ***<br>（0.045） | 0.153 ***<br>（0.045） | 0.156 ***<br>（0.038） | 0.155 ***<br>（0.037） |
| led | | | | 0.134 ***<br>（0.057） | 0.126 ***<br>（0.053） |
| rl | | | | 0.501 ***<br>（0.075） | 0.353 ***<br>（0.056） |
| fss | | | | 0.035 *<br>（0.045） | 0.034 *<br>（0.043） |
| des | | | | 0.006 *<br>（0.057） | 0.028 *<br>（0.05） |
| pt | | | | 0.136 *<br>（0.075） | 0.082 *<br>（0.052） |

---

① 高耿子：《从二元分割到城乡融合发展新思路——中国农村经济高质量发展研究》，载于《现代经济探讨》2020年第1期，第108～116页。

续表

| 解释变量 | （1） | （2） | （3） | （4） | （5） |
|---|---|---|---|---|---|
| Cons | 0. 359 ***<br>（0. 407） | 0. 096 ***<br>（0. 012） | 0. 101 ***<br>（0. 032） | 0. 026<br>（0. 081） | − 0. 141<br>（0. 059） |
| N | 300 | 300 | 300 | 300 | 300 |
| $R^2$ | 0 | 0. 666 | 0. 666 | 0. 822 | 0. 867 |
| F/Wald | 0<br>［0］ | 267. 44<br>［0］ | 33. 81<br>［0］ | 100. 93<br>［0］ | 115. 47<br>［0］ |
| Control | NO | NO | NO | YES | YES |
| 个体效应 | Control | Control | Control | Control | Control |
| 时间效应 | Control | Control | Control | Control | Control |
| Model | OLS | FE | RE | FE | RE |

注：1. *、**、***分别表示在10%、5%、1%的水平上显著。
2. （）内为标准差，［］内为 p 值。

（四）差分 GMM 动态回归结果及分析

考虑到市场经济主体具有明显的 "惯性"[1]，农村土地要素市场化配置建设是循序渐进的，加上农用地和农村集体建设用地市场供求均衡指数与农村土地要素市场化配置程度之间的回归关系可能存在内生性问题，致使表 5 - 4 中列（1）~（5）估计结果的偏差。借鉴张建平和葛杨（2020）[2]、胡雪萍和许佩（2020）[3] 对动态性和内生性的处理方法，引入被解释变量滞后一期和二期建立差分 GMM 模型，同时处理内生性及市场 "惯性" 导致的动态性问题，得到表 5 - 5 列（1）~（6）；参考陈强（2010）[4] 处理内生性的办法，选择农用地和农村集体建设用地市场供求均衡指数的一

① 罗富政、何广航：《政府干预、市场内生型经济扭曲与区域经济协调发展》，载于《财贸研究》2021 年第 2 期，第 30 ~ 42 页。
② 张建平、葛扬：《土地市场化与城乡收入分配》，载于《山西财经大学学报》2020 年第 11 期，第 1 ~ 15 页。
③ 胡雪萍、许佩：《FDI 质量特征对中国经济高质量发展的影响研究》，载于《国际贸易问题》2020 年第 10 期，第 31 ~ 50 页。
④ 陈强：《高级计量经济学及 stata 应用》，高等教育出版社 2010 年版，第 137 页。

阶、二阶滞后项作为代理工具变量，并引入农村土地要素市场化配置程度的滞后项，进行差分广义矩估计（DIFF – GMM），得到列（7）~（8）。

表 5 – 5　供求机制影响下农村土地要素市场化配置"惯性"检验

| 解释变量 | （1） | （2） | （3） | （4） | （5） | （6） | （7） | （8） |
|---|---|---|---|---|---|---|---|---|
| L1. M | 0.874***<br>(0.004) | 0.612***<br>(0.03) | 0.532***<br>(0.018) | 0.323***<br>(0.014) | 0.21***<br>(0.066) | 0.135*<br>(0.043) | 0.177***<br>(0.067) | 0.475***<br>(0.115) |
| L2. M | | 0.23***<br>(0.029) | | 0.198***<br>(0.007) | | 0.143***<br>(0.037) | | 0.26***<br>(0.074) |
| cl | | | 0.349***<br>(0.027) | 0.298***<br>(0.024) | 0.261***<br>(0.042) | 0.213***<br>(0.043) | 0.205***<br>(0.041) | 0.275***<br>(0.056) |
| L1. cl | | | | | | | 0.102*<br>(0.062) | 0.105***<br>(0.047) |
| ccl | | | 0.16***<br>(0.004) | 0.149***<br>(0.016) | 0.149***<br>(0.014) | 0.13***<br>(0.012) | 0.183***<br>(0.009) | 0.175***<br>(0.017) |
| L1. ccl | | | | | | | 0.11***<br>(0.016) | 0.129***<br>(0.028) |
| led | | | | | 0.098<br>(0.063) | 0.135***<br>(0.031) | 0.061<br>(0.052) | 0.011<br>(0.073) |
| rl | | | | | 0.357***<br>(0.044) | 0.527***<br>(0.139) | 0.437***<br>(0.109) | 0.116<br>(0.112) |
| fss | | | | | 0.075<br>(0.086) | 0.255**<br>(0.128) | 0.035<br>(0.083) | – 0.389**<br>(0.161) |
| des | | | | | 0.026<br>(0.016) | 0.006**<br>(0.026) | 0.039**<br>(0.016) | – 0.041<br>(0.029) |
| pt | | | | | 0.076***<br>(0.027) | 0.228***<br>(0.114) | 0.181***<br>(0.57) | 0.028*<br>(0.05) |
| Cons | 0.073***<br>(0.033) | 0.083***<br>(0.008) | 0.053***<br>(0.008) | 0.087***<br>(0.005) | 0.001<br>(0.031) | 0.15**<br>(0.111) | 0.111**<br>(0.057) | 0.006<br>(0.068) |
| N | 240 | 210 | 240 | 210 | 240 | 210 | 240 | 210 |

续表

| 解释变量 | （1） | （2） | （3） | （4） | （5） | （6） | （7） | （8） |
|---|---|---|---|---|---|---|---|---|
| AR（1） | -3.198 [0.001] | -3.149 [0.002] | -3.01 [0.001] | -2.442 [0.015] | -2.939 [0.003] | -2.307 [0.021] | -2.996 [0.027] | -3.232 [0.001] |
| AR（2） | -1.58 [0.114] | 1.103 [0.27] | 2.088 [0.368] | 0.919 [0.358] | 2.038 [0.416] | 0.809 [0.419] | 1.753 [0.797] | 0.552 [0.581] |
| sargan | 28.994 [0.752] | 18.079 [0.451] | 25.283 [0.711] | 22.866 [0.883] | 24.513 [0.748] | 22.866 [0.883] | 22.081 [0.851] | 16.582 [0.866] |
| Control | NO | NO | NO | NO | YES | YES | YES | YES |
| 个体效应 | Control | Control | Control | Control | Control | Control | Control | Control |
| 时间效应 | Control | Control | Control | Control | Control | Control | Control | Control |
| Model | DIFF-GMM | DIFF-GMM | DIFF-GMM | DIFF-GMM | DIFF-GMM | DIFF-GMM | DIFF-GMM | DIFF-GMM |

注：1. *、**、***分别表示在10%、5%、1%的水平上显著。
2. （）内为标准差，[]内为p值。

由表5-5可得，AR（1）、AR（2）检验结果显示，PAR（1）<0.05且PAR（2）>0.05，则模型存在一阶自相关但不存在二阶自相关；在Sargan检验中，P值至少大于0.451，则工具变量有效，模型能通过过度识别检验，建立的DIFF-GMM模型有效。

表5-5列（3）~（8）中两个核心解释变量的回归系数均显著为正，且表现为农用地市场供求的回归系数大于农村集体建设用地市场供求的回归系数，再次证实农用地市场化配置程度对农村土地要素市场化配置的正向拉动作用更大，验证假设1.1和假设1.2；所有被解释变量滞后一阶项、二阶项L1.M、L2.M均为正且通过1%或10%的显著性检验，表明市场化配置供求机制影响下农村土地要素市场化配置路径依赖明显，假设5成立。

表5-5列（1）~（2）分别为加入农村土地要素市场化配置程度的一阶和二阶滞后L1.M、L2.M对空模型检验的结果。结果表明，常数项通过1%的显著性检验，核心解释变量和控制变量未进入模型时，截距项显

著为正，与表 5-4 的列（1）相比，常数项由 0.359 减小到 0.073 和 0.083，农村土地要素市场化配置程度滞后一阶和滞后二阶的回归系数远大于常数项，农村土地要素市场化配置程度受自身滞后项的影响明显，说明农村土地要素市场化配置表现出强"惯性"，假设 5 成立。

表 5-5 列（3）~（4）为引入农村土地要素市场化配置程度滞后项 L1.M、L2.M 和农用地、农村集体建设用地市场供求均衡指数，并控制非核心解释变量进入的结果。农用地和农村集体建设用地市场供求均衡指数进入模型后，农村土地要素市场化配置程度的滞后项特别是一阶滞后项的回归系数迅速降低，表明农用地和农村集体建设用地市场供求均衡指数对农村土地要素市场化配置程度的解释能力较强；随后，表 5-5 列（5）~（6）为控制变量进入的结果，此时农村土地要素市场化配置程度滞后项和农用地、农村集体建设用地市场供求均衡指数的回归系数再次降低，表明控制变量对农村土地要素市场化配置程度有一定的影响，与 FE 模型、RE 模型的结果一致。

表 5-5 列（7）~（8）为再将农用地和农村集体建设用地市场供求均衡指数滞后一阶 L1.cl、L1.ccl、农村土地要素市场化配置程度的一阶和二阶滞后项引入的回归结果，农村土地要素市场化配置程度滞后二阶项引入前后的回归结果有较大的差异。引入农用地和农村集体建设用地市场供求均衡指数滞后项后，只引入农村土地要素市场化配置程度滞后一阶时，农用地和农村集体建设用地市场供求均衡指数和农村土地要素市场化配置程度一阶滞后项的回归系数较引入前（表 5-5 列（8）、列（10））有明显降低，表明上一期的农用地和农村集体建设用地市场供求对本期的农村土地要素市场化配置存在一定的正向影响；当农村土地要素市场化配置程度二阶滞后项引入后，农用地和农村集体建设用地市场供求均衡指数和农村土地要素市场化配置程度一阶滞后项的回归系数较引入前有明显的提升，可以认为随着农用地和农村集体建设用地市场化配置供求机制的演变，农村土地要素市场各项基础设施和政策效果在较长时期的累积效应更强，农用地和农村集体建设用地市场化配置供求机制的正向冲击在第 2 期得到释放，再次证实假设 5。

（五）稳健性和内生性检验

为保证研究结论的可靠性，采用系统 GMM（SYS – GMM）和两阶段最小二乘法（2SLS）进行稳健性检验，同时考虑到动态性、异方差以及内生性问题，与差分 GMM 类似，加入农村土地要素市场化配置程度的滞后一阶项和二阶项作为解释变量，建立表 5 – 6 列（1）~（7）。系统 GMM 结果、2SLS 结果与 FE 回归以及差分 GMM 回归结果中的解释变量系数大小存在一定的差异，但系数符号基本一致，都能通过显著性检验，因此，认为回归结果稳健性强。

列（1）~（4）为系统 GMM 回归结果，系统 GMM 解决了差分 GMM 的遗漏误差问题，模型通过 Sargan – P 的过度识别检验，PAR 值表明存在一阶自相关但不存在二阶自相关，选择一阶和二阶滞后有合理性。农村土地要素市场化配置程度受其一阶和二阶滞后项的正向影响，证实了农村土地要素市场化配置的政策累积效果能显著提升农村土地要素市场化配置程度，假设 2 成立；农用地和农村集体建设用地市场供求的回归系数均显著为正，并表现出农用地市场供求回归系数均大于农村集体建设用地市场供求的系数，表明农用地市场供求对农村土地市场化配置程度的提升作用更强，证实假设 1.1 和假设 2.2，与表 5 – 4 和表 5 – 5 结果一致。

表 5 – 6 列（5）~（7）为二阶段最小二乘法（2SLS）回归结果，借鉴秦琳贵和沈体雁（2020）替代变量的选取方法①，选用农用地市场供求滞后一阶作为农用地市场供求的替代变量。$R^2$ 结果均接近于 1，模型拟合优度好；农村土地要素市场化配置程度滞后项的影响显著为正，与前文结果一致，再次证实了农村土地要素市场化配置程度受上一阶段的影响较大，假设 2 成立；农用地和农村集体建设用地市场供求的回归系数为正，均能通过至少 10% 的显著性检验，对农村土地要素市场化配置提升有明显的推动作用，假设 2 和假设 1.1 成立，与已有回归结果有一致性。

---

① 秦琳贵、沈体雁：《科技创新促进中国海洋经济高质量发展了吗——基于科技创新对海洋经济绿色全要素生产率影响的实证检验》，载于《科技进步与对策》2020 年第 9 期，第 105 ~ 112 页。

表5-6                                      稳健性和内生性检验

| 解释变量 | (1) | (2) | (3) | (4) | (5) | (6) | (7) |
|---|---|---|---|---|---|---|---|
| L1. M | 0.852 *** <br> (0.005) | 0.688 *** <br> (0.013) | 0.567 *** <br> (0.4) | 0.159 *** <br> (0.057) | 0.73 *** <br> (0.058) | 0.695 *** <br> (0.044) | 0.542 *** <br> (0.059) |
| L2. M | | 0.233 *** <br> (0.02) | 0.173 *** <br> (0.011) | 0.135 ** <br> (0.074) | 0.306 *** <br> (0.061) | | 0.263 *** <br> (0.058) |
| cl | | | 0.182 *** <br> (0.32) | 0.187 *** <br> (0.037) | 0.053 ** <br> (0.024) | 0.067 ** <br> (0.035) | 0.011 * <br> (0.035) |
| ccl | | | 0.149 *** <br> (0.008) | 0.123 *** <br> (0.016) | 0.051 ** <br> (0.029) | 0.079 *** <br> (0.03) | 0.082 *** <br> (0.029) |
| N | 270 | 240 | 240 | 240 | 240 | 270 | 240 |
| AR (1) | -3.195 <br> [0.001] | -2.862 <br> [0.004] | -2.69 <br> [0.007] | -2.255 <br> [0.024] | | | |
| AR (2) | -1.575 <br> [0.115] | 1.126 <br> [0.26] | 1.463 <br> [0.144] | 1.107 <br> [0.268] | | | |
| sargan | 29.997 <br> [0.466] | 28.933 <br> [0.416] | 26.103 <br> [0.999] | 22.074 <br> [0.999] | | | |
| $R^2$ | | | | | 0.994 | 0.983 | 0.989 |
| Control | NO | NO | NO | YES | NO | YES | YES |
| 个体效应 | Control | Control | Control | Control | Control | Control | Control |
| 时间效应 | Control | Control | Control | Control | Control | Control | Control |
| Model | SYS-GMM | SYS-GMM | SYS-GMM | SYS-GMM | 2SLS | 2SLS | 2SLS |

注：1. *、**、*** 分别表示在10%、5%、1%的水平上显著。

2.（）内为标准差，[ ] 内为 p 值。

3. L1. M、L2. M 分别为被解释变量滞后一阶和滞后二阶。

（六）异质性分析

由前文可知，我国各区域农村土地要素市场化配置程度差距明显，为考察不同地区供求对市场化配置程度的影响是否也不同，对东部、中部、西部、东北部4个地区分别进行回归分析，检验市场化配置供求均衡指数对农村土地要素市场化配置程度影响的异质性。考虑到农村土地要素市场化配置的累积效果，加入农村土地要素市场化配置程度滞后一期和滞后二期作为解释变量，建立固定效应模型和普通最小二乘法模型。所有 FE 模型的 $R^2$ 较大，OLS 模型的 Adj $R^2$ 接近于 1，认为模型的拟合度好。

表 5–7 列（1）~（2）、列（3）~（4）、列（5）~（6）、列（7）~（8）分别为东部、中部、西部和东北部四个地区土地要素市场供求对农村土地要素市场化配置的回归结果，各解释变量的回归系数差异明显，表明区域间土地要素市场化配置供求机制驱动能力差异性明显，假设 6 成立。表 5–7 列（2）~（8）中被解释变量一阶滞后项对土地要素市场化配置有正向的影响，且能通过 1% 的显著性检验，说明各区域土地要素市场化配置的政策累积效果明显，假设 2 成立；被解释变量的二阶滞后均为正，说明各区域土地要素市场化配置具有"惯性"，假设 1 成立，但被解释变量的二阶滞后项未显示出跟一阶滞后项相同的良好性质，中部和东北部地区的被解释变量二阶滞后项的回归结果未表现出显著性，可能由样本量限制导致的。具体来说：

由表 5–7 列（1）~（2）可知，东部地区农用地市场化配置供求均衡指数和农村集体建设用地市场供求回归系数显著为正，表明东部地区农村土地要素市场化配置供求均衡指数的提升带动了当地土地要素市场化配置程度的提高，与全国结果一致。具体来看，加入被解释变量滞后项之前，农用地市场供求对农村土地要素市场化配置程度的带动能力强于农村集体建设用地的市场供求，假设 1.1 和假设 1.2 成立。但随着被解释变量滞后项的引入，农用地市场供求的推动作用明显降低，小于农村集体建设用地市场供求的作用。

由表 5–7 列（3）~（4）可知，中部地区农用地市场化配置供求均衡指数和农村集体建设用地市场供求回归系数显著为正，表明中部地区农村土地要素市场化配置供求均衡指数的提升能够带动当地土地要素市场化配置程度的提高；农用地市场化配置供求均衡指数的回归系数明显大于农村集体建设用地回归系数，表明农用地市场供求对土地要素市场化配置提升的推动作用更强，与全国结果一致。

由表 5–7 列（5）~（6）可知，西部地区农村集体建设用地市场供求回归系数显著为正，但加入被解释变量滞后项后，农用地市场供求的回归系数由显著为正变为显著为负，农村土地要素市场化配置的一阶和二阶累积效应被剔除之后，农用地市场供求对农村土地要素市场化配置程度的影响更真实，农用地市场供求表现出对农村土地要素市场化配置程度提升的抑制作用。

由表 5-7 列（7）~（8）可知，引入被解释变量滞后项前后，东北部地区农用地市场化配置供求均衡指数和农村集体建设用地回归结果均为正，前者的回归系数大于后者，农用地市场供求系数能通过 1% 水平的显著性检验，假设 1.1、假设 1.2 成立，与全国结果基本一致。但可能是由于样本量有限，农村集体建设用地未能通过显著性检验，但影响方向为正，与预期一致。

表 5-7　　农村土地要素市场化配置供求机制影响效果异质性检验

| 解释变量 | （1） | （2） | （3） | （4） | （5） | （6） | （7） | （8） |
|---|---|---|---|---|---|---|---|---|
| | 东部地区 | | 中部地区 | | 西部地区 | | 东北部地区 | |
| L1. M | | 0.399 *** (0.104) | | 0.325 *** (0.151) | | 0.412 *** (0.1) | | 0.508 *** (0.22) |
| L2. M | | 0.306 *** (0.11) | | 0.18 (0.134) | | 0.156 * (0.104) | | 0.036 (0.157) |
| cl | 0.218 ** (0.107) | 0.042 * (0.067) | 0.419 *** (0.097) | 0.166 ** (0.09) | 0.31 *** (0.091) | -0.005 * (0.068) | 0.83 *** (0.167) | 0.562 *** (0.2) |
| ccl | 0.058 * (0.087) | 0.194 *** (0.089) | 0.157 * (0.094) | 0.087 * (0.089) | 0.156 *** (0.046) | 0.066 ** (0.037) | 0.076 (0.506) | 0.377 (0.381) |
| N | 100 | 80 | 60 | 48 | 110 | 88 | 30 | 24 |
| $R^2$ | 0.751 | 0.967 | 0.935 | 0.961 | 0.726 | 0.926 | 0.95 | 0.992 |
| Adj $R^2$ | | 0.937 | | 0.948 | | 0.914 | | 0.982 |
| F | 30.61 [0] | 98.82 [0] | 63.57 [0] | 71.78 [0] | 23.56 [0] | 78.39 [0] | 32.34 [0] | 107.48 [0] |
| Control | YES | YES | YES | YES | YES | YES | YES | YES |
| 省份固定 | YES | YES | YES | YES | YES | YES | YES | YES |
| 时间固定 | YES | YES | YES | YES | YES | YES | YES | YES |
| Model | FE | OLS | FE | OLS | FE | OLS | FE | OLS |

注：1. *、**、***分别表示在 10%、5%、1% 的水平上显著。
2. （）内为标准差，[ ] 内为 p 值。

（七）进一步的分析

农村土地要素市场化配置供求均衡指数对农村土地要素市场化配置程度的正向促进作用明显，为验证较长时间内，市场化配置供求均衡指数提高对市场化配置提升的影响机制，本书引入二次项进一步分析。向基准模型引入农用地市场化配置供求均衡指数和农村集体建设用地市场化配置供求均衡指数两个二次项，建立全国和4大区域5个面板模型。用固定效应模型和随机效应模型分别进行估计，Hausman 检验结果①接受原假设。

在表 5-8 列（1）~（5）中，农用地市场供求与农村集体建设用地市场供求的回归系数基本上显著为正，土地要素市场供求与农村土地市场化配置正相关；农用地市场供求的系数均大于农村集体建设用地的系数，表明农用地市场供求对农村土地要素市场化配置的效应更大，再次证实假设1.1 和假设1.2。

在表 5-8 列（1）中，全国回归结果显示，土地要素市场供求二次项的系数在10%或5%的统计水平上显著为负，表明土地要素市场供求对土地要素市场化配置提升效应表现出倒"U"形，供求均衡指数的提升作用并不是无穷无尽的，阈值效应明显，证实假设7的判断。

在表 5-8 列（2）~（5）中，区域回归结果与全国结果基本相同，供求均衡指数的二次项系数为负，土地要素市场化配置供求均衡指数对农村土地要素市场化配置程度的提升作用呈倒"U"形。东部、中部和东北部地区的农村土地要素市场供求二次项回归系数以及西部地区农用地市场供求的二次项回归系数至少通过10%的显著性检验，西部地区农村集体建设用地二次项系数未表现出显著性，但回归系数为 -0.221，结果与预期基本一致，再次验证假设7。

表 5-8　农村土地要素市场化配置供求机制影响效果阈值效应检验

| 解释变量 | （1） | （2） | （3） | （4） | （5） |
| --- | --- | --- | --- | --- | --- |
| | 全国 | 东部地区 | 中部地区 | 西部地区 | 东北部地区 |
| cl × cl | -0.223 **<br>(0.099) | -0.143 *<br>(0.145) | -0.615 *<br>(0.354) | -0.733 **<br>(0.405) | -1.268 ***<br>(0.49) |

---

① Chi2（3）= 2.35，p > chi2 = 0.363。

续表

| 解释变量 | (1)<br>全国 | (2)<br>东部地区 | (3)<br>中部地区 | (4)<br>西部地区 | (5)<br>东北部地区 |
|---|---|---|---|---|---|
| ccl × ccl | −0.064*<br>(0.1) | −2.193***<br>(0.65) | −1.436*<br>(1.277) | −0.221<br>(0.152) | −1.747*<br>(0.264) |
| cl | 0.546***<br>(0.076) | 0.248*<br>(0.164) | 0.803***<br>(0.289) | 0.371*<br>(0.219) | 0.181*<br>(0.249) |
| ccl | 0.2***<br>(0.081) | 1.181***<br>(0.26) | 0.689*<br>(0.405) | 0.148<br>(0.135) | 0.066<br>(0.037) |
| N | 300 | 100 | 60 | 110 | 30 |
| R² | 0.869 | 0.966 | 0.991 | 0.979 | 0.926 |
| Wald | 1134.34<br>[0] | 921.83<br>[0] | 889.36<br>[0] | 755.6<br>[0] | 78.39<br>[0] |
| Control | YES | YES | YES | YES | YES |
| 个体效应 | Control | Control | Control | Control | Control |
| 时间效应 | Control | Control | Control | Control | Control |
| Model | RE | RE | RE | RE | RE |

注：1. *、**、***分别表示在10%、5%、1%的水平上显著。
2. （）内为标准差，[ ]内为 p 值。

为了更直观地观察全国农村土地供给水平对农村土地要素市场化配置的阈值效应，用 Matlab 软件绘制全国农村土地供给水平与农村土地市场化配置关系用三维曲面图。

由图 5 − 5 可得，以等高线 ab 曲线为例，此时 ab 曲线上所有点对 M 的影响大小相同，也就是说，ab 等高线上所有的农村土地要素市场供求带来的农村土地要素市场化配置影响相等。选取 a、b 两个特殊点，考察当其中农用地或农村集体建设用地市场化配置供求均衡指数取 0 时，另一个市场化配置供求均衡指数的影响值，可以认为农用地市场供求对土地要素市场化配置程度的促进作用大于农村集体建设用地市场供求的效应，假设 1.2 成立。

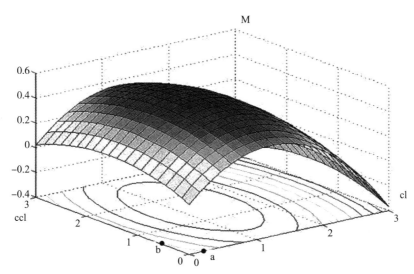

图 5 - 5   2010 ~ 2019 年全国农村土地要素市场化配置程度
与农村土地供求机制健全程度关系图

注：水平坐标面内圆圈为全国农村土地要素市场化配置程度等高线，越中心的圆圈表示的农村土地要素市场化配置程度越高，最外层的圆圈的农村土地要素市场化配置程度最低。

农用地和农村集体建设用地供给对农村土地要素市场化配置影响的阈值分别为 1. 224 和 1. 563，即农用地和农村集体建设用地市场化配置供求均衡指数达到 1. 224 和 1. 563 为最优市场化配置供求均衡指数，说明当农用地市场供求、农村集体建设用地市场供求取值组合在（0，0）至（1. 224，1. 563）的范围内时，农村土地要素市场供求与土地要素市场化配置程度显著正相关，农村土地要素市场化配置供求均衡指数的提升引起土地市场化配置程度的提升；当土地要素市场化配置供求均衡指数到达（1. 224，1. 563）时，对农村土地要素市场化配置程度的正向作用达到最大；农用地、农村集体建设用地市场化配置供求均衡指数分别大于 1. 224 和 1. 563，并持续增长，此时农村土地要素市场交换过于频繁，单个土地流入方对农村土地要素的利用时间有限，与短期内土地利用功能的不可变更性相冲突，土地利用效率降低，市场流入方对农村土地要素需求偏离了土地原有的功能，土地市场出现扭曲，从而降低农村土地要素市场化配置程度，再次证实假设 7 的合理性。

# 第二节　我国农村土地要素市场化配置竞争机制分析

在市场化配置竞争机制的压力下，市场是价格信号，农村土地要素进行流动以最有效的方式进行。在不同竞争强度下，农村土地要素市场化配置竞争机制以不同的方式发挥作用。

## 一、农村土地要素市场化配置竞争机制作用机理分析

（一）农村土地要素完全竞争市场竞争机制作用机理分析

在完全竞争市场上，资源优化配置的实现是通过价格和市场供求的变化作为信号，而竞争机制是推动资源优化配置的动力。基于农村土地要素的有限性的特征，考察农村土地要素市场化配置竞争机制的作用机理，如图 5-6 所示。

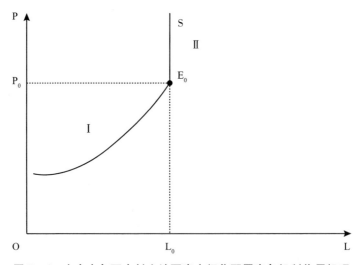

图 5-6　完全竞争下农村土地要素市场化配置竞争机制作用机理

在阶段 I 中，农村土地要素供给曲线向右上方倾斜，随着农村土地要素需求的扩大，市场供给也随之上升，农村土地要素市场价格随之提升。

在市场竞争机制的作用下，农村土地要素需求者对交易成本和收益进行衡量，并在用最小成本获得最大收益时产生交易，此时能够最大限度地实现农村土地要素的优化配置；在阶段Ⅱ中，农村土地要素供给曲线与水平面垂直，此时土地供给弹性为0。在$E_0$处，农村土地要素供给量达到最大值$L_0$。此后，土地要素供给固定不变，恒为$L_0$。但若持续增加农村土地要素市场需求量，农村土地要素市场产生供不应求的局面，只会带来土地要素价格向上浮动，在市场化配置竞争机制充分发挥作用的条件下，必然会导致出价高者获得土地。农村土地要素需求者获得土地要素的成本上升，为实现利益最大化必会倾向于寻求更大收益，激励其集约化生产，从而提高土地要素市场化配置程度。

（二）农村土地要素不完全竞争市场竞争机制作用机理分析

不同市场发育程度下的竞争机制影响效果，不同竞争程度下的土地利用效率差距较大。如图 5 – 7 所示。

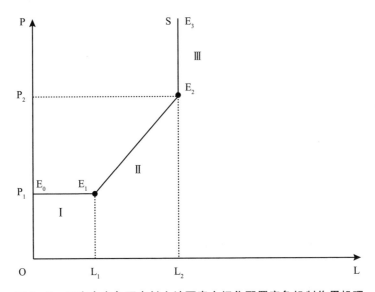

图 5 – 7　不完全竞争下农村土地要素市场化配置竞争机制作用机理

在阶段Ⅰ中，市场竞争不足，农村土地利用效率较低，市场化配置程度不高。$E_0E_1$为市场开发初期，农村土地要素供给量大，需求量相对有限，在短期内供给曲线为水平线，土地要素供给者之间竞争不足，农村土地资源利用效率较低。

在阶段Ⅱ中，市场竞争增强，农村土地利用效率提升，市场化配置程度提高。$E_1E_2$ 随着需求量的扩大，农村土地要素市场供给价格提升，供给曲线向右上方倾斜。由于土地要素的固定性和专用性特征，农村土地要素供给并无法无限增加，土地要素供给量的增长速度降低，供给曲线斜率较大。随着农村土地要素市场价格的提升，促使土地使用者逐步降低生产成本，提升土地利用效率，朝集约利用方向发展。但此时土地供给量仍然大于需求量，土地粗放利用现象并未消失，土地粗放利用和集约利用并存。当前我国农村土地要素配置处于该阶段。

在阶段Ⅲ中，市场充分竞争，农村土地利用效率高，市场化配置程度高。$E_2E_3$ 随着市场需求的进一步扩大，提供给市场的土地要素无法继续增加，土地的供给弹性基本为零，供给曲线与水平线垂直。农村土地要素通过市场流入到利用效率高的使用者手中，低效利用的土地使用者无法获得土地，此时土地要素使用者之间充分竞争，土地利用效率高，农村土地要素市场化配置程度高。

## 二、农村土地要素市场化配置竞争机制影响效果实证研究设计

（一）变量设定

为研究农村土地要素市场化配置竞争机制对农村土地要素市场化配置程度的作用机理，把我国农村土地要素市场化配置程度作为被解释变量，农用地竞争强度和农村集体建设用地竞争强度作为解释变量，加入经济发展水平、农民获得的贷款额、农民社保水平、二元经济结构水平、农村缴纳税款总额5个控制变量，具体作如下说明。

第一，被解释变量。以前文测度我国农村土地要素市场化配置程度结果作为本节计量模型中的被解释变量，我国农村土地要素市场化配置程度在 0~1 之间。

第二，核心解释变量。与上一节类似，由于征地市场和农村土地隐性流转市场上政府规划和规范化机制缺失，虽然产生了市场化的"钱"和"地"的交易行为，但市场竞争不足，其受市场化竞争机制的影响有限，

而农用地市场发育较早，农村集体建设用地市场逐步走向规模化和规范化，受市场竞争机制的影响较大，因此，本节选取农用地市场和农村集体建设用地市场的市场化配置竞争强度作为核心解释变量。

农用地和农村集体建设用地市场的土地竞争强度作为核心解释变量。刘志彪等（2003）、任凌玉（2009）、郭晓川等（2021）提出，用赫芬因德指数表示市场竞争强度，赫芬因德指数是对市场集中程度的反映，即：

$$HHI = \sum (X_i/X)^2 \tag{5-6}$$

其中，$X = \sum X_i$、$X_i$ 为第 i 个市场主体的交易额。借鉴郭晓川等（2021）的计算方式，采用赫芬因德指数计算农村土地要素市场化竞争强度，即：

$$\begin{cases} ghhi_t = 1 - \sum (GX_{it}/GX_t)^2 \\ jhhi_t = 1 - \sum (JX_{it}/JX_t)^2 \end{cases} \tag{5-7}$$

其中，$GX_{it}$ 和 $JX_{it}$ 分别为第 i 省第 t 年农村土地要素市场农用地和农村集体经营性建设用地的交易宗数，$GX_t$ 和 $JX_t$ 分别表示第 t 年全国农村土地要素市场农用地和农村集体经营性建设用地的交易宗数。农村土地要素市场竞争强度 $ghhi_t$ 和 $jhhi_t$ 的取值范围为 [0，1]；当市场容量一定时，赫芬因德指数越小，市场竞争主体同质化程度越高，市场竞争越激烈，市场化配置程度越高，因此，$ghhi_t$ 和 $jhhi_t$ 越大，市场化配置程度越高，为正指标。

第三，控制变量。除农村土地竞争强度外，经济发展水平[1]、农民获得的贷款额[2][3]、农民社保水平[4][5]、二元经济结构水平[6]、农村缴纳税款

---

[1]　Long H. L. , Tu S. S. , Ge D. Z. et al. "The Allocation and Management of Critical Resources in Rural China under Restructuring: Problems and Prospects". Journal of Rural Studies, 2016, 3: 6 – 12.

[2]　严金明、陈昊、夏方舟：《深化农村"三块地"改革：问题、要义和取向》，载于《改革》2018 年第 5 期，第 48～55 页。

[3]　Chari A. V. , Liu E. , Wang S. Y. et al. "Property Rights, Land Misallocation and Agricultural Efficiency in China"（研究报告），Cambridge: National Bureau of Economic Research, 2020.

[4]　郎大鹏：《农村土地流转制度下农民养老保障问题思考》，载于《农业经济》2016 年第 9 期，第 78～80 页。

[5]　钱忠好、牟燕：《中国土地市场化改革：制度变迁及其特征分析》，载于《农业经济问题》2013 年第 5 期，第 20～26、110 页。

[6]　张海鹏：《中国城乡关系演变 70 年：从分割到融合》，载于《中国农村经济》2019 年第 3 期，第 2～18 页。

总额①② 5 个其他因素也会影响农村土地要素市场化配置程度，但不将其作为本部分研究的重点，将经济发展水平等 5 个变量作为非核心解释变量进行控制。

以各省的人均国内生产总值表示各地的经济发展水平（led），以年末涉贷款余额表示各地农民获得的贷款额（rl），用年末农村居民养老保险参保人数衡量各地农民社保水平（fss），用二元对比系数代表各地二元经济结构（des），用农民专业合作社、完成产权改革的集体经济组织和农民三类主体年末上缴的税金总额测算各地农村缴纳税款总额（pt）。其中，农村缴纳税款总额为逆指标，农村上缴税款越多，用于规模化生产的资金越少，降低土地流转和集中的速度，抑制农村土地要素市场化配置程度，除农村缴纳税款总额外的指标均为正指标（见表 5－9）。

表 5－9　　　　　　　　　　　变量设定

| 变量类型 | 变量名称 | 变量符号 | 变量含义 | 单位 | 变量属性 |
| --- | --- | --- | --- | --- | --- |
| 被解释变量 | 农村土地要素市场化配置程度 | M | $M = \sum_{k=1}^{25} W_k X_k$ | — | 正指标 |
| 核心解释变量 | 农用地赫芬因德指数 | ghhi | 农用地交易宗数/全国家庭承包经营交易总宗数 | — | 正指标 |
| | 农村集体建设用地赫芬因德指数 | jhhi | 农村集体建设用地交易宗数/全国集体建设用地交易总宗数 | — | 正指标 |
| 控制变量 | 经济发展水平 | led | 人均 GDP | 元 | 正指标 |
| | 农村贷款额 | rl | 涉农贷款额 | 亿元 | 正指标 |
| | 农民社保水平 | fss | 农村居民养老保险参保人数 | 万人 | 正指标 |
| | 二元经济结构水平 | des | 农业部门生产率/非农部门生产率 | — | 正指标 |
| | 农村纳税额 | pt | 农村纳税总额 | 万元 | 逆指标 |

————————————

　① 王朝才、张立承：《我国农村土地流转过程中的税收问题研究》，载于《财政研究》2010 年第 9 期，第 34～37 页。

　② 王婷婷：《缺位与再造：农村集体建设用地流转的税收问题检思》，载于《广西社会科学》2016 年第 8 期，第 98～103 页。

（二）数据来源和处理

选取 2010～2019 年我国农村土地要素市场化配置作为研究对象。

"农村土地要素市场化配置程度"数据源于前文我国农村土地要素市场化配置程度测度结果；"农用地交易宗数""农村集体建设用地交易宗数""全国家庭承包经营交易总宗数"数据均源于《2019 年中国农村改革政策与改革统计年报》和历年《中国农村经营管理统计年报》；"全国集体建设用地交易总宗数""人均 GDP""农业生产部门产值""非农业部门产值""农业生产部门劳动力数""非农业部门劳动力数""总劳动力数""总产值"数据源于历年《中国统计年鉴》；"农村居民养老保险参保人数"数据源于历年《中国社会统计年鉴》；"涉农贷款"数据源于 Wind 数据库；"农村纳税总额"数据源于《2019 年中国农村改革政策与改革统计年报》和历年《中国农村经营管理统计年报》。有单位的控制变量的处理方法与上一节类似。

（三）计量模型构建

建立农村土地要素市场化配置竞争机制实证研究基准模型：

$$M_{it} = \alpha_0 + \beta_1 ghhi_{it} + \beta_2 jhhi_{it} + \beta_3 led_{it} + \beta_4 rl_{it} + \beta_5 fss_{it}$$
$$+ \beta_6 des_{it} + \beta_7 pt_{it} + \alpha_i + \lambda_t + \varepsilon_{it} \qquad (5-8)$$

其中，i 和 t 分别表示省份和年份，$M_{it}$ 为 i 省 t 年的农村土地要素市场化配置程度，$ghhi_{it}$、$jhh_{it}$ 分别为 i 省 t 年的农用地及农村集体建设用地市场赫芬因德指数，$led_{it}$、$rl_{it}$、$fss_{it}$、$des_{it}$、$pt_{it}$ 分别为 i 省 t 年的经济发展水平、农民获得的贷款额、农民社保水平、二元经济结构水平及农村纳税总额，$\alpha_0$ 为截距项，$\alpha_i$ 和 $\lambda_t$ 分别为 i 省的个体效应和 t 年的时间效应，$\varepsilon_{it}$ 为随机扰动项，且 $\varepsilon_{it} \sim (0, \sigma^2)$。若 $\beta_i > 0$，则该解释变量与农村土地要素市场化配置程度正相关，$\beta_i \leq 0$，则非正相关。

本节学理分析的思路为：由于本节的被解释变量与上一节被解释变量选择具有一致性，本节不设定空模型，直接设定基准模型。第一，设定变截距面板静态模型，作为分析农村土地要素市场竞争强度与农村土地要素市场化配置程度关系的基准模型；第二，为解决基准模型中可能存在的内生性和自相关问题，引入农用地市场竞争强度和农村集体建设用地市场竞争强度的一阶滞后项及农村土地要素市场化配置程度的滞后一阶项和滞后二阶项，建立差分 GMM 动态短面板模型;第三,引入农村土地要素市场化配置程度的滞后一阶项和滞后二阶项,并用系统 GMM 模型和 2SLS 模型分别进行稳健性检验;第四,异质性分析,用基准模型进行初步异质性分析,随后加入农村土地要素市场化配置程度一阶和二阶滞后项建立 OLS 模型;第五,为分析农村土地要素市场竞争强度对农村土地要素市场化的长期范围内影响,加入农村土地要素市场竞争强度的二次项,建立 2SLS 模型作进一步分析。

## 三、农村土地要素市场化配置竞争机制影响效果实证分析

### (一)描述性检验与相关性分析

表 5 - 10 为所有变量初始数据的描述性统计,农村土地要素市场化配置程度及控制变量结果与上一节统计结果一致,重点关注农村土地要素市场竞争强度(ghhi 和 jhhi)的描述性统计结果。从统计结果可得,农用地市场竞争强度均值 0.035 大于中位数 0.025,农用地市场竞争为右偏分布,且竞争日趋激烈;最大值、最小值分别为 0.003 和 0.368,最值差距较大,各省样本差异明显,分布较理想。农村集体建设用地市场竞争强度均值 0.033 大于中位数 0.003,同样呈右偏分布,市场竞争较为激烈;最大值、最小值分别为 0.001 和 0.771,差距较为明显,说明地区间农村集体建设用地市场竞争强度差异明显,各省土地要素市场竞争异质性强,所选取的各省样本分布较为理想。

根据《中国农村政策与改革统计年报(2019)》中对农用地市场主体定义为"以家庭承包方式承包耕地的农户",而对农村集体建设用地市场主体定义为"农村集体经济组织"。与"农户"相比,"农村集体经济组织"更有可能集中分散土地,因此,较具有竞争力,农用地市场竞争强度低于农村集体建设用地市场的竞争强度。

表 5 - 10　　　　　　　　　　描述性统计

| 变量 | 观测值 | 均值 | 中位数 | 标准差 | 最小值 | 最大值 |
|---|---|---|---|---|---|---|
| M | 300 | 0.204 | 0.191 | 0.066 | 0.087 | 0.413 |
| ghhi | 300 | 0.035 | 0.025 | 0.039 | 0.003 | 0.368 |

续表

| 变量 | 观测值 | 均值 | 中位数 | 标准差 | 最小值 | 最大值 |
|---|---|---|---|---|---|---|
| jhhi | 300 | 0.033 | 0.003 | 0.09 | 0.001 | 0.771 |
| led | 300 | 23661.47 | 17883.25 | 19164.53 | 1350.43 | 107671.1 |
| rl | 300 | 7949.123 | 5999.87 | 7170.805 | 538.45 | 38855.93 |
| fss | 300 | 1551.968 | 1239.275 | 1234.236 | 35.408 | 6231.215 |
| des | 300 | 20.0432 | 18.773 | 7.716 | 4.54 | 58.876 |
| pt | 300 | 222916.9 | 67190.19 | 446017.9 | 1764.401 | 2689689 |

注：描述性统计所用数据为处理前的数据。

用 Stata15.1 软件进行 pwcorr 相关性分析，重点关注我国农村土地要素市场化配置程度与农村土地要素市场竞争强度的相关性。我国农村土地要素市场化配置程度与农用地市场竞争强度、农村集体建设用地市场竞争强度的相关系数为 0.141 和 0.161，均能通过 1% 置信水平的显著性检验，说明农用地市场竞争强度、农村集体建设用地市场竞争强度与农村土地要素市场化配置程度几乎不存在多重共线性问题，指标设定较为合理（见表 5－11）。

表 5－11                              变量相关性分析

| 变量 | M | ghhi | jhhi | led | rl | fss | des | pt |
|---|---|---|---|---|---|---|---|---|
| M | 1 | | | | | | | |
| ghhi | 0.141 *** | 1 | | | | | | |
| jhhi | 0.161 *** | 0.051 *** | 1 | | | | | |
| led | 0.268 *** | 0.097 *** | 0.121 *** | 1 | | | | |
| rl | 0.49 *** | 0.082 *** | 0.114 *** | 0.261 *** | 1 | | | |
| fss | 0.529 *** | － 0.027 *** | 0.004 * | － 0.241 *** | 0.489 *** | 1 | | |
| des | 0.437 ** | 0.033 * | － 0.019 *** | － 0.05 * | 0.237 *** | 0.001 * | 1 | |
| pt | － 0.358 *** | － 0.032 *** | － 0.048 ** | － 0.228 *** | － 0.594 *** | － 0.164 *** | － 0.26 *** | 1 |

注：1. 相关性分析所用数据为原始数据。
2. *、**、*** 分别表示在 10%、5%、1% 的水平上显著。

（二）趋势图分析

图5-8是2010～2019年全国农村土地要素市场化配置程度与农用地市场竞争、农村集体建设用地市场竞争强度三者的变化趋势。农村土地要素市场化配置程度、农用地市场竞争强度、农村集体建设用地市场竞争强度三者整体上均呈现上升趋势，初步验证假设2和假设2.1。

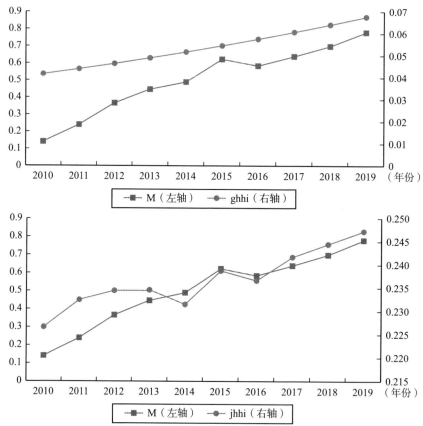

**图5-8  2010～2019年全国农村土地要素市场化配置程度与农用地市场竞争、农村集体建设用地市场竞争强度变化趋势**

（三）基准静态回归结果及分析

首先，引入核心解释变量ghhi和jhhi，并建立基准模型，采用固定效应模型和随机效应模型分别进行估计，Hausman检验结果①拒绝原假设，

---

① Chi2（3）=23.61，p>chi2=0。

随后纳入 5 个控制变量分别进行估计，Hausman 检验结果①接受原假设，为方便进行对回归结果中各变量回归结果的比较，将控制变量加入前后的模型的结果列于表 5 - 12 中。F/Wald 检验的 P 值均为 0，表明模型拟合性良好，引入控制变量前后的 $R^2$ 由 0.622、0.614 提升至 0.7、0.746，表明模型的拟合优度提升，回归结果的解释能力增强。

由表 5 - 12 列（1）、列（2）可得，核心解释变量 ghhi 和 jhhi 的回归系数分别为 0.205、0.055 和 0.372、0.109，均能通过至少 10% 水平的显著性检验，表明农村土地要素市场竞争强度对农村土地要素市场化配置程度有正向影响，农村土地要素市场竞争强度的提升能显著提升农村土地要素市场化配置程度，验证假设 2 和假设 2.1。由表 5 - 12 列（3）、列（4）可得，引入 5 个控制变量后，核心解释变量 ghhi 和 jhhi 的回归系数变为 0.14、0.049 和 0.149、0.051，与表 5 - 12 列（1）、列（2）相比明显减小，说明纳入 5 个控制变量后的农用地市场竞争强度、农村集体建设用地市场竞争强度对农村土地要素市场化配置程度的解释能力被降低；农村土地要素市场竞争强度的回归系数至少通过 10% 置信水平的显著性检验，再次验证假设 2 和假设 2.1。

由列表 5 - 12（1）~（4）可得，农用地市场竞争强度回归系数大于农村集体建设用地市场回归系数，农用地市场竞争带来的农村土地要素市场化配置程度边际作用强于农村集体建设用地市场竞争强度的边际作用。虽然农用地市场竞争程度较低，但由于农用地市场发育早于农村集体经营性建设用地市场，农用地市场化交易更加频繁，单位交易面积更广，假设 2.2 成立。

表 5 - 12　　农村土地要素市场化配置竞争机制影响效果回归结果

| 解释变量 | （1） | （2） | （3） | （4） |
|---|---|---|---|---|
| ghhi | 0.205 ***<br>(0.088) | 0.372 ***<br>(0.084) | 0.140 **<br>(0.055) | 0.149 ***<br>(0.052) |
| jhhi | 0.055 *<br>(0.044) | 0.109 ***<br>(0.041) | 0.049 *<br>(0.027) | 0.051 **<br>(0.026) |

---

① Chi2（8）= 12.56，p > chi2 = 0.128。

续表

| 解释变量 | （1） | （2） | （3） | （4） |
|---|---|---|---|---|
| led | | | 2. 304 **<br>（1. 083） | 3. 33 ***<br>（0. 768） |
| rl | | | 5. 027 ***<br>（0. 812） | 4. 217 ***<br>（0. 618） |
| fss | | | 0. 582<br>（0. 456） | 0. 133 *<br>（0. 359） |
| des | | | 1. 926 *<br>（0. 995） | 1. 001<br>（0. 812） |
| pt | | | − 0. 76 **<br>（0. 339） | − 0. 765 ***<br>（0. 243） |
| Cons | 19. 527 ***<br>（0. 399） | 18. 761 ***<br>（0. 744） | − 35. 996 ***<br>（8. 361） | − 38. 594 ***<br>（4. 921） |
| N | 300 | 300 | 300 | 300 |
| $R^2$ | 0. 622 | 0. 614 | 0. 7 | 0. 746 |
| F/Wald | 12. 8<br>［0］ | 28. 04<br>［0］ | 15. 99<br>［0］ | 551. 52<br>［0］ |
| Control | NO | NO | YES | YES |
| 个体效应 | Control | Control | Control | Control |
| 时间效应 | Control | Control | Control | Control |
| Model | FE | RE | FE | RE |

注：1. * 、** 、*** 分别表示在 10%、5%、1% 的水平上显著。
2. （）内为标准差，［］内为 p 值。

（四）差分 GMM 动态回归结果及分析

同样考虑到市场经济主体"惯性"[1]的影响，表 5 - 12 结果可能存在内生性问题，借鉴张建平和葛杨（2020）、胡雪萍和许佩（2020）的处理方法，引入被解释变量滞后一期和滞后二期，建立差分 GMM 模型，同时处理内生性及市场动态性问题，得到表 5 - 13 列（1）~（4）；参考陈强

———————

① 罗富政、何广航：《政府干预、市场内生型经济扭曲与区域经济协调发展》，载于《财贸研究》2021 年第 2 期，第 30 ~ 42 页。

（2010）处理内生性的办法，选择用农用地和农村集体建设用地竞争强度的一阶、二阶滞后项代理工具变量，并引入农村土地要素市场化配置程度滞后项，进行差分广义矩估计（DIFF - GMM），得到表 5 - 13 列（5）~（6）。

AR（1）、AR（2）检验结果显示，PAR（1）< 0.05 且 PAR（2）> 0.1，则模型存在一阶自相关但不存在二阶自相关；Sargan 检验中 P 值至少大于 0.4，能通过过度识别检验，工具变量有效。

表 5 - 13 列（1）~（6）中核心解释变量的回归系数均显著为正，农村土地要素市场竞争越强，市场化配置程度越高，假设 2 和假设 2.1 成立；农用地市场竞争强度的回归系数大于农村集体建设用地市场竞争强度的回归系数，再次证实农用地市场竞争强度对农村土地要素市场化配置的正向拉动作用更大，验证假设 2.2；L1. M、L2. M 的系数均为正且能通过 1% 的显著性检验，表明市场化配置竞争机制影响下农村土地要素市场化配置路径依赖明显，假设 5 成立。

表 5 - 13 列（1）、列（2）为分别加入农村土地要素市场化配置程度的一阶滞后和二阶滞后 L1. M、L2. M 和农用地市场竞争强度、农村集体建设用地市场竞争强度的结果，回归系数均为正且通过 1% 的显著性检验，与表 5 - 12 列（1）、列（2）相比，常数项由 19.527、18.21 减小到 3.509、4.685，说明农村土地要素市场化配置程度受自身滞后项和农村土地要素市场竞争的影响明显，且农村土地要素市场化配置表现出强"惯性"，假设 2 和假设 2.1 成立；表 5 - 13 列（3）、列（4）为再将控制变量引入的结果，农村土地要素市场化配置程度滞后项和农用地市场竞争强度、农村集体建设用地市场竞争强度的回归系数显著为正，但出现降低趋势，表明控制变量影响被解释变量，与表 5 - 12 的结果一致；再将核心解释变量滞后一阶 L1. ghhi、L1. jhhi 引入，得到表 5 - 13 列（5）、列（6），农村土地要素市场化配置程度滞后项、农用地市场竞争强度、农村集体建设用地市场竞争强度及滞后项的回归系数仍显著为正，农村土地要素市场竞争强度的增加带来市场化配置程度的提升，市场"惯性"作用明显；农村土地要素市场化配置程度滞后一阶 L1. M 和农用地市场竞争强度 ghhi

的回归系数明显降低，但农村土地要素市场化配置程度滞后二阶 L2. M 和农村集体建设用地市场竞争强度 jhhi 的回归系数明显提升，这是由于在较长时期的累积效应的作用下，农用地和农村集体建设用地市场竞争对市场化配置程度的带动作用增强，农村土地要素市场化配置竞争机制的正向冲击在第 2 期得到释放，再次证实假设 5。

表 5 – 13　　竞争机制影响下农村土地要素市场化配置"惯性"检验

| 解释变量 | (1) | (2) | (3) | (4) | (5) | (6) |
|---|---|---|---|---|---|---|
| L1. M | 0. 845 *** (0. 004) | 0. 468 *** (0. 013) | 0. 417 *** (0. 045) | 0. 316 *** (0. 033) | 0. 384 *** (0. 061) | 0. 289 *** (0. 049) |
| L2. M | | 0. 322 *** (0. 013) | | 0. 215 *** (0. 045) | | 0. 24 *** (0. 048) |
| ghhi | 0. 117 *** (0. 001) | 0. 171 *** (0. 003) | 0. 098 *** (0. 01) | 0. 145 *** (0. 007) | 0. 094 *** (0. 013) | 0. 133 *** (0. 018) |
| L. ghhi | | | | | 0. 077 ** (0. 03) | 0. 057 *** (0. 016) |
| jhhi | 0. 066 *** (0. 004) | 0. 065 *** (0. 002) | 0. 065 *** (0. 008) | 0. 065 *** (0. 006) | 0. 075 *** (0. 007) | 0. 077 *** (0. 008) |
| L. jhhi | | | | | 0. 055 *** (0. 014) | 0. 086 *** (0. 012) |
| led | | | 5. 281 *** (0. 872) | 6. 491 *** (1. 498) | 6. 366 *** (1. 378) | 6. 477 *** (2. 001) |
| rl | | | 0. 074 (0. 528) | 1. 961 ** (0. 99) | - 0. 24 (0. 622) | - 1. 662 (1. 182) |
| fss | | | 0. 602 *** (0. 219) | 0. 49 ** (0. 22) | 1. 752 * (0. 098) | 0. 977 (0. 617) |
| des | | | 1. 255 * (0. 834) | 1. 279 (0. 967) | 0. 434 (0. 266) | 0. 993 * (1. 167) |
| pt | | | - 0. 351 ** (0. 151) | - 0. 107 (0. 226) | - 0. 13 (0. 234) | - 0. 013 (0. 255) |
| Cons | 3. 409 *** (0. 077) | 4. 685 *** (0. 106) | - 44. 288 *** (8. 661) | - 36. 119 ** (12. 934) | - 54. 166 ** (12. 289) | - 35. 478 ** (16. 99) |
| N | 240 | 210 | 240 | 210 | 240 | 210 |

续表

| 解释变量 | （1） | （2） | （3） | （4） | （5） | （6） |
|---|---|---|---|---|---|---|
| AR（1） | -3.208 [0.001] | -2.71 [0.007] | -2.992 [0.003] | -2.849 [0.004] | -2.866 [0.004] | -2.404 [0.016] |
| AR（2） | 1.626 [0.104] | 0.445 [0.656] | 1.657 [0.1] | 0.75 [0.453] | 1.605 [0.101] | 0.507 [0.612] |
| sargan | 26.01 [0.675] | 27.011 [0.409] | 23.539 [0.79] | 19.493 [0.815] | 21.774 [0.829] | 19.054 [0.795] |
| Control | NO | NO | YES | YES | YES | YES |
| 个体效应 | Control | Control | Control | Control | Control | Control |
| 时间效应 | Control | Control | Control | Control | Control | Control |
| Model | DIFF-GMM | DIFF-GMM | DIFF-GMM | DIFF-GMM | DIFF-GMM | DIFF-GMM |

注：1. *、**、***分别表示在10%、5%、1%的水平上显著。
2. （）内为标准差，[ ]内为p值。

（五）稳健性和内生性检验

第一，为保证研究结论的可靠性，用系统GMM（SYS-GMM）进行稳健性检验，考虑到动态性、异方差以及内生性问题，借鉴秦琳贵和沈体雁（2020）工具变量的选取方法，加入农村土地要素市场化配置程度的滞后一阶项和滞后二阶项作为解释变量。第二，用狭义的我国农村土地要素市场化配置程度替代广义农村土地要素市场化配置程度，作为新的被解释变量，用农用地市场竞争强度滞后一期作为工具变量，加入狭义农村土地要素市场化配置程度的滞后一阶项和滞后二阶项，选取两阶段最小二乘法（2SLS）再次回归。

系统GMM结果、2SLS结果与FE回归以及差分GMM回归结果中的解释变量系数大小存在一定的差异，但系数符号基本一致，都能通过显著性检验，因此，认为回归结果稳健性强。

表5-14列（1）~（2）为系统GMM回归结果，系统GMM解决了差分GMM的遗漏误差问题，模型通过Sargan-P的过度识别检验，PAR值表明存在一阶自相关但不存在二阶自相关，选择一阶和二阶滞后有合理性。农村土地要素市场化配置程度受其一阶和二阶滞后项的正向影响，证

fd

实了农村土地要素市场化配置的累积效果能显著提升农村土地要素市场化配置程度，假设 2 成立；农用地和农村集体建设用地市场竞争强度的回归系数均显著为正，并且农用地市场竞争强度回归系数均大于农村集体建设用地竞争的系数，表明农用地市场竞争对农村土地要素市场化配置程度的提升作用更强，证实假设 2 和假设 2.1。

表 5 - 14 列 （3）~（5）为二阶段最小二乘法（2SLS）回归结果。表 5 - 14 列 （3）~（5）的 $R^2$ 结果均大于 0.9，模型拟合优度好；农村土地要素市场化配置程度滞后项的影响显著为正，与前文结果一致，再次证实了农村土地要素市场化配置程度受上一阶段的影响较大，假设 5 成立；农村土地要素市场竞争的回归系数均为正，且能通过至少 10% 的显著性检验，对农村土地要素市场化配置提升有明显的推动作用，假设 2 和假设 2.1 成立，与已有结果有一致性。

表 5 - 14 稳健性和内生性检验

| 解释变量 | M | | led | | |
|---|---|---|---|---|---|
| | （1） | （2） | （3） | （4） | （5） |
| L1. M | 0.641 *** <br> （0.023） | 0.435 *** <br> （0.098） | 0.561 *** <br> （0.06） | 0.549 *** <br> （0.047） | 0.535 ** <br> （0.061） |
| L2. M | 0.21 *** <br> （0.022） | 0.17 *** <br> （0.05） | 0.152 *** <br> （0.054） | | 0.14 *** <br> （0.055） |
| ghhi | 0.108 *** <br> （0.005） | 0.086 *** <br> （0.02） | 0.471 *** <br> （0.122） | 0.513 *** <br> （0.165） | 0.396 ** <br> （0.166） |
| jhhi | 0.029 *** <br> （0.007） | 0.021 ** <br> （0.01） | 0.088 *** <br> （0.033） | 0.114 *** <br> （0.036） | 0.091 ** <br> （0.035） |
| N | 240 | 240 | 240 | 270 | 240 |
| AR （1） | -2.999 <br> [0.003] | -2.735 <br> [0.006] | | | |
| AR （2） | 1.345 <br> [0.179] | 0.93 <br> [0.352] | | | |
| sargan | 28.133 <br> [0.95] | 26.942 <br> [0.966] | | | |

| 解释变量 | M | | led | | |
|---|---|---|---|---|---|
| | （1） | （2） | （3） | （4） | （5） |
| $R^2$ | | | 0.932 | 0.905 | 0.937 |
| Control | NO | YES | NO | YES | YES |
| 个体效应 | Control | Control | Control | Control | Control |
| 时间效应 | Control | Control | Control | Control | Control |
| Model | SYS – GMM | SYS – GMM | 2SLS | 2SLS | 2SLS |

注：1. *、**、***分别表示在10%、5%、1%的水平上显著。
2. （）内为标准差，［］内为p值。

（六）异质性分析

由前文可知，我国各区域农村土地要素市场化配置程度差距明显，为考察不同地区农村土地要素市场竞争强度对市场化配置程度的影响是否也不同，对东部、中部、西部、东北部四个地区分别进行回归，检验市场竞争强度对农村土地要素市场化配置程度影响的异质性。考虑到市场"惯性"的作用，加入农村土地要素市场化配置程度滞后一期和滞后二期作为解释变量，建立固定效应模型和普通最小二乘法模型。所有模型的 $R^2$ 较大，OLS 模型的 Adj $R^2$ 较为理想，模型的拟合度好。

表 5 - 15 列（1）~（2）、列（3）~（4）、列（5）~（6）、列（7）~（8）分别为东部、中部、西部和东北部四个地区土地市场竞争强度对农村土地要素市场化配置程度的回归结果，各区域解释变量的回归系数差异明显，表明区域间农村土地要素竞争强度的差异带来区域农村土地要素市场化配置程度的异质性，假设6成立。表 5 - 15 列（2）、列（4）、列（6）、列（8）中，被解释变量一阶滞后项对农村土地要素市场化配置有正向的影响，且能通过1%的显著性检验，各区域特别是东部和西部地区土地要素市场化配置的政策累积效果明显，假设5成立。

由表 5 - 15 列（1）~（2）可知，东部地区农用地市场竞争强度回归系数显著为正，表明东部地区农用地市场竞争强度的提升能够带动当地土地要素市场化配置程度的提高，与全国结果一致；农村集体建设用地市场竞争强度的回归系数为正，虽在表5-15列（2）中未表现出显著性，仍可认为农村集体建设用地竞争强度的提高对农村土地要素市场化配置程度的提高有积极意义，假设2和假设2.1成立。具体来看，表5-15列（1）、列（2）均显示，ghhi的系数大于jhhi的系数，农用地市场竞争对农村土地要素市场化配置程度的带动能力强于农村集体建设用地竞争，假设2.2成立。

由表5-15列（3）~（4）可知，中部地区农村土地要素市场竞争强度回归系数均显著为正，表明中部地区农村土地要素市场竞争强度的提升能够带动当地土地要素市场化配置程度的提高，假设2.1成立；农用地市场竞争强度的回归系数明显大于农村集体建设用地市场的回归系数，表明农用地市场竞争对农村土地要素市场化配置程度提升的推动作用更强，证实假设2.2，与全国结果一致。

由表5-15列（5）~（6）可知，西部地区农用地市场竞争强度回归系数为正，但农村集体建设用地回归系数为负，表明农用地市场竞争越强，对农村土地要素市场化配置程度的促进作用越大，而农村集体建设用地市场竞争强度提高会抑制农村土地要素市场化配置程度。

由表5-15列（7）~（8）可知，东北部地区农用地市场竞争强度回归系数显著为正，表明农用地市场竞争越强，农村土地要素市场化配置程度越高；农村集体建设用地市场竞争强度系数变化较大，表5-15列（7）中其回归系数显著为负，引入农村土地要素市场化配置程度滞后项后，其回归系数显著为正，表明剔除市场"惯性"的影响后，农村集体建设用地市场竞争对农村土地要素市场化配置程度的带动作用更明显。

表5-15　　农村土地要素市场化配置竞争机制影响效果异质性检验

| 解释变量 | （1） | （2） | （3） | （4） | （5） | （6） | （7） | （8） |
|---|---|---|---|---|---|---|---|---|
| | 东部地区 | | 中部地区 | | 西部地区 | | 东北地区 | |
| L1. M | | 0.796 ***<br>(0.074) | | 0.384 ***<br>(0.12) | | 0.743 ***<br>(0.075) | | 0.616 ***<br>(0.108) |

续表

| 解释变量 | (1) | (2) | (3) | (4) | (5) | (6) | (7) | (8) |
|---|---|---|---|---|---|---|---|---|
| | 东部地区 | | 中部地区 | | 西部地区 | | 东北地区 | |
| ghhi | 1.027***<br>(0.259) | 0.223**<br>(0.104) | 0.851***<br>(0.185) | 0.474**<br>(0.154) | 0.051<br>(0.051) | 0.101**<br>(0.047) | 1.321***<br>(0.384) | 0.773***<br>(0.248) |
| jhhi | 0.061*<br>(0.034) | 0.033<br>(0.023) | 0.106**<br>(0.043) | 0.162***<br>(0.042) | -0.275*<br>(0.162) | -0.006<br>(0.168) | -9.947*<br>(5.953) | 19.094**<br>(8.373) |
| N | 100 | 90 | 60 | 54 | 110 | 99 | 30 | 27 |
| R² | 0.85 | 0.923 | 0.927 | 0.959 | 0.743 | 0.877 | 0.793 | 0.973 |
| Adj R² | | 0.915 | | 0.952 | | 0.867 | | 0.961 |
| F | 16.92<br>[0] | 121.43<br>[0] | 119.63<br>[0] | 131.18<br>[0] | 158.67<br>[0] | 80.52<br>[0] | 250.46<br>[0] | 80.59<br>[0] |
| Control | YES | YES | YES | YES | YES | YES | YES | YES |
| 省份固定 | YES | YES | YES | YES | YES | YES | YES | YES |
| 时间固定 | YES | YES | YES | YES | YES | YES | YES | YES |
| Model | FE | OLS | FE | OLS | RE | OLS | RE | OLS |

注：1. ＊、＊＊、＊＊＊分别表示在10%、5%、1%的水平上显著。
2. （）内为标准差，［］内为p值。

（七）进一步的分析

以上检验均表明，农村土地要素市场竞争强度对农村土地要素市场化配置程度的正向促进作用明显，为验证较长时间内，市场竞争强度对市场化配置程度的影响机制，本书引入二次项进一步分析。分别考察农用地市场竞争和农村集体建设用地市场竞争二次项的影响；再向基准模型中引入农用地市场竞争强度和农村集体建设用地市场竞争强度两个二次项，建立静态面板模型，用固定效应模型和随机效应模型进行估计，Hausman 检验结果①接受原假设。

在表5-16列（1）~（3）中，农村土地要素市场竞争强度的回归系数均显著为正，农村土地要素市场竞争强度与农村土地要素市场化配置正

① Chi2（9）=9.56，p>chi2=0.103。

相关，再次证实假设 2.1；农用地市场竞争强度的系数均大于农村集体建
设用地市场竞争强度的系数，表明农用地市场竞争强度对农村土地要素市
场化配置的带动效应更大，证实假设 2.2；农村土地要素市场竞争强度二
次项的系数在至少 10% 的统计水平上显著为负，表明农村土地要素市场
竞争强度与农村土地要素市场化配置程度表现出倒"U"形关系，也就是
农村土地要素市场竞争强度对农村土地要素市场化配置程度的提升作用是
有限的，阈值效应明显，假设 7 成立。

表 5－16　　农村土地要素市场化配置竞争机制影响效果阈值效应检验

| 解释变量 | （1） | （2） | （3） |
|---|---|---|---|
| L1. M | | | 0. 602 ***<br>（0. 058） |
| L2. M | | | 0. 284 ***<br>（0. 057） |
| ghhi × ghhi | － 0. 023 ***<br>（0. 005） | | － 0. 006 *<br>（0. 003） |
| jhhi × jhhi | | － 0. 001 **<br>（0. 001） | － 0. 002 ***<br>（0. 001） |
| ghhi | 0. 903 ***<br>（0. 158） | 0. 132 *<br>（0. 035） | 0. 487 ***<br>（0. 092） |
| jhhi | 0. 039<br>（0. 025） | 0. 054 *<br>（0. 26） | 0. 296 **<br>（0. 028） |
| N | 300 | 300 | 240 |
| $R^2$ | 0. 662 | 0. 682 | 0. 647 |
| Wald | 640. 92<br>[0] | 3179. 32<br>[0] | 3467. 54<br>[0] |
| Control | YES | YES | YES |
| 个体效应 | Control | Control | Control |
| 时间效应 | Control | Control | Control |
| Model | RE | RE | RE |

注：1. * 、 ** 、 *** 分别表示在 10% 、5% 、1% 的水平上显著。
2. （ ）内为标准差，[ ] 内为 p 值。

为了更直观地观察全国农村土地要素市场竞争强度对农村土地要素市场化配置的阈值效应，用 Matlab 软件绘制全国农村土地要素市场竞争与农村土地市场化配置关系的三维曲面图。如图 5－9 所示。

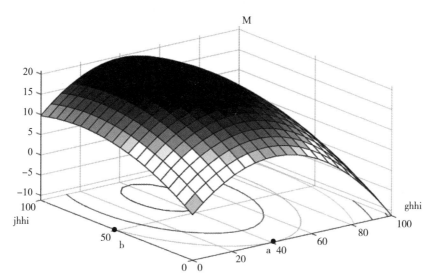

图 5－9　2010～2019 年全国农村土地要素市场化配置程度
与农村土地市场竞争机制健全程度关系

注：水平坐标面内，圆圈为全国农村土地要素市场化配置程度等高线，越中心的圆圈表示的农村土地要素市场化配置程度越高，最外层的圆圈的农村土地要素市场化配置程度最低。

以等高线 ab 曲线为例，此时 ab 曲线上所有点对 M 的影响大小相同，也就是说，ab 等高线上所有的农村土地要素市场竞争对应的农村土地要素市场化配置程度相等。对于 a、b 两个特殊点，观察当农用地或农村集体建设用地市场竞争强度取 0 时，另一个市场竞争强度的值，得到农用地市场竞争对农村土地要素市场化配置程度的促进作用大于农村集体建设用地竞争的促进作用，假设 2.1 成立。

农用地和农村集体建设用地市场竞争强度对农村土地要素市场化配置影响的阈值分别为 40.583% 和 74%，即农用地和农村集体建设用地市场竞争强度达到 0.406 和 0.74 为最佳市场竞争强度，当农村土地要素市场竞争强度在 （0，0） 至 （0.406，0.74） 的矩形范围内，农村土地要素市场竞争强度与农村土地要素市场化配置程度显著正相关，市场竞争强度的提升带来市场化配置程度的提升；当市场竞争强度到达（0.406，0.74）时，对农村土地要素市场化配置程度的促进作用最大；农村土地要素市场竞争强度达到（0.406，0.74）后继续增强，最强增长至（1，1），此时，农村土地要素市场竞争强度过大，无效竞争和恶性竞争频发，市场"内卷化"和"碎片化"问题突出[1]，有限的市场资源因为过度竞争出现极大浪费，农村土地要素市场化配置程度低下，影响农村土地要素市场化配置的良性发展，也验证了假设7。

# 第三节　我国农村土地要素市场化配置利益分配机制分析

中央政府制定宏观层面的策略，在农村土地要素市场化利益分配过程中参与较少；土地受让方为土地价格的被动接受者，对农村土地要素市场化的影响较小。要发展农业规模化和产业化经营，实现小农户与现代农业的有效对接，需要村经济组织（基层地方政府）的积极介入[2]，动员和协调村内农户参加市场化配置，农户与基层地方政府关于土地收益的分配方式直接影响农村土地要素市场化配置进程。

## 一、农村土地要素市场化配置利益分配机制作用机理分析

（一）农村土地要素市场化配置利益分配机制分析

1. 农村土地要素市场化利益分配

农村土地要素市场化配置是农村土地要素通过出租、出让或入股等形式有偿进行转移的市场化配置的过程，不仅包括农用地，还包括宅基地、

---

　　① 李三辉：《乡村治理现代化：基本内涵、发展困境与推进路径》，载于《中州学刊》2021年第3期，第75~81页。

　　② 王习明：《村社治理能力与小农户和现代农业的有机衔接——兼论合作社的理论及相关政策》，载于《兰州学刊》2021年第5期，第1~15页。

乡镇企业用地、乡镇（村）集体的公共设施和公益事业用地、新农村规划建设后节约出来的建设用地（孙阿凡和杨遂全，2016）以及其他形式的农村建设用地。

以农村集体建设用地为例，各地政府针对农村集体建设土地流转所得收益的分配和使用管理较为严格。村集体财政收支两线并行，将集体经济组织取得的土地流转收益直接划拨进资金专户，如浙江省湖州市的乡镇集体和村组织设立独立的土地收益资金专户，专门管理村镇集体组织获得的土地流转收益；村集体经济组织对资金的支出进行细分，农村集体建设用地流转收益严格用于农民社保开支、土地开发和整理成本、农村公共事业以及基础设施建设上，如广东省中山市严格规定集体土地流转收益中的50%用于村民的社保支出、30%的利益分配给农民，10%用于集体经济的发展，剩下的10%用于公共基础设施建设①。

以征地为例，征地过程农民无权要求协商，只能被动接受规定的征地范围和价格，无法实现与城市土地的"同地同价同权"（钱忠好和牟燕，2015），出现了补偿款过低、强制征地等一系列的问题，严重损害农民的土地权利。但随着土地确权工作的推进，农民的土地权利更加明确，对土地权利更加重视，农民集体与政府的谈判引进征地过程中，被征地农民的实际土地征收补偿标准高于地方政府实际制定方案的36.1%②。

2. 农村土地要素市场化配置利益分配机制

在农村土地要素市场化配置过程中，基层政府和农民都是最主要的参与者，其利益与农村土地要素市场利益分配息息相关。

（1）农村土地要素市场收益与基层地方政府。

根据《中华人民共和国宪法》第10条之规定，农村土地所有权归集体，宅基地和自留地也归集体所有，农村土地收益由集体内农民共享，但对农村集体的界定并不清晰，导致农村土地所有权的"虚置"问题，该

---

① 张钦霖：《农村集体建设用地使用权流转的税收政策建议》，载于《当代农村财经》2014年第11期，第19~21页。

② 李中、彭魏倬加：《征地补偿谈判与农民权益维护的实证分析》，载于《经济地理》2019年第4期，第182~191页。

问题在土地利益分配中加剧了利益各方的矛盾。当前制度下农村土地的集体所有权掌握在村委会等基层地方政府为代表的代理人手中，基层地方政府有权利制定地方土地制度，同时是中央政府的代理人和村集体的管理者，代表本集体农民的利益，又代表中央政府和上级政府执行相关土地政策。

一方面，基层地方政府利益格局相对独立，加之"官员晋升锦标赛"模式的激励，在执行中央政策之外，基层地方政府会制定相对独立的政策（曹阳等，2011）。分税制改革形成基层地方政府的事权扩大与财权缩小并存（孙阿凡和杨遂全，2016），基层地方政府特别是村集体等自治组织的收入和支出并未纳入政府一般性财政预算中，而基层地方政府税收项目有限，基层地方政府基本建设等各项运转所需经费短缺。随着农村土地要素市场化配置特别是集体经营性建设用地大规模入市，对原有的地区性建设用地土地价格冲击较大，影响县级财政收入，更加剧了基层地方政府特别是县级政府的经费短缺现象。基层地方政府有限的财力与地方运转高开支的矛盾凸显，长此以往，代理人可能会面临"寻租"的道德风险[①]。另一方面，基层地方政府代理人代表本集团内的农民利益，又区别于集体内农民，代理人享有农村土地要素所有权，是农村土地要素的经营管理者，但却不享受土地要素市场产生的收益。

土地要素市场交易中一方为土地出让方的农民，另一方为土地受让方的企业或集体，相对来说，农民对某块土地的资源禀赋评价最高，但农民无法与市场的受让方进行直接谈判，只能由基层地方政府等代理人作为农民的代表，而代理人对目标土地的评价低于农民，也低于土地受让方。基于"波斯纳定理"，农村土地要素市场上土地受让方被赋予更多的权利，而基层政府代理人与土地受让方达成协议共谋，压低土地交易价格，降低土地受让方的交易成本，农民从农村土地要素市场中获得的土地出让收入减少，中央政府从农村土地要素市场中获得的税收额降低。随着频繁的农村土地市场化配置交易的产生，基层地方政府代理人会出于解决诸多事权

---

① 张全磊：《土地财政的演进：从征地过渡到征税吗？——基于法经济学的分析》，载于《经济问题探索》2019年第7期，第130～139、161页。

运行资金短缺、政治晋升"锦标赛"或追求自身经济利益的激励，在农村土地要素市场上与土地流入方的集团或政府达成合谋，降低交易或者征地过程中的土地基准地价，增加土地入市数量，配合土地使权由基层地方政府完全配置向外转出。

（2）农村土地要素市场利益分配与农户。

从农民从事的农业收入比重角度来看，有纯农户和兼职农户两类。纯农户的家庭收入全部来源于农业生产，纯农户对农用地和宅基地的利用效率较高；兼职农户的家庭收入中的一部分来源于非农收入，有以非农业经营为主、农业经营为辅，也有主要依靠农业收入的兼职农户。农村年轻的农户倾向于外出务工获得较高的收入，农用地或宅基地利用效率较低；年老的农户倾向于从事农业生产活动，以农业收入为主，同时选择性地从事非农生产而获得一定的额外收益，但由于能力和精力的限制，生产活动限制在易种植和易收获的农作物范围，农业生产效率较为低下，但宅基地利用效率较高。[1] 与纯农户相比，兼职农户更可能选择农村土地要素的转出，即在承包期内可以通过转包、出租、转让等多种形式进行经营权的转移，从而获得一定的土地租金。农村土地流转是农村土地资源再配置的过程，兼职农民只有在土地转出后的非农生产预期收益与地租之和超过土地耕种收益时才会选择出租土地，同样，当土地管理收入超过转入土地的机会成本与地租之和时农地转入方才会选择出租土地[2]。

农村土地要素市场化配置流转过程中农户基本不受政绩的影响，但政府政策的调整影响农户的经济决策行为[3][4]，参与农村土地市场化配置的

① 张学艳、田明华、周小虎：《农地"三权分置"结构下参与主体的目标取向和互动博弈》，载于《现代经济探讨》2019 年第 7 期，第 97～103 页。

② Wu Z. X. "Rural Road Improvement and Farmland Circulation: The Production Cost Perspective". American Journal of Industrial and Business Management, 2018, 10: 2061 - 2071.

③ Hennessy T. C., Tahir R. "Assessing the Impact of the 'Decoupling Reform of the Common Agricultural Policy on Irish Farmers' Off-farm Labor Market Participation Decisions". Journal of Agricultural Economics, 2008, 1: 41 - 56.

④ Uchida E., Scott R., Xu J. T. "Conservation Payments, Liquidity Constraints and Off-farm Labor: Impact of the Grain-for-green Program on Rural Households in China". American Journal of Agricultural Economics, 2009, 1: 70 - 86.

农户更多关注土地要素市场化配置流转是否能获得更理想的收益，可以将其行为看作市场"理性人"。但由于当前制度框架下，农户的土地产权并不是完整的，农户参与农村土地要素市场化配置的过程并非完全出于自愿，基层地方政府作为土地承包者的法律主体，代表当地农民集体作出参与农村土地要素市场化配置的相关决定，因此，农户与基层地方政府的互动博弈关系是农户进行决策的关键因素，在农户与政府间的博弈中，政府政策的制定方向直接影响农户的收益成本曲线（曹阳等，2011），而农户的行为通过某些特殊的传导方式也会影响甚至决定政府政策的制定。

（二）农村土地要素市场利益分配动态博弈模型分析

1. 农村土地要素市场利益分配动态博弈模型设定

在当前制度下，农村土地的集体所有权掌握在村委会等基层地方政府为代表的代理人手中，基层地方政府有权利制定地方土地制度，代表本集体农民的利益，同时又代表中央政府和上级政府执行相关土地政策。可以说，基层地方政府是农村土地要素市场化配置进程中的关键环节。同时，由于单个农户的力量有限，用联合农户行为选择代替博弈中的农户行为。因此，本书围绕基层地方政府与联合农户进行两方博弈分析。

（1）农村土地要素市场利益博弈参与人集合。

设定一个独立的决策参与人集合：$N = \{LG，FA\}$，$LG$ 表示基层地方政府，$FA$ 表示联合农户组织（即土地出让方）。

（2）农村土地要素市场利益博弈信息。

本书对信息情报指标作出以下设定。

第一，在农村土地要素市场化配置进程中，基层地方政府在农村土地要素市场化配置流转前得到的收益为 $I_{LG0}$，从农村土地要素市场化配置中得到的收益为 $I_{LG}$，构建农村土地市场化配置平台的成本为 $C_{LG}$；农户参与农村土地市场化配置前非农收益为 $I_{FA}$，参与农村土地市场化配置前的农业收益为 $I_{FA0}$，获得的农村土地要素市场化配置收益为 $I_{FA1}$。

第二，当市场决策者双方有达成合作的倾向时，决策主体为推进市场化配置流转获得土地收益，便需要进行谈判。基层地方政府为促成农村土地要素市场化配置流转与农户联合组织进行谈判而承担的成本为 $C_{LGFA}$，农户联合组织与基层地方政府的谈判成本为 $C_{FALG}$。

第三，基层地方政府查处土地违法流转的行为成本为 $CV_{LG}$，对联合农户组织发生土地违法行为查处的处罚为 $V_{FA}$。

2. 农村土地要素市场利益分配动态博弈模型及各方决策

在动态博弈中，本书以基层地方政府和联合农户作为博弈双方，进一步对各决策主体行为的概率进行假设，分析不同策略组合下各决策主体的预期盈利及各方决策行动，并对博弈各方决策的最终结果及决策的现实原因进行分析。

基层地方政府"组织"或"不组织"市场化配置，此时并不知道农户是否"转出"土地；然后农户基于基层地方政府"组织"或"不组织"的决定作出"转出"或"不转出"的选择，此时基层地方政府知道农户的选择；当基层地方政府"不组织"、农户"转出"，土地要素进入隐形流转市场，随后基层地方政府再决定是否查处违法配置行为。

基层地方政府在市场化配置过程中享有有限决策权，处于占优地位，也就是说，先由基层地方政府决定是否进行市场化配置、如何进行，再由农户决定支持或反对基层地方政府的决定。地方政府组织市场化配置的概率为 $P_1$，不组织市场化配置的概率为 $1 - P_1$。在基层地方政府决定是否组织市场化配置后，联合农户组织进行市场化配置的概率为 $P_2$，农户决定土地自用的概率为 $1 - P_2$，基层地方政府不允许市场化配置并进行查处的概率为 $P_{LG}$。

由图 5 - 10 可得，联合农户组织的预期盈利为：

$$\pi_{FA} = \pi_{FA1} + \pi_{FA2} + \pi_{FA3} + \pi_{FA4} + \pi_{FA5} \qquad (5-9)$$

基层地方政府的预期盈利为：

$$\pi_{LG} = \pi_{LG1} + \pi_{LG2} + \pi_{LG3} + \pi_{LG4} + \pi_{LG5} \qquad (5-10)$$

（1）在不同策略组合下，联合农户组织和基层地方政府的预期盈利分别为：

第一，基层地方政府组织市场化配置，联合农户组织转出土地时：

$$\pi_{FA1} = P_1 P_2 (I_{FA} + I_{FA1} - C_{FALG}) \qquad (5-11)$$

$$\pi_{LG1} = P_1 P_2 (I_{LG} - C_{LGFA} - C_{LG}) \qquad (5-12)$$

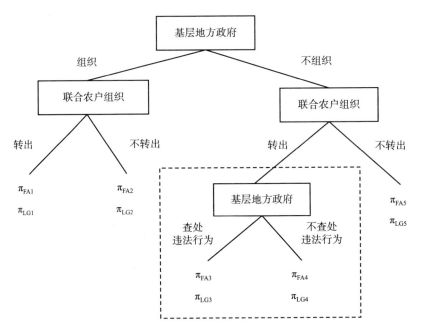

**图 5 - 10  基层地方政府与联合农户组织的演化博弈树**

第二，基层地方政府组织市场化配置，联合农户组织不转出土地，而是选择土地自用时：

$$\pi_{FA2} = P_1 (1 - P_2)(I_{FA} + I_{FA0}) \tag{5 - 13}$$

$$\pi_{LG2} = P_1 (1 - P_2)(I_{LG0} - C_{LG}) \tag{5 - 14}$$

第三，基层地方政府不组织市场化配置，但联合农户组织选择转出土地，此时，农村土地要素进入隐性流转市场，联合农户组织与土地受让方进行私下交易，当基层地方政府禁止土地私下交易，并予以查处，对土地违法交易行为进行处罚，此时基层地方政府能够获得市场化配置前的收益与违法流转的罚金两部分收益：

$$\pi_{FA3} = (1 - P_1) P_2 P_{LG}(I_{FA} + I_{FA1} - V_{FA}) \tag{5 - 15}$$

$$\pi_{LG3} = (1 - P_1) P_2 P_{LG}(V_{FA} + I_{LG0}) \tag{5 - 16}$$

第四，基层地方政府不组织市场化配置，但联合农户组织选择转出土地，农村土地要素进入隐形流转市场，基层地方政府默许联合农户组织的土地私下交易行为时：

196

$$\pi_{FA4} = (1 - P_1) P_2 (1 - P_{LG}) (I_{FA} + I_{FA1}) \qquad (5-17)$$

$$\pi_{LG4} = (1 - P_1) P_2 (1 - P_{LG}) I_{LG0} \qquad (5-18)$$

第五，基层地方政府不组织市场化配置，联合农户组织选择土地自用时：

$$\pi_{FA5} = (1 - P_1)(1 - P_2)(I_{FA} + I_{FA0}) \qquad (5-19)$$

$$\pi_{LG5} = (1 - P_1)(1 - P_2) I_{LG0} \qquad (5-20)$$

（2）联合农户组织和基层地方政府的预期盈利分别为：

$$\begin{aligned}
\pi_{FA} &= P_1 P_2 (I_{FA} + I_{FA1} - C_{FALG}) + P_1 (1 - P_2)(I_{FA} + I_{FA0}) + (1 - P_1) P_2 P_{LG} (I_{FA} \\
&\quad + I_{FA1} - V_{FA}) + (1 - P_1) P_2 (1 - P_{LG})(I_{FA} + I_{FA1}) \\
&\quad + (1 - P_1)(1 - P_2)(I_{FA} + I_{FA0}) \qquad (5-21)
\end{aligned}$$

$$\begin{aligned}
\pi_{LG} &= P_1 P_2 (I_{LG} - C_{LGFA} - C_{LG}) + P_1 (1 - P_2)(I_{LG0} - C_{LG}) \\
&\quad + (1 - P_1) P_2 P_{LG} (V_{FA} + I_{LG0}) + (1 - P_1) P_2 I_{LG0} \\
&\quad + (1 - P_1)(1 - P_2) I_{LG0} \qquad (5-22)
\end{aligned}$$

（3）基层地方政府先作出决策，联合农户随后作出决策；当基层地方政府最初选择"不组织"时，基层地方政府会在联合农户作出反应后，根据联合农户的选择再次作出"查处"和"不查处"选择。在五种可能出现的行动策略组合中，基层地方政府有"组织"和"不组织"两种策略，基层地方政府的期望盈利如下：

第一，当基层地方政府选择"组织"市场化配置的策略时的期望盈利为：

$$\begin{aligned}
\pi_{LGY} &= \pi_{LG1} + \pi_{LG2} \\
&= P_1 P_2 (I_{LG} - C_{LGFA} - C_{LG}) + P_2 (1 - P_2)(I_{LG0} - C_{LG}) \\
&= P_1 [ P_2 (I_{LG} - C_{LGFA}) + (1 - P_2) I_{LG0} - C_{LG} ] \qquad (5-23)
\end{aligned}$$

第二，当基层地方政府选择"不组织"市场化配置的策略时的期望盈利为：

$$\begin{aligned}
\pi_{LGN} &= \pi_{LG3} + \pi_{LG4} + \pi_{LG5} \\
&= (1 - P_1) P_2 P_{LG} (V_{FA} + I_{LG0}) + (1 - P_1) P_2 (1 - P_{LG}) I_{LG0} \\
&\quad + (1 - P_1)(1 - P_2) I_{LG0} \\
&= (1 - P_1) [ P_2 P_{LG} V_{FA} + (1 + P_2) I_{LG0} ] \qquad (5-24)
\end{aligned}$$

第三，若基层地方政府选择"组织"市场化配置的策略，则需要满足 $\pi_{LGY} > \pi_{LGN}$，即 $\pi_{LGY} - \pi_{LGN} > 0$。

$$\pi_{LGY} - \pi_{LGN} = P_1 P_2 (I_{LG} - C_{LGFA} - C_{LG}) + P_1 (1 - P_2)(I_{LG0} - C_{LG})$$
$$- [(1 - P_1) P_2 P_{LG} (V_{FA} + I_{LG0}) + (1 - P_1) P_2 (1 - P_{LG}) I_{LG0}$$
$$+ (1 - P_1)(1 - P_2) I_{LG0}] > 0 \qquad (5-25)$$

$$[P_2 I_{LG} - P_2 C_{LGFA} + (1 - P_2) I_{LG0} - C_{LG}] / [P_2 P_{LG} V_{FA} + (1 + P_2) I_{LG0}] > (1 - P_1)/P1$$

由于 $(1 - P_1)/P1 > 0$，$P_2 P_{LG} V_{FA} + (1 + P_2) I_{LG0} > 0$

$$P_2 (I_{LG} + I_{LG0} - C_{LGFA}) + I_{LG0} > C_{LG} \qquad (5-26)$$

综上可得，在基层地方政府与联合农户的两两博弈中，基层地方政府是否"组织市场化配置"受联合农户转出土地的概率、参与市场化配置前后的获利大小以及构建市场化配置平台的成本和与联合农户的谈判成本五个要素的影响。当联合农户组织转出土地的概率越高或者基层地方政府从土地要素市场化配置中获得的收益更高、成本更低时，基层地方政府越有可能组织土地要素市场化配置。

（4）基层地方政府先作出决策，联合农户随后作出决策；当基层地方政府最初选择"不组织"时，基层地方政府会在联合农户作出反应后，根据联合农户的选择再次作出"查处"和"不查处"选择。在五种可能出现的行动策略组合中，联合农户组织有"转出"土地要素和"不转出"土地要素两种策略，联合农户的期望盈利如下。

第一，当联合农户组织选择"转出"土地要素的策略时的期望盈利为：

$$\pi_{FAY} = \pi_{FA1} + \pi_{FA3} + \pi_{FA4}$$
$$= P_1 P_2 (I_{FA} + I_{FA1} - C_{FALG}) + (1 - P_1) P_2 P_{LG} (I_{FA} + I_{FA1} - V_{FA})$$
$$+ (1 - P_1) P_2 (1 - P_{LG})(I_{FA} + I_{FA1})$$
$$= P_2 (I_{FA} + I_{FA1}) - P_1 P_2 C_{FALG} - (1 - P_1) P_2 P_{LG} V_{FA} \qquad (5-27)$$

第二，当联合农户组织选择"不转出"土地要素的策略时的期望盈利为：

$$\pi_{FAN} = \pi_{FA2} + \pi_{FA5}$$
$$= P_1 (1 - P_2)(I_{FA} + I_{FA0}) + (1 - P_1)(1 - P_2)(I_{FA} + I_{FA0})$$
$$= (1 - P_2)(I_{FA} + I_{FA0}) \qquad (5-28)$$

第三，若联合农户组织选择"转出"土地要素的策略，则需要满足

$\pi_{FAY} > \pi_{FAN}$，即 $\pi_{FAY} - \pi_{FAN} > 0$。

$$
\begin{aligned}
\pi_{FAY} - \pi_{FAN} =\ & P_1 P_2 (I_{FA} + I_{FA1} - C_{FALG}) + (1 - P_1) P_2 P_{LG} (I_{FA} + I_{FA1} - V_{FA}) \\
& + (1 - P_1) P_2 (1 - P_{LG})(I_{FA} + I_{FA1}) - [P_1(1 - P_2)(I_{FA} + I_{FA0}) \\
& + (1 - P_1)(1 - P_2)(I_{FA} + I_{FA0})] > 0
\end{aligned}
$$

$$
[(I_{FA} + I_{FA1}) - P_1 C_{FALG} - (1 - P_1) P_{LG} V_{FA}] / (I_{FA} + I_{FA0}) > (1 - P_2)/P_2
$$

$$(5-29)$$

由于 $1/P_2 - 1 > 0$，$I_{FA} + I_{FA0} > 0$

因此，$I_{FA} + I_{FA1} > P_1 C_{FALG} + (1 - P_1) P_{LG} V_{FA}$

综上，若联合农户组织选择"转出"土地要素的策略，则联合农户组织的总收益需要大于市场化配置的谈判成本和进入农村土地隐性流转市场时的罚款。也就是说，联合农户从市场化配置中获得的收益越高、成本越低或在农村土地隐性流转市场上受到的处罚越低时，农户更倾向于转出土地要素，此时，农村土地要素市场化配置程度越高。

（三）农村土地要素市场化配置利益分配机制作用机理

根据动态博弈结果可得，农村土地要素市场化配置策略选择与农户、基层地方政府从市场化配置中获得的利益直接相关，利益越高，越可能参与市场化配置。当农民和基层地方政府从农村土地要素市场化配置中获得更多利益时，农民和基层地方政府更倾向于参与和组织更大范围的农村土地要素市场化配置。随着农村土地要素市场化配置的范围越大，受利益的刺激，农村土地要素市场化配置参与者会更进一步增加资金、人力、科技等多种要素的投入，农村土地要素市场化配置程度表现出规模递增特征，农村土地要素市场化配置程度提高。也就是说，农户和基层地方政府获得的农村土地要素市场化利益分配越多，激励农村土地的流转率和流转面积的提高和扩大，农村土地要素配置逐步发挥规模效应，农村土地要素市场化配置程度提升，当农村土地要素市场化配置参与者利益分配由 $\pi_1$ 增长至 $\pi_2$ 时，农村土地要素市场化配置程度由 $M_1$ 增长至 $M_2$。因此，农村土地要素市场化配置分配利益越高，农村土地要素市场化配置程度越高，如图 5-11 所示。

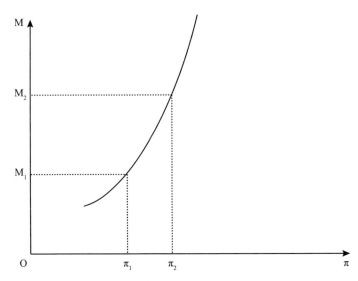

图 5 - 11　农村土地要素市场化配置利益分配机制作用机理

## 二、农村土地要素市场化配置利益分配机制影响效果实证研究设计

（一）变量设定

为量化农村土地要素市场化配置利益分配机制对农村土地要素市场化配置程度的影响效果，把我国农村土地要素市场化配置程度作为被解释变量，农村土地要素市场利益分配指数为解释变量，加入经济发展水平、农民获得的贷款额、农民社保水平、二元经济结构水平、农村缴纳税款总额5 个控制变量，具体作如下说明（见表5 - 17）。

第一，被解释变量。我国农村土地要素市场化配置程度为被解释变量。以前文测度的结果作为本节计量模型的被解释变量，被解释变量的取值范围为 [0，1]。

第二，核心解释变量。已有研究更多地关注农村土地要素市场化配置各方的绝对收益，忽视了各方的分配比例问题，本书试图构建农村土地要素市场利益分配比指标，反映农村土地要素市场化配置过程中，村经济组织和农户的利益分配情况，凸显村经济组织和农户间的矛盾和共生关系，将村经济

组织和农户缴纳的税收额作为外生变量，从村经济组织与农户的利益分配相
对量的角度，分析农村土地要素市场化配置利益分配机制的作用情况。

以农村土地要素市场利益分配指数作为核心解释变量，衡量农村土地
要素市场化配置利益分配机制的发育程度。农村土地要素市场利益分配指
数越大，市场化配置利益分配机制越完善。农村土地要素市场利益分配指
数指的是多个参与农村土地要素市场化的主体从土地市场化交易中获得的
收益比值，本节用在农村土地要素市场上农户的收益与本村经济组织的收
益的比值表示，衡量的是农村土地要素市场化配置中农户与基层地方政府
的利益分配情况，取值范围为 ［0，+∞）。当总收益不变时，利益分配
指数越大，表示农民从土地要素市场化过程中获得的收益越多，也就意味
着村集体获得的收益越少；反之，利益分配指数越小，农民从土地要素市
场化过程中获得的收益越少，村集体获得的收益越多。

第三，控制变量。除农村土地要素利益分配指数外，对可能会影响农
村土地要素市场化配置程度的其他因素进行控制，与本部分前两节影响机
制分析中的控制变量设置一致。

表 5 - 17　　　　　　　　　　变量设定

| 变量类型 | 变量名称 | 变量符号 | 变量含义 | 单位 | 变量属性 |
|---|---|---|---|---|---|
| 被解释变量 | 农村土地要素市场化配置程度 | M | $M = \sum_{k=1}^{25} W_k X_k$ | — | 正指标 |
| 核心解释变量 | 农村土地要素市场利益分配指数 | iceo | 农户土地市场化分配收益/村经济组织本年经济收益 | — | 正指标 |
| 控制变量 | 经济发展水平 | led | 人均GDP | 元 | 正指标 |
| | 农民获得的贷款额 | rl | 涉农贷款额 | 亿元 | 正指标 |
| | 农民社保水平 | fss | 农村居民养老保险参保人数 | 万人 | 正指标 |
| | 二元经济结构 | des | 农业部门生产率/非农部门生产率 | — | 正指标 |
| | 农村缴纳税款总额 | pt | 农村纳税总额 | 万元 | 逆指标 |

（二）数据来源和处理

选取 2010 ~ 2019 年我国农村土地要素市场化配置作为研究对象。

"农村土地要素市场化配置程度"数据源于前文我国农村土地要素市场化配置程度测度结果；"农户土地市场化分配收益""村经济组织本年经济收益"数据均来源于《2019 年中国农村改革政策与改革统计年报》和历年《中国农村经营管理统计年报》；"人均 GDP""农业生产部门产值""非农业部门产值""农业生产部门劳动力数""非农业部门劳动力数""总劳动力数""总产值"数据源于历年《中国统计年鉴》；农村居民养老保险参保人数源于历年《中国社会统计年鉴》；"涉农贷款"数据源于 Wind 数据库；"农村纳税总额"数据源于《2019 年中国农村改革政策与改革统计年报》和历年《中国农村经营管理统计年报》。有单位的控制变量的处理方法与上一节类似。

（三）计量模型构建

建立农村土地要素市场化配置利益分配机制实证研究基准模型：

$$M_{it} = \alpha_0 + \beta_1 iceo_{it} + \beta_2 led_{it} + \beta_3 rl_{it} + \beta_4 fss_{it} + \beta_5 des_{it} + \beta_6 pt_{it} + \alpha_i + \lambda_t + \varepsilon_{it}$$

$$(5-30)$$

其中，i 和 t 分别表示省份和年份，$M_{it}$ 为 i 省 t 年的农村土地要素市场化配置程度，$iceo_{it}$ 为 i 省 t 年的农村土地要素市场利益分配指数，$led_{it}$、$rl_{it}$、$fss_{it}$、$des_{it}$、$pt_{it}$ 分别为 i 省 t 年的经济发展水平、农民获得的贷款额、农民社保水平、二元经济结构水平及农村缴纳税款总额，$\alpha_0$ 为截距项，$\alpha_i$ 和 $\lambda_t$ 分别为 i 省的个体效应和 t 年的时间效应，$\varepsilon_{it}$ 为随机扰动项，且 $\varepsilon_{it} \sim (0, \sigma^2)$。若 $\beta_i > 0$，则该解释变量与农村土地要素市场化配置程度正相关，$\beta_i \leq 0$，则非正相关。

本节学理分析的思路为：由于本节的被解释变量与本部分第一节的被解释变量选择具有一致性，本节不设定空模型，直接设定基准模型。第一，设定变截距面板静态模型，作为分析农村土地要素市场上农村土地要素利益分配指数与农村土地要素市场化配置程度关系的基准模型；第二，为解决基准模型中可能存在的内生性和自相关问题，分别引入农村土地要素利益分配指数的一阶滞后项及农村土地要素市场化配置程度的滞后一阶和滞后二阶，建立差分 GMM 动态短面板模型；第三，引入被解释变量的滞后一阶和滞后二阶，并用系统 GMM 模型和 2SLS 模型分别进行稳健性检验；第四，异质性分析，用基准模型进行初步异质性分析，随后加入农村土地要素市场化配置程度一阶和二阶滞后项建立 OLS 模型；第五，为分析农村土地要素利益分配对农村土地要素市场化的长期范围内的影响，加入农村土地要素利益分配指数的二次项，建立 2SLS 模型作进一步分析。

## 三、农村土地要素市场化配置利益分配机制影响效果实证分析

（一）描述性检验与相关性分析

表 5-18 为所有变量初始数据的描述性统计，农村土地要素市场化配置程度及控制变量结果与上一节统计结果一致，本书重点关注农村土地要素利益分配指数（iceo）的描述性统计结果。从统计结果可得，农村土地要素利益分配指数均值为 0.26，中位数为 0.215，说明多个省份农村土地交换指数低于全国均值，说明农村土地要素利益分配指数呈右偏分布，农户从土地要素市场化中获得的收益比处于增长的状态；而最大值、最小值分别为 86.5 和 0.38，最值间的差距较大，说明地区间农村土地要素利益分配指数差异明显，各省农村土地要素利益分配情况个体异质性强，所选取的各省样本分布较为理想。

表 5-18　　　　　　　　　　　描述性统计

| 变量 | 观测值 | 均值 | 中位数 | 标准差 | 最小值 | 最大值 |
|------|--------|------|--------|--------|--------|--------|
| M | 300 | 0.20 | 0.19 | 0.07 | 0.08 | 0.41 |
| iceo | 300 | 0.26 | 0.22 | 0.20 | 0.00 | 0.87 |
| led | 300 | 23661.47 | 17883.25 | 19164.53 | 1350.43 | 107671.10 |
| rl | 300 | 7949.12 | 5999.87 | 7170.81 | 538.45 | 38855.93 |
| fss | 300 | 1551.97 | 1239.28 | 1234.24 | 35.41 | 6231.21 |
| des | 300 | 20.04 | 18.77 | 7.72 | 4.54 | 58.88 |
| pt | 300 | 222916.90 | 67190.19 | 446017.90 | 1764.40 | 2689689.00 |

注：描述性统计所用数据均为原始数据。

用 Stata15.1 软件进行 pwcorr 相关性分析，重点关注我国农村土地要素市场化配置程度与农村土地要素市场化利益分配指数间的相关性。由表 5 – 19 可知，我国农村土地要素市场化配置程度与农村土地要素市场化利益分配指数的相关系数为 0.42，相关系数通过 10% 的显著性检验，说明 M 与 iceo 之间基本上不存在多重共线性，指标设定较为合理。

表 5 – 19                          变量相关性分析

| 变量 | M | iceo | led | rl | fss | des | pt |
|---|---|---|---|---|---|---|---|
| M | 1 | | | | | | |
| iceo | 0.42 * | 1 | | | | | |
| led | 0.268 *** | 0.146 ** | 1 | | | | |
| rl | 0.49 *** | – 0.08 * | 0.261 *** | 1 | | | |
| fss | 0.529 *** | – 0.029 * | – 0.241 *** | 0.489 *** | 1 | | |
| des | 0.437 ** | – 0.194 *** | – 0.05 * | 0.237 *** | 0.001 * | 1 | |
| pt | – 0.358 *** | 0.011 * | – 0.228 *** | – 0.594 *** | – 0.164 *** | – 0.26 *** | 1 |

注：1. 相关性分析所用数据为原始数据。
2. *、**、*** 分别表示在 10%、5%、1% 的水平上显著。

（二）趋势图分析

图 5 – 12 为 2010 ~ 2019 年全国农村土地要素市场化配置程度与农村土地要素利益分配指数变化趋势。由图可得，农村土地要素利益分配指数和农村土地要素市场化配置程度整体上都呈现出上升趋势，表明农村土地要素利益分配指数与农村土地要素市场化配置程度之间存在正相关关系，初步验证假设 3。

（三）基准静态回归结果及分析

首先，引入核心解释变量建立基准模型，采用固定效应模型和随机效应模型分别进行估计，Hausman 检验结果[①]接受原假设，随后纳入 5 个控

---

①   Chi2（2）= 4.44，p > chi2 = 0.109。

制变量分别进行估计，Hausman 检验结果①拒绝原假设，为方便进行对回归结果中各变量回归结果的比较，将控制变量进入前后的回归结果都列在表 5 – 20 中。由表 5 – 20 可得，F/Wald 检验的 P 值均为 0，表明模型拟合性良好，引入控制变量前后的 $R^2$ 由 0.066、0.066 提升至 0.618、0.646，表明模型的拟合优度提升，农村土地要素利益分配指数及控制变量的解释能力增强。

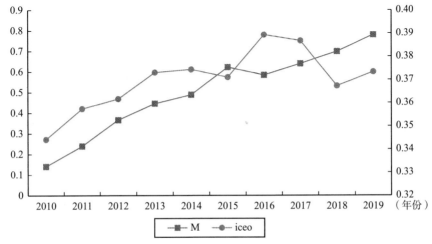

图 5 – 12　2010 ~ 2019 年全国农村土地要素市场化配置程度
与农村土地要素利益分配指数变化趋势

表 5 – 20　　农村土地要素市场化配置利益分配机制影响效果回归结果

| 解释变量 | （1） | （2） | （3） | （4） |
|---|---|---|---|---|
| iceo | 0.077 *** | 0.091 *** | 0.052 ** | 0.066 * |
|  | （0.02） | （0.021） | （0.035） | （0.037） |
| led |  |  | 0.223 ** | 0.025 * |
|  |  |  | （0.09） | （0.105） |
| rl |  |  | 0.259 *** | 0.369 *** |
|  |  |  | （0.028） | （0.032） |

① Chi2 （7） = 38.52，p > chi2 = 0。

续表

| 解释变量 | （1） | （2） | （3） | （4） |
|---|---|---|---|---|
| fss | | | 0.08 *<br>（0.053） | 0.006 *<br>（0.059） |
| des | | | 0.012 *<br>（0.068） | 0.062 *<br>（0.076） |
| pt | | | -0.015 *<br>（0.067） | -0.343 ***<br>（0.093） |
| Cons | 0.224 ***<br>（0.012） | 0.228 ***<br>（0.006） | 0.0145 **<br>（0.072） | 0.486 ***<br>（0.086） |
| N | 300 | 300 | 300 | 300 |
| R² | 0.066 | 0.066 | 0.618 | 0.646 |
| F/Wald | 14.73<br>[0.001] | 18.85<br>[0] | 472.46<br>[0] | 80.28<br>[0] |
| Control | NO | NO | YES | YES |
| 个体效应 | Control | Control | Control | Control |
| 时间效应 | Control | Control | Control | Control |
| Model | RE | FE | RE | FE |

注：1. * 、** 、*** 分别表示在 10% 、5% 、1% 的水平上显著。
2.（ ）内为标准差，［ ］内为 p 值。

由表 5 – 20 列（1）、列（2）可得，农村土地要素利益分配指数 iceo 的回归系数分别为 0.077 和 0.091，均能通过 1% 水平的显著性检验，表明农村土地要素利益分配指数对农村土地要素市场化配置程度有正向影响，农村土地要素利益分配指数的提升能显著提升农村土地要素市场化配置程度，验证"农村土地要素利益分配指数与农村土地要素市场化配置程度正相关"的假设。由表 5 – 20 列（3）、列（4）可得，引入 5 个控制变量后，核心解释变量 iceo 的回归系数变为 0.052 和 0.066，与表 5 – 20 列（1）、列（2）相比明显减小，说明纳入 5 个控制变量后的农村土地要素利益分配指数对农村土地要素市场化配置程度的解释能力被分散，控制变量对农村土地要素市场化配置程度的影响明显；农村土地要素利益分配的回归系数通过至少 10% 置信水平的显著性检验，强烈支持"农村土地要素利益分配机制的发育程度与农村土地要素市场化配置程度正相关"的假设。

由表 5 - 20 列（3）、列（4）中的控制变量系数可知，在 1% 水平的检验下农民获得的贷款额的回归系数显著为正，经济发展水平、农民社保水平和二元经济结构水平在 10% 的显著性检验水平上显著为正，农村缴纳税款总额的回归系数在至少 10% 的置信性检验下显著为负，控制变量的回归结果与本部分前两节的结果基本一致，完全符合预期。

（四）差分 GMM 动态回归结果及分析

为解决模型建立过程中的动态性和内生性问题，借鉴张建平和葛杨（2020）、胡雪萍和许佩（2020）的研究方法，引入被解释变量农村土地要素市场化配置程度的滞后一期和滞后二期。农村土地要素市场化过程并非一蹴而就的，农村土地要素市场化政策效果和农村土地要素市场化配置程度受"惯性"的影响明显，前期的农村土地要素市场化配置程度会影响本期的市场化配置程度，因此，引入滞后期具有合理性。表 5 - 21 列（1）~（4）中分别引入农村土地要素市场化配置程度的一期、二期滞后项和控制变量；随后参考陈强（2010）处理内生性的办法，选择解释变量滞后项作为工具变量，即用农村土地要素利益分配指数的一阶、二阶滞后项作为代理工具变量，并引入农村土地要素市场化配置程度的滞后项，进行差分广义矩估计（DIFF - GMM），得到表 5 - 21 列（5）~（6）。

由表 5 - 21 可得，AR（1）、AR（2）检验结果显示，PAR（1）< 0.05 且 PAR（2）> 0.05，模型存在一阶自相关但不存在二阶自相关；Sargan 检验中 P 值至少大于 0.32，则工具变量有效，模型能通过过度识别检验，建立的 DIFF - GMM 模型有效。农村土地要素利益分配指数的回归系数均显著为正，再次证实"农村土地要素利益分配指数与农村土地要素市场化配置程度正相关"，验证假设 3；所有被解释变量滞后一阶、二阶项 L1. M、L2. M 均为正且通过 1% 水平的显著性检验，表明农村土地要素市场利益分配过程中农村土地要素市场化路径依赖明显，假设 5 成立。

表 5 - 21 列（1）、列（2）为引入被解释变量滞后项 L1. M、L2. M 和

农村土地要素市场化配置程度测度及影响机制研究

核心解释变量 iceo，并控制非核心解释变量进入的结果。农村土地要素利益分配指数和农村土地要素市场化配置程度滞后项均能通过 10% 水平的显著性检验，表明农村土地要素利益分配指数对被解释变量有正向影响，验证假设 3；随后，表 5－21 列 (3)、列 (4) 为纳入控制变量的结果，此时农村土地要素市场化配置程度滞后项和农村土地要素利益分配指数的回归系数降低，表明控制变量对农村土地要素市场化配置程度有一定的影响，与 FE 模型、RE 模型的结果一致。表 5－21 列 (5)、列 (6) 为引入农村土地要素利益分配指数滞后一阶 L1. iceo、农村土地要素市场化配置程度的滞后两阶滞后项的回归结果，农村土地要素市场化配置程度滞后二阶 L2. M 引入前后的回归结果有不同的表现。若只引入农村土地要素市场化配置程度滞后一阶 L1. M 和农村土地要素利益分配指数滞后项 L1. iceo 后，农村土地要素利益分配指数和农村土地要素市场化配置程度一阶滞后项的回归系数较引入前有明显降低，表明上一期的农村土地要素市场利益分配指数对本期的农村土地要素市场化存在一定的正向影响；若将农村土地要素市场化配置程度的二阶滞后 L2. M 也引入回归，农村土地要素利益分配指数和农村土地要素市场化配置程度一阶滞后项的回归系数较引入前有明显的提升，可以认为，随着农村土地要素市场利益分配格局的演变，农村土地要素市场化配置程度在较长时期的累积效应更强，农村土地要素市场化配置利益分配机制的正向冲击在较长时间后才得到释放，再次证实假设 5。

表 5－21　利益分配机制影响下农村土地要素市场化配置"惯性"检验

| 解释变量 | (1) | (2) | (3) | (4) | (5) | (6) |
|---|---|---|---|---|---|---|
| L1. M | 0.842 ***<br>(0.008) | 0.549 ***<br>(0.204) | 0.205 ***<br>(0.033) | 0.291 ***<br>(0.042) | 0.182 ***<br>(0.034) | 0.287 ***<br>(0.042) |
| L2. M | | 0.243 ***<br>(0.01) | | 0.159 ***<br>(0.037) | | 0.178 ***<br>(0.034) |
| iceo | 0.092 ***<br>(0.006) | 0.111 ***<br>(0.01) | 0.079 ***<br>(0.01) | 0.09 ***<br>(0.017) | 0.064 ***<br>(0.012) | 0.088 ***<br>(0.012) |

续表

| 解释变量 | (1) | (2) | (3) | (4) | (5) | (6) |
|---|---|---|---|---|---|---|
| L1. iceo | | | | | 0.033 *** (0.010) | 0.062 *** (0.016) |
| led | | | 0.318 *** (0.043) | 0.335 *** (0.080) | 0.328 *** (0.041) | 0.377 *** (0.075) |
| rl | | | 0.567 *** (0.073) | 0.176 * (0.110) | 0.545 *** (0.069) | 0.109 * (0.011) |
| fss | | | 0.075 * (0.039) | -0.058 (0.055) | 0.128 ** (0.054) | -0.059 * (0.034) |
| des | | | 0.042 ** (0.020) | 0.015 (0.034) | 0.045 *** (0.014) | 0.055 ** (0.028) |
| pt | | | -0.238 *** (0.041) | -0.110 *** (0.023) | -0.219 *** (0.033) | -0.112 *** (0.025) |
| Cons | 0.111 *** (0.005) | 0.137 *** (0.0111) | 0.316 *** (0.047) | 0.243 *** (0.029) | 0.300 *** (0.042) | 0.254 *** (0.030) |
| N | 240 | 210 | 240 | 210 | 240 | 210 |
| AR (1) | 2.164 [0.002] | -2.752 [0.006] | -2.756 [0.006] | -2.562 [0.01] | -2.707 [0.007] | -2.706 [0.007] |
| AR (2) | -1.62 [0.101] | 0.998 [0.318] | 1.576 [0.115] | 0.871 [0.384] | 1.55 [0.121] | 0.817 [0.414] |
| Sargan | 27.075 [0.829] | 24.305 [0.463] | 25.048 [0.348] | 22.384 [0.320] | 25.245 [0.338] | 21.248 [0.383] |
| Control | NO | NO | YES | YES | YES | YES |
| 个体效应 | Control | Control | Control | Control | Control | Control |
| 时间效应 | Control | Control | Control | Control | Control | Control |
| Model | DIFF – GMM | DIFF – GMM | DIFF – GMM | DIFF – GMM | DIFF – GMM | DIFF – GMM |

注: 1. * 、** 、*** 分别表示在10% 、5% 、1% 的水平上显著。
2. ( ) 内为标准差, [ ] 内为 p 值。

(五) 稳健性和内生性检验

本节依旧采用系统 GMM (SYS – GMM) 和两阶段最小二乘法 (2SLS)

回归模型进行稳健性检验，并加入农村土地要素市场化配置程度的滞后一阶和滞后二阶项作为解释变量，同时解决动态性的问题，建立列（1）~（8）。系统 GMM 结果、2SLS 结果与 FE 回归、差分 GMM 回归结果中的各解释变量系数符号基本一致，能通过显著性检验，因此，认为前文建立的模型能够通过稳健性检验。

表 5 - 22 列（1）~（4）为系统 GMM 回归结果。其中，AR（1）、AR（2）检验结果显示，PAR（1）< 0.05 且 PAR（2）> 0.05，模型存在一阶自相关但不存在二阶自相关；Sargan 检验中 P 值至少大于 0.99，则工具变量有效，模型能通过过度识别检验，SYS - GMM 模型有效。农村土地要素市场化配置程度的滞后项回归系数显著为正，认为农村土地要素市场化配置程度受市场惯性的正向影响明显，假设 5 成立。

表 5 - 22 列（5）~（8）为二阶段最小二乘法（2SLS）回归结果，借鉴秦琳贵和沈体雁（2020）工具变量的选取办法，选取核心解释变量农村土地要素市场利益分配指数的滞后一阶作为工具变量。模型结果显示，$R^2$ 结果均接近于 1，说明所建立的 4 个 2SLS 模型的拟合优度良好。农村土地要素市场化配置程度滞后项的回归系数显著为正，认为农村土地要素市场化配置程度受市场惯性的正向影响明显，再次证实假设 5；农村土地要素市场利益分配指数的回归系数为正，且能通过至少 10% 水平的显著性检验，说明农村土地要素市场利益分配指数与农村土地要素市场化配置程度正相关，再次证实假设 3。

表 5 - 22        稳健性和内生性检验

| 解释变量 | （1） | （2） | （3） | （4） | （5） | （6） | （7） | （8） |
|---|---|---|---|---|---|---|---|---|
| L1. M | 0.855 \*\*\* (0.01) | 0.719 \*\*\* (0.015) | 0.596 \*\*\* (0.056) | 0.524 \*\*\* (0.062) | 0.988 \*\*\* (0.019) | 0.732 \*\*\* (0.058) | 0.835 \*\*\* (0.036) | 0.64 \*\*\* (0.06) |
| L2. M | | 0.189 \*\*\* (0.019) | | 0.085 \* (0.049) | | 0.283 \*\*\* (0.06) | | 0.258 \*\*\* (0.06) |
| iceo | 0.067 \*\*\* (0.007) | 0.06 \*\*\* (0.01) | 0.055 \*\* (0.022) | 0.062 \*\*\* (0.01) | 0.017 \* (0.03) | 0.008 \* (0.018) | 0.024 \*\* (0.047) | 0.009 \* (0.021) |

续表

| 解释变量 | （1） | （2） | （3） | （4） | （5） | （6） | （7） | （8） |
|---|---|---|---|---|---|---|---|---|
| N | 270 | 240 | 270 | 240 | 270 | 240 | 270 | 240 |
| AR（1） | 2.168 [0.03] | -2.859 [0.004] | 2.202 [0.028] | -2.727 [0.006] | | | | |
| AR（2） | -1.621 [0.105] | 1.414 [0.157] | -0.248 [0.804] | 1.440 [0.15] | | | | |
| Sargan | 27.457 [0.99] | 25.530 [0.99] | 21.463 [0.99] | 25.358 [0.997] | | | | |
| $R^2$ | | | | | 0.997 | 0.993 | 0.987 | 0.988 |
| Control | NO | NO | YES | YES | NO | NO | YES | YES |
| 个体效应 | Control | Control | Control | Control | Control | Control | Control | Control |
| 时间效应 | Control | Control | Control | Control | Control | Control | Control | Control |
| Model | SYS-GMM | SYS-GMM | SYS-GMM | SYS-GMM | 2SLS | 2SLS | 2SLS | 2SLS |

注：1. * 、** 、*** 分别表示在10%、5%、1%的水平上显著。
2. （）内为标准差，[ ]内为 p 值。

（六）异质性分析

根据前面得到的我国各区域农村土地要素市场化配置程度可知，各地农村土地要素市场化配置程度差距明显，为考察不同地区农村土地要素市场利益分配指数对农村土地要素市场化配置程度的影响是否也不同，对东部、中部、西部、东北部4个地区分别进行回归分析，检验利益分配情况对农村土地要素市场化配置程度影响的异质性。与上一节类似，考虑到农村土地要素市场化的累积效果，加入农村土地要素市场化配置程度滞后一期和滞后二期作为解释变量，建立固定效应模型和普通最小二乘法模型。表5-23中，模型的 $R^2$ 较大，OLS模型的 Adj $R^2$ 接近于1，认为表5-23列（1）~（8）的拟合度较好。

表 5 - 23　　　农村土地要素市场化配置利益分配机制影响效果异质性检验

| 解释变量 | (1) | (2) | (3) | (4) | (5) | (6) | (7) | (8) |
|---|---|---|---|---|---|---|---|---|
| | 东部地区 | | 中部地区 | | 西部地区 | | 东北地区 | |
| L1. M | | 0.420 *** (0.11) | | 0.391 *** (0.154) | | 0.362 *** (0.1) | | 0.439 * (0.296) |
| L2. M | | 0.363 *** (0.113) | | 0.199 * (0.136) | | 0.118 (0.097) | | 0.164 (0.196) |
| iceo | 0.197 *** (0.048) | 0.079 ** (0.046) | 0.069 (0.082) | 0.07 (0.063) | - 0.019 * (0.026) | - 0.008 * (0.024) | 0.176 * (0.146) | 0.086 * (0.074) |
| N | 100 | 80 | 60 | 48 | 110 | 88 | 30 | 24 |
| $R^2$ | 0.931 | 0.946 | 0.983 | 0.958 | 0.983 | 0.929 | 0.999 | 0.984 |
| Adj $R^2$ | | 0.93 | | 0.945 | | 0.919 | | 0.969 |
| F/Wald | 535.2 [0] | 96.85 [0] | 587.76 [0] | 74.83 [0] | 85.16 [0] | 90.43 [0] | 82.57 [0] | 65.47 [0] |
| Control | YES | YES | YES | YES | YES | YES | YES | YES |
| 个体效应 | Control | Control | Control | Control | Control | Control | Control | Control |
| 时间效应 | Control | Control | Control | Control | Control | Control | Control | Control |
| Model | FE | OLS | FE | OLS | FE | OLS | FE | OLS |

注: 1. * 、 ** 、 *** 分别表示在 10% 、5% 、1% 的水平上显著。
　　2. ( ) 内为标准差, [ ] 内为 p 值。

　　表 5 - 23 列 (1) ~ (8) 为东部、中部、西部和东北部 4 个地区农村土地要素市场利益分配指数对农村土地要素市场化配置程度的回归结果, 各地区间农村土地要素利益分配指数 iceo、农村土地要素市场化配置程度滞后项的回归系数有明显差异, 表明区域间农村土地要素市场利益分配情况的差异产生当地农村土地要素市场化配置程度异质性, 假设 6 成立。所有地区农村土地要素市场化配置程度的一阶滞后项均通过 1% 水平的显著性检验, 回归系数均为正, 表明各地区农村土地要素市场化配置程度惯性的正向冲击明显, 验证假设 3; 东部和中部地区农村土地要素市场化二阶滞后项的系数显著为正, 西部和东北部地区农村土地要素市场化二阶滞后项的系数为正但未表现出显著性, 一定程度上表现出农村土地要素市场化

受其惯性的正向推动作用，假设 5 成立。

由表 5-23 列（1）、列（2）、列（7）、列（8）可得，东部和东北部地区的农村土地要素市场利益分配指数回归系数显著为正，表明东部和东北部地区农村土地要素市场利益分配指数能显著提升农村土地要素市场化配置程度，即农民在农村土地要素市场化收益中占比越高越有利于农村土地要素市场化配置程度的提升，与全国的情况一致。

由表 5-23 列（3）、列（4）可得，可能由于样本量的限制，中部地区农村土地要素市场利益分配指数的回归系数未通过显著性检验，但中部地区农村土地要素市场利益分配指数显示出正相关性，与假设 3 相符。

由表 5-23 列（5）、列（6）可得，西部地区农村土地要素市场利益分配指数的回归系数显著为负，说明西部地区农村土地要素市场利益分配指数与农村土地要素市场化配置程度负相关，即对于西部地区来说，土地要素市场化产生的收益中，农民获得的收益与村集体获得的收益比值越高，对农村土地要素市场化配置程度的制约性越强。

（七）进一步的分析

农村土地要素市场利益分配指数对农村土地要素市场化配置程度的正向促进作用明显，为验证长期范围内农村土地要素市场利益分配指数提升对市场化提升的影响机制，本书引入利益分配指数的二次项进一步分析。用全国数据采用固定效应模型和随机效应模型分别进行估计，Hausman 检验结果[1]拒绝原假设，含二次项的回归模型统一用固定效应模型。

表 5-24 列（1）~（5）中被解释变量的滞后项显著为正，再次验证农村土地要素市场化配置程度惯性对市场化配置程度有正向冲击。在全国范围内，农村土地要素市场利益分配指数二次项的回归系数显著为负，利益分配指数的回归系数显著为正，表示在较长的时期，市场利益分配指数与农村土地要素市场化配置程度呈倒 "U" 形关系。东部地区、西部地区和东北部地区结果与全国结果有一致性；中部地区农村土地要素市场利益分配指数二次项的回归系数未通过显著性检验，回归系数为 -1.067，利

---

① Chi2（8）= 72.36，p > chi2 = 0。

益分配指数的回归系数显著为正,因此,中部地区的农村市场利益分配指数与农村土地要素市场化配置程度仍表现出倒"U"形关系,假设7成立。

表5-24　　农村土地要素市场化配置利益分配机制影响效果阈值效应检验

| 解释变量 | (1) | (2) | (3) | (4) | (5) |
|---|---|---|---|---|---|
|  | 全国 | 东部地区 | 中部地区 | 西部地区 | 东北部地区 |
| L1. M | 0.471 *** (0.054) | 0.744 *** (0.092) | 0.827 *** (0.077) | 0.408 *** (0.099) | 0.509 * (0.166) |
| iceo * iceo | -0.053 * (0.038) | -0.292 * (0.474) | -1.067 (0.934) | -0.205 * (0.142) | -0.656 * (0.575) |
| iceo | 0.104 * (0.033) | 0.341 * (0.443) | 0.792 * (0.819) | 0.187 * (0.138) | 0.743 ** (0.677) |
| N | 270 | 80 | 48 | 88 | 27 |
| $R^2$ | 0.772 | 0.985 | 0.994 | 0.990 | 0.999 |
| Control | YES | YES | YES | YES | YES |
| 个体效应 | Control | Control | Control | Control | Control |
| 时间效应 | Control | Control | Control | Control | Control |
| Model | FE | FE | FE | FE | FE |

注:1. * 、 ** 、 *** 分别表示在10%、5%、1%的水平上显著。
　　2. ( ) 内为标准差, [ ] 内为p值。

农村土地要素市场利益分配指数与农村土地要素市场化呈倒"U"形关系,阈值效应明显,阈值点即为农村土地要素市场利益分配指数的最优点。为更直观地观察农村土地要素市场利益分配指数的阈值效应,用MATLAB软件绘制出全国农村土地要素市场利益分配指数与农村土地要素市场化配置程度的平面图。如图5-13所示。

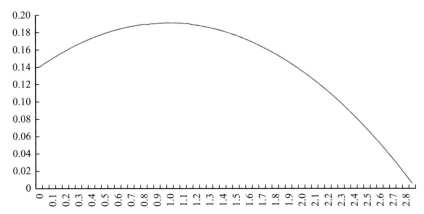

**图 5 – 13　2010 ~ 2019 年全国农村土地要素市场化配置程度与农村土地要素**

**市场化配置利益分配机制健全程度关系**

注：坐标横轴面表示的是农村土地要素市场化配置利益分配指数，纵轴表示的是农村土地要素市场化配置程度。

　　由图 5 – 13 可得，农村土地要素市场利益分配指数为 0. 978 时达到市场化配置程度的最大值点，即在农村土地要素市场化的利益分配中，农民获得的收益与村集体获得收益的比例为 0. 978∶为 1 时，农村土地要素市场化配置实现最优状态，各方积极性能实现最大程度的激发，对农村土地要素市场化配置程度的带动最大。因此，农民在农村土地要素市场利益分配比重的提升有利于农村土地要素市场化配置程度的提升，当农民从农村土地要素市场化配置中的收益比例达到 0. 978∶1 时，农民收益占比略低于村集体的收益占比；当农民收益的比例高于 0. 978∶1 时的临界值时，农民参与农村土地要素市场化程度的积极性持续被激发。但对于村集体来说情况却大相径庭，一方面，村集体等基层组织代表农民与土地受让方关于土地市场化交易面积和价格等方面进行谈判，在谈判过程中基层组织势必要花费一定的成本，促成的农村土地要素市场化交易越多，获得的土地市场化收益越多，谈判成本势必会随之增加；另一方面，为填补谈判成本或构筑土地要素市场化服务中介平台或信息服务平台等的开支，基层政府通过在市场化过程中收取调节金或税金等方式获得收入，但随着农民收益占比的持续扩大，村集体等基层组织从土地要素市场化过程中获得的收益比减少，基层地方政府特别是县级政府收取的入市土地调节金过少，政府

215

组织参与农村土地要素入市的积极性降低，缺乏推行农村土地要素市场化进程的长久动力。

# 第四节　我国农村土地要素市场化
## 配置配套机制分析

产权机制、农村金融服务机制、税收机制、中介服务机制、市场信息化机制、专业合作社机制以及农村社会保障机制推动农村土地要素市场化配置配套机制的构建，本节从学理角度考察农村土地要素市场化配置配套机制的影响效果。

## 一、我国农村土地要素市场化配置配套机制作用机理分析

（一）我国农村土地要素市场化配置配套机制

第一，农村土地要素产权。明晰的产权制度对提升农村土地要素市场化配置程度至关重要[1]，能够显著提高土地入市的公平性、效率性[2]（Hans et al.，1995）。当前我国农村集体土地所有权有较为明确的法律规定，但对农村土地要素产权保护力度不足，需要物化农民土地使用权（于代松和朱穆超，2002），加快推进农村土地要素的产权机制改革[3][4][5]。产权机制改革推进了农村土地要素市场化交换，农村土地要素得以流向生产效率较高的农民手中[6]，从而实现规模化经营（Chari et al.，2020）。曹和

---

[1][5]　Samwel A. S.，Agnes N. M. "Land and Housing Transactions in Tanzania：an Evaluation of Title Risk Vulnerabilities in Kinondoni Municipality Dar es Salaam". Urban Forum，2019，3：261 – 287.

[2]　Hans P.，Binswanger K. D.，Gershon F. P. "Distortions，Revolt and Reform in Agricultural Land Relations". Handbook of Development Economics，1995，3：2659 – 2772.

[3]　Dean R.，Damm L. T. "A Current Review of Chinese Land Use and Policy：A 'Breakthrough' in Rural Reform". Washington International Law Journal，2010，19：122 – 159.

[4]　Brandt L.，Whiting S. H.，Zhang. L X. et al. "Changing Property – Rights Regimes：A Study of Rural Land Tenure in China". China Quarterly，2017，1：1 – 24.

[6]　Chari A. V.，Liu E.，Wang S. Y. et al. "Property Rights，Land Misallocation and Agricultural Efficiency in China"（研究报告），Cambridge：National Bureau of Economic Research，2020.

张（2018）进一步肯定了产权制度对农村土地流转的作用，并提出土地所有权与农村土地流转之间的相互关系主要取决于产权、制度环境、行为认知能力以及实施能力的强弱等多种因素[1]。

第二，农村土地要素市场金融服务。农村金融是农业农村经济发展的血脉[2]，实现适度规模经营和农业农村现代化离不开金融的支持。涉农贷款余额的增加为农业和农村发展带来了持续性的资金支持，其对农业的贡献超过财政支农的贡献率（王悦和霍学喜，2014）。在农村土地要素市场化进程中，涉农贷款持续发挥出"造血"功能[3][4][5]。奥尔汉（Orhan，2020）提出，循环基金企业为地籍投资带来了资金资源[6]；赵雲泰等（2012）认为，显化土地要素资本价值是土地要素市场化最突出的特征。《中国金融年鉴》和 Wind 数据库资料显示，2010 年，我国涉农贷款余额117084.86 亿元；2018 年，涉农贷款为 322986 亿元，增长 175.856%；2019 年，涉农贷款达 342513.39 亿元，增长了 192.534%，涉农贷款的增加为农村发展带来了持续的动力。

第三，农村土地要素市场税收。对农村土地要素市场来说，初次分配主要依靠市场发挥基础性作用进行调节，但由于市场的逐利性、自发性和滞后性等弊端，会造成社会财产分配的不公平现象，拉大收入差距，激化农村内部矛盾，影响社会稳定。因此，税收机制是调节土地增值收益的重要财政工具，也是规范农村土地要素市场化建设的有效手段[7]。通过建立

① Cao Y., Zhang X. L. "Are they Satisfied with Land Taking? Aspects on Procedural Fairness, Monetary Compensation and Behavioral Simulation in China's Land Expropriation Story". Land Use Policy, 2018, 74: 166-178.

② 王春雨：《提高金融服务乡村振兴能力》，载于《中国金融》2020 年第 1 期，第 67~69 页。

③ Long H. L., Tu S. S., Ge D. Z. et al. "The Allocation and Management of Critical Resources in Rural China under Restructuring: Problems and Prospects". Journal of Rural Studies, 2016, 3: 6-12.

④ Alfred R. B., James O. O. "Assessing the Impacts of Land Tenure Regularization: Evidence from Rwanda and Ethiopia". Land Use Policy, 2021, 100: 104904.

⑤ Jiang R. H., Lin G. C. "Placing China's Land Marketization: The State, Market and the Changing Geography of Land Use in Chinese Cities". Land Use Policy, 2021, 103: 105293.

⑥ Orhan E. "A Closer Look at Turkish Cadastre and Its Successful Completion". Land Use Policy, 2020, 9: 104951.

⑦ Ho H. A. "Land Tenure and Economic Development: Evidence from Vietnam". World Development, 2021, 140: 105275.

土地要素市场的分级税率可以有效影响农村土地要素的市场化配置供求机制和市场化配置程度①。

第四，农村土地要素市场中介服务。农村土地交易市场需要有完善的中介等机构配套②③。科斯定理的反定理表明，不同的产权制度下的资源配置程度有所差异，交易费用是衡量产权制度好坏的唯一标准。在农村土地要素市场中，市场中介起到搜集信息、有效建立连接市场交易联系的作用（郎大鹏，2016④；Shi et al.，2018⑤）。农村土地要素市场中介平台或中介机构最基本的服务是农村土地要素信息的收集、发布和组织。奥尔汉（2020）考察中介机构在土地勘测活动中的作用，从管理、技术和组织结构方面对土耳其土地确权和地籍系统构建工作进行回顾，发现私营部门作为中介机构进行土地勘测加快了土地确权工作的速度，且成本较低⑥；尼玛尔（Nirmal，2020）对印度喀拉拉邦农村土地市场上中介经纪人的行为和作用进行研究，提出中介机构能够为土地要素市场提供金融工具，但中介寻租行为以及投机性行为会危害土地要素市场的健康发展⑦。

构建城乡统一建设用地市场需要交易信息服务平台、中介服务平台相配套⑧。土地要素潜在受让方和潜在出让方通过中介机构获得土地交易信息，大大降低交易双方各自搜集信息的成本，根据中介机构对土地信息较为专业的提炼和分析作出利益最大化判断。此外，中介机构还为土地交易

---

① Banzhaf H. S.，Lavery N.．"Can the Land Tax Help Curb Urban Sprawl? Evidence from Growth Patterns in Pennsylvani"．Social Science Electronic Publishing，2010，2：169 – 179.

②⑤ Shi X. P.，Chen S. J.，Ma X. L.，Lan J．"Heterogeneity in Interventions in Village Committee and Farmland Circulation：Intermediary Versus Regulatory Effects"．Land Use Policy，2018，74：291 – 300.

③⑦ Nirmal V. P．"Part-time Brokers in Financialised Rural Land Markets：Processes，Typology and Implications"．Review of Development and Change，2020，1：70 – 88.

④ 郎大鹏：《农村土地流转制度下农民养老保障问题思考》，载于《农业经济》2016 年第 9 期，第 78 ~ 80 页。

⑥ Orhan E．"A Closer Look at Turkish Cadastre and Its Successful Completion"．Land Use Policy，2020，9：104951.

⑧ 张合林：《以土地市场制度创新推动城乡融合发展》，载于《中州学刊》2019 年第 3 期，第 38 ~ 44 页。

方提供了法律咨询或政策服务[1][2]、信用担保能按照科学的手段为市场参与者提供基准地价的评估，协助农村出让方对目标土地进行策划开发、设计包装，增加目标土地价值。因此，规范化的中介服务能为农村土地要素市场提供润滑，中介服务水平越高，农村土地要素市场化程度越高。

第五，农村土地要素市场信息化。市场信息化对打破传统农业低水平发展模式[3]、推动农业农村现代化转型具有重要意义。党的十七届三中全会明确提出，要建立土地承包权流转市场，要加强对土地承包权流转信息的服务和管理，搭建土地流转信息化平台，为土地流转信息化平台的建设提供了制度空间（王忠林和韩立民，2011）。市场化配置下需要完善的农村土地要素市场信息数据库和农村土地要素流转信息服务平台，推进落实土地要素确权登记电子档案的储存和整理工作，确保农村土地要素市场信息化平台涵盖农村土地要素的自然属性、社会属性与经济属性的各项信息，尤其是农村土地要素在市场流转过程中发生的权利变动、流转价款、权利变化等情况[4]，形成农村土地要素市场化配置的基础信息数据库。

以地籍平台为例，信息化地籍平台的建立，能够在土地要素确权登记的基础上追踪土地产权变动情况。[5] 通过信息化地籍平台，公开发布市场化相关土地政策、土地转入转出信息、土地质量和土地价格以及土地使用历史记录，特别是土地确权信息、土地实时交易信息和租赁信息等能够实现完全的透明以及可追溯；为农村土地要素市场化流转的其他相关信息发布预留独立的模块，例如，咨询管理服务、项目规划、金融服务、法律服

---

[1] 倪青玲：《重庆市农村土地流转交易市场中介服务体系探究》，载于《中国农业信息》2017 年第 2 期，第 93～94 页。

[2] 农业农村部农业合作经济指导司、农业农村部政策与改革司：《中国农村经营管理统计年报（2019）》，中国农业出版社 2019 年版，第 181 页。

[3] 侯建昀、霍学喜：《信息化能促进农户的市场参与吗？——来自中国苹果主产区的微观证据》，载于《财经研究》2017 年第 1 期，第 134～144 页。

[4] 严金明：《深化土地市场化改革要把握好五大价值导向》，载于《中国自然资源报》2020 年 4 月 13 日，第 3 版。

[5] 党国英：《深化土地要素市场化改革》，载于《中国经贸导刊》2020 年第 24 期，第 33～35 页。

务、财税服务项目等①。

第六，农村土地专业合作社。农村土地专业合作社是对家庭承包经营制度的延续和创新②。单个农户缺乏信息支持和谈判能力，在市场竞争中处于劣势地位，为了保护市场经济条件下小生产者的利益，多种形式的合作社应运而生③。完善的合作社服务体系有效地将小农户组织起来，提高小农户在市场化中的地位，合作社中的农民能够以较大规模的集体形式参与市场竞争，降低单位信息的搜集成本，竞争地位显著提高。以山东枣庄市山亭区徐庄合作社为例，合作社以社内部分土地使用产权作为抵押物获得30万元农信社贷款④，以合作社的形式获得更多的资金支持。

一般来说，农村土地合作社通过整合作社的土地进行集中生产，常见的经营模式有两种：其一是合作社对本社土地统一耕种和管理，雇佣社员或合作社外的人员从事生产和种植活动，将农作物收成除留下来用作生产成本的以外，其余的作为土地入股分红分给社员；其二是统一对外出租土地，加入合作社的村民除获得土地流转的保底收入外，还能直接受雇于招商企业，就地就业获得劳动报酬。

表5-25中列举了20世纪80年代以来的农村专业合作社的典型案例，以对比不同案例中农村土地要素市场化方式以及利益分配情况。由表5-25可以看出，不管是20世纪80年代还是2018年以后，集体经济的快速发展都吸引了土地转入，土地流转后，由合作社组织根据当地具体实际从事特色产业，实现以农村土地为依托的三产融合，激发农村活力。以广东省为例，在20世纪80年代的农村土地要素市场利益分配中，东莞市两个村镇分给农民的份额占20%~30%；2018年以后农户所得份额提升，湛江市龙眼村分给农民的收益达到总收益的95%，农民所得收益份额增加，提

① 陈彤：《论农村土地流转市场化的权益分配机制》，载于《福建论坛》（人文社会科学版）2013年第10期，第32~37页。

② 宁田田：《土地合作社：一种新的农地经营模式——徐庄土地合作社的调查与思考》，载于《理论前沿》2009年第2期，第36~38页。

③ 黄庆华、姜松、吴卫红等：《发达国家农业现代化模式选择对重庆的启示——来自美日法三国的经验比较》，载于《农业经济问题》2013年第4期，第102~109页。

④ 李金安：《山东枣庄：让土地"转"起来——全国首家注册土地合作社向农信社抵押贷款成功》，载于《中国农村信用合作》2009年第1期，第20~21页。

高了农民转出土地的积极性。2018年以后，多个省份的农民利益分配比例较高，特别是黑龙江省农民收益分得的份额远远超过村集体分得的收益份额，农民所得份额占村集体份额比例的1858.56%，农民的土地要素市场化流转积极性被极大的激发；贵州、宁夏、海南等省份也通过农村土地要素集中流转向农产品加工产业园或特色产业园，实现农业与工业和第三产业的有机结合，通过合作社经济实现了农村资源的有效利用和农民收入的显著提高。

表5－25　　　　　　　农村土地要素市场化流转典型案例

| 村县 | 省份 | 时间 | 村集体经济积累 | 土地要素市场化流转用途 | 占地面积/参与农户 | 分配给农户部分占比/股份分红 | 资料来源 |
|---|---|---|---|---|---|---|---|
| 长安镇龙眼村 | 广东 | 20世纪80年代初 | 1.2亿元 | 租赁经济、厂房招标 | — | 23% | 李平(2014)[1] |
| 中堂镇潢涌村 | 广东 | 20世纪80年代末 | — | 水泥厂、红砖厂、造纸厂等 | — | 30% | 李平(2014)[2] |
| 平谷区洙水村 | 北京 | 2008年 | — | 蘑菇种植 | 140亩/147户 | 550元/亩 | 窦红梅等(2008)[3] |
| 通州区永乐店镇熬硝营村 | 北京 | 2009年 | — | 经营土地规模化流转 | 451.6亩/71户 | 700元/亩 | 章文飞(2019)[4] |
| 万山区中华村 | 贵州 | 2018年 | 300万元 | 食用菌产业园区 | 1500亩/110户 | 60% | 杨发娣(2018)[5] |

---

[1][2]　李平：《广东东莞村组集体经济大事记》，载于《农村·农业·农民（A版）》2014年第7期，第43～45页。

[3]　窦红梅、杨晓斌、于丽爽：《首家农村土地合作社领到执照》，载于《北京日报》2008年12月6日，第6版。

[4]　章文飞：《农地使用权市场化流转与规模经营——基于土地专业合作社的考察》，载于《当代经济》2019年第3期，第91～95页。

[5]　杨发娣：《空壳村六成利润分给农民　两年实现华丽蜕变》（EB/OL），https://www.sohu.com/a/245812583_161016，2018－8－7/2021－5－10。

续表

| 村县 | 省份 | 时间 | 村集体经济积累 | 土地要素市场化流转用途 | 占地面积/参与农户 | 分配给农户部分占比/股份分红 | 资料来源 |
|---|---|---|---|---|---|---|---|
| 五常市安庆县 | 黑龙江 | 2018年 | 70.7万元 | 建稻田基地 | 33万亩2858户 | 1858.56% | 陈绪厚(2018)① |
| 杨柑镇龙眼村 | 广东 | 2019年 | 45万元 | 火龙果产业园 | 77户 | 95% | 陈彦(2019)② |
| 隆德县凤岭乡李士村 | 宁夏 | 2019年 | 39万元 | 醋厂、油坊、小杂粮磨坊、荞麦皮枕头生产车间等 | — | 84.62% | 张瑛(2020)③ |
| 固原市87个行政村 | 宁夏 | 2020年 | — | 林草产业等特色产业 | 7.69万农民 | 601.1万元 | 张瑛(2020)④ |
| 进贤县向家村 | 江西 | 2020年 | 10.8万元 | 辣椒产业适宜区 | 13.6亩13户 | 14.44% | 樊哲平(2020)⑤ |
| 大田镇乐妹村 | 海南 | 2021年 | 60万元 | 兰花种植基地 | 124户 | 85% | 李绍远,姚传伟(2021)⑥ |

综上所述，土地专业合作社通过整理社员细碎化的土地，充分利用合作社内的设备和技术，提高土地要素的经营管理水平，弥补家庭经营的短板，实现现代农业的规模化生产，提高单位面积粮食产量和产值⑦，提升

---

① 陈绪厚：《农户分红1314万元》（EB/OL），https：//www. thepaper. cn/newsDetail_forward_2475172，2018－9－26/2021－5－10.

② 陈彦：《遂溪龙眼村贫困户喜领分红助脱贫》，载于《湛江日报》2019年5月25日，第1版。

③④ 张瑛：《村里有钱了，农民享受到红利了——宁夏扶持壮大村级集体经济破解乡村发展难题》，载于《宁夏日报》2020年10月5日，第1版。

⑤ 樊哲平：《农户领取分红款》（EB/OL），https：//www. ncnews. com. cn/xwzx/ncxw/twnc/202009/t20200901_1621767. html，2020－9－1/2021－5－10.

⑥ 李绍远，姚传伟：《农户也有"年终奖"》（EB/OL），https：//www. sogou. com/link？ url=hed-JjaC291NbWrwHYHKC yPQj_ei8OKC1YrN－rEiLWZkkLVQtJ_TDOsW6JgaC5q9Y0ztd7q5nl6o. html，2021－1－30/2021－5－11.

⑦ 宁新田：《土地合作社：一种新的农地经营模式——徐庄土地合作社的调查与思考》，载于《理论前沿》2009年第2期，第36~38页。

农民收入，对维护国家粮食安全具有重大意义。与此同时，农民专业合作社、联合社等新型组织形式建立在农村"人情社会"中特殊的信任关系之上①②③，集中土地资源、人力资源和资金资源，能够提高农民生产的组织化和规模化程度④⑤，发挥执行政策的抓手作用⑥。农村专业合作社的成立也对维护本村农业基础设施和其他公共设施有正向影响，将基础设施等公共物品内部化，由合作社统一进行本村水利设施的完善和投资，避免了由于农民单独组织生产出现的外部性问题。

第七，农村社会保障。保障非农化农民的最低生活保障，引导农村资源流动，建设全民范围的社会保险体系对农村土地要素市场化的影响意义深远，覆盖农村地区的社会保障体系的建立能够鼓励农民"离农"和农地的退出（史卫，2013），进一步实现农村土地要素的集中。

由于我国城乡关系的特殊性，农村劳动力进城不能享受跟城市居民一样的待遇。加上当前我国城镇化水平仍旧不高，就业岗位无法吸纳所有农民，在大量的农村剩余劳动力中只有有限的部分才能够实现向城市转移，转移出去的这部分有限的农村劳动力受到自身技能和文化程度等因素的限制，他们在城市中也无法维持持续稳定的就业岗位，因为在经济发展放缓或经济不景气现象发生时，大规模的企业裁员，进城务工的农民工是最先受到影响的群体。农村土地便成为农民最基本的福利保障，农民不愿放弃土地，农村土地成为农民的"活命田"或进城务工的"保险田"（罗迈钦，2014）。服务于农村的社会体系越健全，农村社保覆盖面越广，农民

---

① 韩文龙、徐灿琳：《农民自发性合作社的组织功能探究——兼论小农户与现代农业融合发展的路径》，载于《学习与探索》2020 年第 11 期，第 128～136 页。

② 丁从明、吴羽佳、秦姝媛等：《社会信任与公共政策的实施效率——基于农村居民新农保参与的微观证据》，载于《中国农村经济》2019 年第 5 期，第 109～123 页。

③ ［德］马克思·韦伯：《中国的宗教：儒教与道教》，康乐、简惠美译，广西师范大学出版社 2020 年版，第 90～120 页。

④ 崔宝玉、孙迪：《组织印记、生态位与农民合作社联合社发展》，载于《北京理工大学学报》（社会科学版）2020 年第 5 期，第 86～95 页。

⑤ Samwel A. S., Agnes N. M. "Land and Housing Transactions in Tanzania: an Evaluation of Title Risk Vulnerabilities in Kinondoni Municipality Dar es Salaam". Urban Forum, 2019, 3: 261–287.

⑥ 曹斌：《乡村振兴的日本实践：背景、措施与启示》，载于《中国农村经济》2018 年第 8 期，第 117～129 页。

越可能解除进入城市的后顾之忧，将其在农村低效利用的农用地和宅基地通过市场化的方式合法流转出去。因此，扩大农村社会保障以及养老体系覆盖面，为"洗脚上楼"的农民和农村家庭提供了最基本的保障，打破农村劳动力对土地资源的传统依赖[1]，逐步将农村土地从特殊的保障功能中剥离出来，充分释放农村土地在要素市场上的生产价值，提升土地要素市场化配置程度。

（二）农村土地要素市场化配置配套机制作用机理

健全农村土地要素市场化配置配套机制、推动农村土地要素市场化配置程度的提升。明晰的土地产权能够提高农村土地要素市场化配置的效率性和公平性[2]，农村金融为农村土地要素市场化配置提供资金，税收调节农村土地要素市场化配置收益，中介和信息服务降低市场交易成本，合作社整合农村土地要素，提高土地利用率，农村社保为农民解决农民土地要素流转的后顾之忧。因此，农村土地要素市场化配置配套机制是活跃农村土地要素市场化配置的关键因素。当农村土地要素市场化配置配套机制发育水平为 $com_1$ 时，农村土地要素市场化配置程度为 $M_1$；随着农村土地要素市场化配置配套机制的不断健全，至 $com_2$ 时，各市场化配置机制能够有效配合，农村土地要素市场化配置程度也随之上升到 $M_2$。农村土地要素市场化配置配套机制越健全，农村土地要素市场化配置程度越高。如图 5 – 14 所示。

## 二、农村土地要素市场化配置配套机制影响效果实证研究设计

（一）变量设定

用狭义的我国农村土地要素市场化配置程度作为被解释变量，土地产权情况、农民获得的贷款额、农民社保水平、农村缴纳税款总额、农村土地要素市场中介服务情况、农村土地要素市场信息化程度、农村专业合作社数 7 个变量作为核心解释变量，经济发展水平和二元经济结构水平作为

---

① 郎大鹏：《农村土地流转制度下农民养老保障问题思考》，载于《农业经济》2016 年第 9 期，第 78～80 页。

② Hans P. , Binswanger K. D. , Gershon F. P. "Distortions, Revolt and Reform in Agricultural Land Relations". Handbook of Development Economics, 1995, 3：2659 – 2772.

控制变量，具体说明如下。

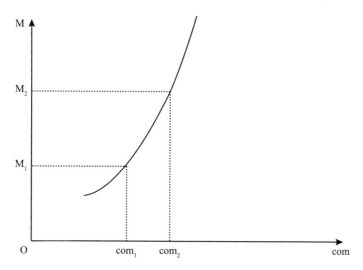

**图 5 − 14  农村土地要素市场化配置配套机制作用机理**

第一，被解释变量。本节的被解释变量与前文设定不同，是由于广义上的农村土地要素市场化配置包括农村土地要素商品化程度、农村土地要素市场发育程度、农村土地要素市场运行机制健全程度、农民适应农村土地要素市场和政府宏观调控农村土地要素程度 4 个部分，多项涉及对农村土地要素市场化配置的配套水平的衡量，例如，"农村土地要素市场发育程度"中包含"中介服务指数""市场信息化指数"，"农村土地要素市场运行机制"中用"颁发的家庭承包经营权证份数"衡量"市场法制化指数"。为避免多重共线性问题，本节被解释变量仅采用狭义的农村土地要素市场化配置程度表示。我国农村土地要素商品化程度是狭义的农村土地要素市场化配置程度[①]。农村土地要素商品化程度由各类农村土地要素商品化程度组成，是各类流向的农村土地要素商品化程度的总和，包括农村土地有农用地和农村集体建设用地性质的土地流转，还包括国家通过土地

---

①  关于"狭义的农村土地要素市场化配置"的详细解释见前文"农村土地要素市场化配置的内涵"部分。

征收和农村土地要素私下交易产生的土地交换。

第二，核心解释变量。基于机理分析，本节从产权机制①②、农村金融服务机制③④、税收机制⑤⑥、中介服务机制⑦⑧、市场信息化机制⑨、专业合作社机制⑩⑪以及农村社会保障机制⑫7个方面，分别用土地产权情况、农民获得的贷款额、农民社保水平、农村缴纳税款总额、农村土地要素市场中介服务情况、农村土地要素市场信息化程度、农村专业合作社数进行考察。

土地产权情况用"颁发的土地承包经营权证份数"进行衡量。《中国农村改革政策与改革统计年报》（2019年）对"颁发的土地承包经营权证份数"涵盖范围进行了明确的界定：不仅包含向以家庭承包方式承包土

① Samwel A. S. , Agnes N. M. "Land and Housing Transactions in Tanzania: an Evaluation of Title Risk Vulnerabilities in Kinondoni Municipality Dar es Salaam". Urban Forum, 2019, 3: 261 – 287.

② Cao Y. , Zhang X. L. "Are they Satisfied with Land Taking? Aspects on Procedural Fairness, Monetary Compensation and Behavioral Simulation in China's Land Expropriation Story". Land Use Policy, 2018, 74: 166 – 178.

③ Orhan E. "A Closer Look at Turkish Cadastre and Its Successful Completion". Land Use Policy, 2020, 9: 104951.

④ Jiang R. H. , Lin G. C. "Placing China's Land Marketization: The State, Market and the Changing Geography of Land Use in Chinese Cities". Land Use Policy, 2021, 103: 105293.

⑤ 王朝才、张立承：《我国农村土地流转过程中的税收问题研究》，载于《财政研究》2010年第9期，第34~37页。

⑥ Ho H. A. "Land Tenure and Economic Development: Evidence from Vietnam". World Development, 2021, 140: 105275.

⑦ Shi X. P. , Chen S. J. , Ma X. L. , Lan J. "Heterogeneity in Interventions in Village Committee and Farmland Circulation: Intermediary Versus Regulatory Effects". Land Use Policy, 2018, 74: 291 – 300.

⑧ Nirmal V. P. "Part-time Brokers in Financialised Rural Land Markets: Processes, Typology and Implications". Review of Development and Change, 2020, 1: 70 – 88.

⑨ 侯建昀、霍学喜：《信息化能促进农户的市场参与吗？——来自中国苹果主产区的微观证据》，载于《财经研究》2017年第1期，第134~144页。

⑩ 宁新田：《土地合作社：一种新的农地经营模式——徐庄土地合作社的调查与思考》，载于《理论前沿》2009年第2期，第36~38页。

⑪ 丁从明、吴羽佳、秦姝媛、梁甄桥：《社会信任与公共政策的实施效率——基于农村居民新农保参与的微观证据》，载于《中国农村经济》2019年第5期，第109~123页。

⑫ 罗迈钦：《我国农地流转瓶颈及其破解——基于湖南省225792农户家庭土地流转情况的调查分析》，载于《求索》2014年第6期，第77~80页。

地的农户家庭颁发的土地承包经营权证，也包括以其他方式承包的、依法登记，由县级以上地方政府颁发的土地承包经营权证[1]。其包含的农村土地要素相对广泛，用来表征"土地产权情况"比较合适。

农村土地要素市场中介服务情况用"县乡土地流转服务中心数量"衡量。《中国农村经济管理统计年报》中对"县乡土地流转服务中心"进行如下定义："由县级农业主管部门……设立，专门提供……流转信息发布、收集、政策咨询、合同规范、价格评估、产权交易、纠纷处理等服务"[2]，县乡土地流转服务中心的服务类型与市场中介提供的服务类型相似，因此，用"县乡土地流转服务中心数"代表"农村土地要素市场中介服务情况"具有一定的合理性。

农村土地要素市场信息化程度用"县乡线上土地档案和流转信息系统总数"衡量。县乡线上土地档案和流转信息系统总数包括县乡实现土地承包档案计算机管理的机构数、农村土地承包管理系统数以及农村土地承包流转信息在网上发布并能及时更新的农经业务机构系统数 3 种，负责农村土地要素市场化流转信息的统计、发布以及维护，将土地交易信息通过计算机储存建立农村土地要素数据库的方式呈现。

农村专业合作社数、农民获得的贷款额、农民社保水平和农村缴纳税款总额 4 个核心解释变量的设定如表 5 – 26 所示。

第三，控制变量。本节对除土地产权情况等 7 个核心解释变量外，对可能会影响农村土地要素市场化配置程度的其他因素进行控制，主要包括经济发展水平[3]和二元经济结构水平[4]。

---

① 农业农村部政策与改革司：《中国农村改革政策与改革统计年报（2019）》，中国农业出版社 2020 年版，第 121 页。

② 农业农村部政策与改革司：《中国农村经济管理统计年报（2018）》，中国农业出版社 2019 年版，第 181 页。

③ Long H. L. , Tu S. S. , Ge D. Z. et al. "The Allocation and Management of Critical Resources in Rural China under Restructuring: Problems and Prospects". Journal of Rural Studies, 2016, 3: 6 – 12.

④ 张海鹏：《中国城乡关系演变 70 年：从分割到融合》，载于《中国农村经济》2019 年第 3 期，第 2 ~ 18 页。

表5–26                                                    变量设定

| 变量类型 | 变量名称 | 变量符号 | 变量含义 | 单位 | 变量属性 |
|---|---|---|---|---|---|
| 被解释变量 | 农村土地要素商品化程度① | lcd | 狭义的农村土地要素市场化配置程度 | — | 正指标 |
| 核心解释变量 | 土地产权情况 | lores | 颁发土地承包经营权证份数 | 份 | 正指标 |
| | 农民获得的贷款额 | rl | 涉农贷款额 | 亿元 | 正指标 |
| | 农民社保水平 | fss | 农村居民养老保险参保人数 | 万人 | 正指标 |
| | 农村缴纳税款总额 | pt | 农村纳税总额 | 万元 | 逆指标 |
| | 农村土地要素市场中介服务情况 | is | 县乡土地流转服务中心数量 | 个 | 正指标 |
| | 农村土地要素市场信息化程度 | dim | 县乡线上土地档案和流转信息系统总数 | 个 | 正指标 |
| | 农村专业合作社数 | pc | 年末专业合作社数量 | 个 | 正指标 |
| 控制变量 | 经济发展水平 | led | 人均GDP | 元 | 正指标 |
| | 二元经济结构水平 | des | 农业部门生产率/非农部门生产率 | — | 正指标 |

(二) 数据来源和处理

选取2010~2019年我国农村土地要素市场化配置作为研究对象。

"我国农村土地要素市场化配置程度"源于前文我国农村土地要素市场化配置程度指标体系中M1的测度结果;"颁发土地承包经营权证份数""农村缴纳税款总额""县乡土地流转服务中心数据""县乡线上土地档案和流转信息系统总数""年末专业合作社数量"数据均源于《2019年中国农村改革政策与改革统计年报》和历年《中国农村经营管理统计年报》;"农村居民养老保险参保人数"数据源于历年《中国社会统计年鉴》;"涉农贷款"数据源于wind数据库;"人均GDP""农业生产部门产

---

① 农村土地要素商品化为狭义的农村土地要素市场化,具体解释见本节变量设定,后文将"农村土地要素商品化程度"统一用"农村土地要素市场化配置程度"指代。

值""非农业部门产值""农业生产部门劳动力数""非农业部门劳动力数""总劳动力数""总产值"数据源于历年《中国统计年鉴》。有单位的核心解释变量和控制变量的处理方法与上一节类似。

（三）计量模型构建

建立农村土地要素市场化配置配套机制实证研究基准模型：

$$lcd_{it} = \alpha_0 + \beta_1 lore_{it} + \beta_2 rl_{it} + \beta_3 fss_{it} + \beta_4 pt_{it} + \beta_5 is_{it} + \beta_6 dim_{it} + \beta_7 pc_{it}$$
$$+ \beta_8 led_{it} + \beta_9 des_{it} + \alpha_i + \lambda_t + \varepsilon_{it} \qquad (5-31)$$

其中，i 和 t 分别表示省份和年份，$lcd_{it}$ 为狭义上的 i 省 t 年农村土地要素市场化配置程度，$lore_{it}$、$rl_{it}$、$fss_{it}$、$pt_{it}$、$is_{it}$、$dim_{it}$、$pc_{it}$ 分别为 i 省 t 年的产权证书份数、农民获得的贷款额、农村居民养老保险参保人数、农村缴纳税款总额、农村土地要素市场中介服务指数、市场信息化程度、专业合作社数，$led_{it}$、$des_{it}$ 分别为 i 省 t 年的经济发展水平、二元经济结构水平，$\alpha_0$ 为截距项，$\alpha_i$ 和 $\lambda_t$ 分别为 i 省的个体效应和 t 年的时间效应，$\varepsilon_{it}$ 为随机扰动项，且 $\varepsilon_{it} \sim (0, \sigma^2)$。若 $\beta_i > 0$，则该解释变量与农村土地要素市场化配置程度正相关，$\beta_i \leq 0$，则非正相关。

本节学理分析的思路为：第一，设定空模型。建立不加入解释变量的 OLS 模型，考察无解释变量时被解释变量农村土地要素市场化配置的显著性；第二，设定加入解释变量的 OLS 模型。用来考察土地产权情况、农民获得的贷款额、农民社保水平、农村缴纳税款总额、农村土地要素市场中介服务情况、信息化程度以及农村专业合作社数 7 个被解释变量与农村土地要素市场化配置程度的因果关系；第三，设定加入被解释变量（lcd）的一阶滞后项，建立差分 GMM 模型，验证配套机制影响下，农村土地要素市场化配置的自我强化效应；第四，为解决基准模型中可能存在的内生性、自相关和稳健性问题，分别引入农村土地要素市场化配置程度的一阶、二阶滞后项及土地产权情况的滞后一阶和滞后二阶作为工具变量，建立系统 GMM 动态短面板模型，对市场化配置配套机制与农村土地要素市场化配置程度的因果关系进行稳健性和内生性检验。

## 三、农村土地要素市场化配置配套机制影响效果实证分析

（一）描述性检验与相关性分析

表5-27为所有变量初始数据的描述性统计，从统计结果可知，农村土地要素市场化配置程度（lcd）的均值为0.296，中位数为0.279，大多数省份农村土地要素市场化配置程度低于总样本的均值，且我国农村土地要素市场化配置程度仍然较低，而最大值、最小值分别为0.577和0.044，最值差距较大，说明各省农村土地要素市场发育水平差异较大；土地产权情况（lores）、农民获得的贷款额（rl）、农民社保水平（fss）、农村缴纳税款总额（pt）、农村土地要素市场中介服务情况（is）、农村土地要素市场信息化程度（dim）、农村专业合作社数（pc）7个变量的均值均大于中位数，表明当前我国各省份农村土地要素确权工作仍需加快开展，村集体、农民以及村企业获得的涉农贷款额度不高，农民社保覆盖不全，农村纳税额度较高，农村土地要素市场中介和信息化服务机构仍不完善，农村专业合作社较少。土地产权等7个变量的最大值、最小值差距明显，基本符合我国的基本国情。

表5-27 描述性统计

| 变量 | 观测值 | 均值 | 中位数 | 标准差 | 最小值 | 最大值 |
|---|---|---|---|---|---|---|
| lcd | 300 | 0.296 | 0.279 | 0.081 | 0.044 | 0.577 |
| lores | 300 | 6781319 | 6207441 | 5000653 | 45337 | 1.79E+07 |
| rl | 300 | 7949.123 | 5999.87 | 7170.805 | 538.450 | 38855.930 |
| pt | 300 | 222916.9 | 67190.19 | 446017.9 | 1764.401 | 2689689 |
| is | 300 | 607.2773 | 475.5 | 484.9736 | 5 | 2709 |
| dim | 300 | 0.098 | 0.055 | 0.103 | 0.001 | 0.634 |
| pc | 300 | 39910.95 | 31472.5 | 35476.3 | 1022 | 189775 |
| fss | 300 | 1551.968 | 1239.275 | 1234.236 | 35.408 | 6231.215 |
| led | 300 | 23661.47 | 17883.25 | 19164.53 | 1350.43 | 107671.1 |
| des | 300 | 20.043 | 18.773 | 7.716 | 4.540 | 58.876 |

注：描述性统计所用数据均为处理前的数据。

用 Stata15.1 软件进行相关性分析，重点关注我国农村土地要素商品化水平与 7 个核心解释变量间的相关性。由表 5－28 可知，所有解释变量与农村土地要素商品化程度的相关性系数均在 0.42 以上，说明解释变量的解释能力良好。解释变量间的相关性系数（led 与 pc 的相关性系数除外）均小于 0.5，说明解释变量间（led 与 pc 除外）不存在多重共线性问题；led 与 pc 的相关性系数为 0.517，led 与 pc 存在多重共线性问题；但总的来说，所有相关系数均通过 10% 或更严格的显著性检验，借鉴陈强（2010）的观点，若多重共线性不影响变量显著性，可以不予以理会，直接关注回归系数。

表 5－28　　　　　　　　　　变量相关性分析

| 变量 | lcd | lores | rl | pt | is | dim | pc | fss | led | des |
|---|---|---|---|---|---|---|---|---|---|---|
| lcd | 1 | | | | | | | | | |
| lores | 0.457*** | 1 | | | | | | | | |
| rl | 0.529*** | 0.359*** | 1 | | | | | | | |
| pt | 0.662*** | 0.297*** | 0.294*** | 1 | | | | | | |
| is | 0.429*** | 0.461*** | 0.240*** | 0.231*** | 1 | | | | | |
| dim | 0.491*** | 0.498*** | 0.354*** | 0.279*** | 0.390*** | 1 | | | | |
| pc | 0.513*** | 0.367*** | 0.158*** | 0.136** | 0.030*** | 0.007*** | 1 | | | |
| fss | 0.427*** | 0.382*** | 0.489*** | 0.164*** | 0.211*** | 0.485*** | 0.370*** | 1 | | |
| led | 0.529*** | 0.304*** | 0.359*** | 0.466*** | 0.323*** | 0.260*** | 0.517*** | 0.210*** | 1 | |
| des | 0.494*** | 0.057 | 0.237*** | 0.260*** | 0.062* | 0.108* | 0.044* | 0.001* | 0.085* | 1 |

注：*、**、*** 分别表示在 10%、5%、1% 的水平上显著。

（二）趋势图分析

图 5－15 为 2010～2019 年全国农村土地要素市场化配置程度与 7 个核心解释变量的变化趋势。土地产权情况（lores）、农民获得的贷款额（rl）、农民社保水平（fss）、农村土地要素市场中介服务情况（is）、农村土地要素市场信息化程度（dim）、农村专业合作社数（pc）与农村土地要素市场化配置程度均呈现上升趋势，则农村土地要素确权进度等因素与

农村土地要素市场化配置程度正相关；农村缴纳税款总额（pt）与农村土地要素市场化配置程度相反，呈下降趋势，表明农村缴纳税款总额与土地要素市场化配置程度负相关。因此，产权机制、农村金融服务机制、税收机制、中介服务机制、市场信息化机制、专业合作社机制以及农村社会保障机制的完善能够推动农村土地要素市场化配置的改革进程，初步验证假设4。

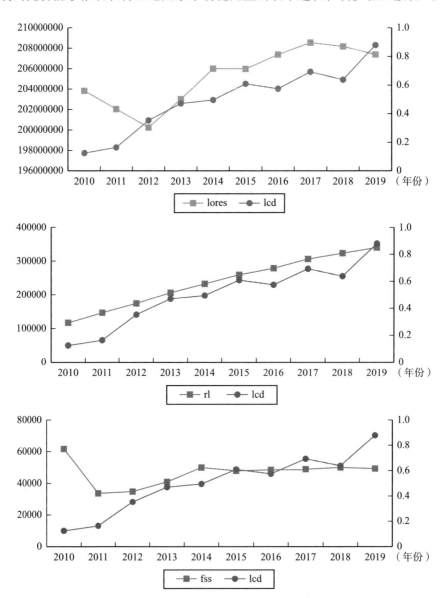

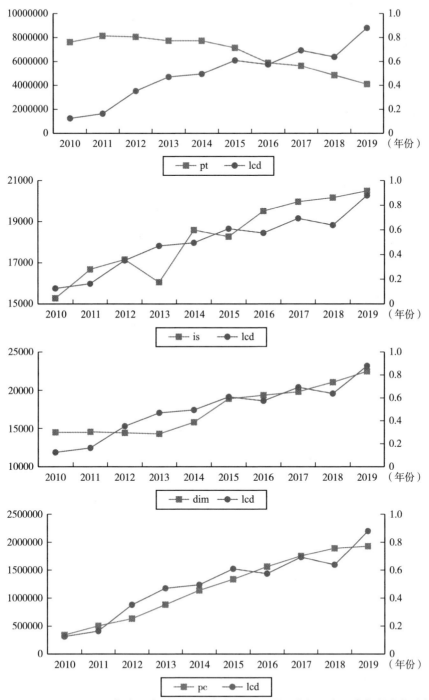

图 5－15　2010～2019 年全国农村土地要素市场化配置程度与 7 大配套指数变化趋势

（三）OLS 回归结果及分析

在分析农村土地要素商品化程度等变量的描述性统计分析以及变量相关性的基础上，利用处理后的 2010～2019 年农村土地要素市场化配置程度、土地产权情况等数据构建回归模型。

首先，建立空模型［表 5 - 29 列（1）］作为探索性模型，用来考察未引入核心解释变量和控制变量时农村土地要素商品化程度的显著性。表 5 - 29 列（1）最小二乘法回归结果表明，常数项的系数能通过 1% 水平的显著性检验，说明解释变量未纳入模型时，截距项对被解释变量农村土地要素商品化程度的影响显著。但此时 $R^2$ 为 0，说明空模型无法解释农村土地要素商品化程度的方差变化情况，需要进一步引入解释变量。

其次，分别引入土地产权情况（lores）、农民获得的贷款额（rl）、农民社保水平（fss）、农村缴纳税款总额（pt）、农村土地要素市场中介服务情况（is）、农村土地要素市场信息化程度（dim）、农村专业合作社数（pc）7 个核心解释变量，继续进行 OLS 估计［见表 5 - 29 列（1）~（8）］；随后，同时纳入 7 个核心解释变量，继续进行 OLS 估计，得到表 5 - 29 列（9）、列（10）。$R^2$ 表示模型拟合度较为理想；所有变量对农村土地要素商品化程度的回归系数均为正，且均能通过 5% 水平的显著性检验，农村土地产权登记数、农民获得的贷款额度、农民社保水平、农村土地要素市场信息化水平、农村专业合作社数、农村土地要素市场中介机构数均与农村土地要素市场化配置程度正相关，农村缴纳税款总额与农村土地要素市场化配置程度负相关，验证假设 4。对此作出如下解释。

第一，土地产权情况与农村土地要素市场化配置程度正相关。随着农村确权工作的推进，农村土地要素市场化配置程度显著提升。这是由于农村土地要素产权稳定提高土地排他性，保护农民土地权利，提升农村土地要素市场化配置程度，验证假设 4。

第二，农民获得的贷款与农村土地要素市场化配置程度正相关。农村贷款额的增加能够推动农村土地要素市场化配置程度的显著提高。制度健

表 5 – 29　　农村土地要素市场化配置配套机制影响效果回归结果

| 解释变量 | (1) | (2) | (3) | (4) | (5) | (6) | (7) | (8) | (9) | (10) |
|---|---|---|---|---|---|---|---|---|---|---|
| lores | | 0.024*** (0.004) | | | | | | | 0.001** (0.001) | 0.001** (0.007) |
| rl | | | 0.05*** (0.004) | | | | | | 0.067*** (0.012) | 0.054*** (0.014) |
| fss | | | | 0.024*** (0.004) | | | | | 0.042** (0.068) | 0.014** (0.007) |
| pt | | | | | -0.009*** (0.003) | | | | -0.006*** (0.001) | -0.005** (0.001) |
| is | | | | | | 0.017*** (0.004) | | | 0.042*** (0.006) | 0.037*** (0.012) |
| dim | | | | | | | 0.029*** (0.003) | | 0.018*** (0.004) | 0.014*** (0.005) |
| pc | | | | | | | | 0.037*** (0.004) | 0.045** (0.019) | 0.051*** (0.019) |
| led | | | | | | | | | | 0.046*** (0.038) |
| des | | | | | | | | | | 0.031*** (0.049) |

续表

| 解释变量 | (1) | (2) | (3) | (4) | (5) | (6) | (7) | (8) | (9) | (10) |
|---|---|---|---|---|---|---|---|---|---|---|
| Cons | 0.296*** (0.005) | -0.086 (0.062) | -0.134*** (0.039) | 0.129*** (0.027) | 0.199*** (0.031) | 0.02*** (0.022) | 0.382*** (0.011) | -0.075** (0.038) | 0.239*** (0.095) | 0.212*** (0.116) |
| N | 300 | 300 | 300 | 300 | 300 | 300 | 300 | 300 | 300 | 300 |
| $R^2$ | 0 | 0.113 | 0.015 | 0.113 | 0.033 | 0.065 | 0.21 | 0.241 | 0.436 | 0.451 |
| Control | NO | NO | NO | NO | NO | NO | NO | NO | NO | YES |
| 省份固定 | YES | YES | YES | YES | YES | YES | YES | YES | YES | YES |
| 时间固定 | YES | YES | YES | YES | YES | YES | YES | YES | YES | YES |
| Model | OLS | OLS | OLS | OLS | OLS | OLS | OLS | OLS | OLS | OLS |

注: 1. *、**、***分别表示在10%、5%、1%的水平上显著。
2. （）内为标准误；[ ]内为 p 值。

全的金融市场能给农村提供发展所需的资金，激发市场活力①，推动农村土地要素市场化配置改革进程，提升农村土地要素市场化配置程度，验证假设4。

第三，农民社保水平与农村土地要素市场化配置程度正相关。随着农村社保覆盖面积的扩大，农村土地要素市场化配置程度得到显著提升。这是由于农民社保逐步健全，农村土地要素从原来被赋予社会保障职能中解放出来，农村土地要素更有效地服从于适度规模经营，农村土地要素市场化配置程度提升，验证了假设4。

第四，农村专业合作社数与农村土地要素市场化配置程度正相关。农村专业合作社越多，农业专业合作社覆盖面越广，农村土地要素市场化配置程度越高。这是由于农民以土地作价入股的方式加入专业合作社，通过专业合作社对土地要素的统一经营和管理实现农用地的集约化和规模化生产，克服了分散化经营导致的低效率和高成本，提升农民收入水平和村集体的收入水平，刺激已加入合作社农民继续以土地入股的方式参与农村土地要素市场化配置，带动未入社的农民以土地入股方式入社，从而提升农村土地要素市场化配置程度，验证假设4。

第五，农村缴纳税款总额与农村土地要素市场化配置程度负相关。农村缴纳税款总额越低，农村土地要素市场化配置程度越高，农村缴纳税款总额越高，农村土地要素市场化程度越低。这是由于，农村土地要素市场上的税收额度越低，农民获得的收益越高，农村土地要素不再是经营者的负担，刺激农村土地要素市场化配置水平提升，验证假设4。

第六，农村土地要素市场中介服务情况与农村土地要素市场化配置程度正相关。农村土地要素市场中介服务机构起着联系各市场主体的桥梁的作用，在保障农村土地要素流转工作的顺利开展、推升农村土地市场化配置程度方面发挥着极其重要的作用②，验证假设4。

---

① 王凌飞、陈小辉：《市场化能增加涉农贷款吗？》，载于《世界农业》2020年第4期，第78～84、143页。

② 张杨、贾建楠、刘伟娜：《河北省农村土地流转信托化中介服务平台的构建与长效机制研究》，载于《中国市场》2017年第32期，第44～45页。

第七，农村土地要素市场信息化水平与农村土地要素市场化配置程度正相关。农村土地要素市场化信息服务组织越多，农村土地要素市场信息化水平越高，农村土地要素市场化配置程度越高。这是由于，信息要素成为现代市场体系中不可忽视的因子，农村土地要素市场信息化的提升降低了交易成本，改善农户信息贫困困境，提高农村土地要素市场化配置程度，验证假设4。

（四）差分GMM动态回归结果及分析

与上一节类似，考虑到农村土地要素市场"惯性"的作用，与上一节分析方法类似，借鉴张建平和葛杨（2020）、胡雪萍和许佩（2020）、陈强（2010）处理内生性和稳健性的方法，加入农村土地要素市场化配置程度（led）的一阶和二阶滞后项，并用颁布的土地产权证书数（lores）的滞后一阶作为工具变量，建立差分GMM。由表5-30列（1）~（4）可知，所有AR（1）、AR（2）检验结果显示，PAR（1）<0.05且PAR（2）>0.05，则模型存在一阶自相关但不存在二阶自相关；Sargan检验中P值至少大于0.298，则工具变量有效，模型能通过过度识别检验，建立的DIFF-GMM模型有效。

表5-30　　配套机制影响下农村土地要素市场化配置"惯性"检验

| 解释变量 | （1） | （2） | （3） | （4） |
|---|---|---|---|---|
| L1. led | 0.413 ***<br>（0.016） | 0.083 **<br>（0.035） | 0.315 ***<br>（0.039） | 0.351 ***<br>（0.048） |
| lores | | | 0.013 *<br>（0.007） | 0.020 *<br>（0.008） |
| rl | | | 0.055 ***<br>（0.015） | 0.035 *<br>（0.021） |
| fss | | | 0.014 **<br>（0.005） | 0.013 *<br>（0.005） |
| pt | | | - 0.002<br>（0.004） | - 0.003 *<br>（0.004） |

续表

| 解释变量 | （1） | （2） | （3） | （4） |
|---|---|---|---|---|
| is | | | 0.004 **<br>(0.002) | 0.003 *<br>(0.003) |
| dim | | | 0.015 **<br>(0.005) | 0.014 *<br>(0.006) |
| pc | | | 0.016 *<br>(0.008) | 0.011<br>(0.008) |
| led | | 0.098 ***<br>(0.005) | | 0.002<br>(0.022) |
| des | | 0.001 ***<br>(0.001) | | 0.001<br>(0.002) |
| Cons | 0.138 ***<br>(0.003) | 0.101 ***<br>(0.013) | −0.341 ***<br>(0.095) | −0.367 *<br>(0.221) |
| N | 240 | 240 | 240 | 240 |
| AR（1） | −2.292<br>[0.022] | −1.631<br>[0.013] | −2.387<br>[0.017] | −2.374<br>[0.018] |
| AR（2） | 1.153<br>[0.249] | 0.802<br>[0.423] | 1.112<br>[0.266] | 1.156<br>[0.248] |
| sargan | 29.090<br>[0.46] | 24.971<br>[0.298] | 24.822<br>[0.687] | 21.661<br>[0.834] |
| Control | NO | YES | NO | YES |
| 个体效应 | Control | Control | Control | Control |
| 时间效应 | Control | Control | Control | Control |
| Model | DIFF－GMM | DIFF－GMM | DIFF－GMM | DIFF－GMM |

注：1. *、**、*** 分别表示在 10%、5%、1% 的水平上显著。
2. （）内为标准差，[ ] 内为 p 值。

首先，表 5－30 列（1）为向空模型引入农村土地要素市场化配置程度的一阶滞后项，回归系数为 0.413，在 1% 的置信区间通过显著性检验，表明农村土地要素商品化市场表现出"惯性"特征；表 5－30 列（2）为引入控制变量，此时回归系数降为 0.083，能通过 5% 置信水平的显著性检验，再次验证农村土地要素商品化市场的"惯性"特征，假设 5 成立；其次，引入核心解释变量，再次观察农村土地要素市场化配置机制影响下农村土地要素市场惯性情况，表 5-30 列（3）、列（4）为引入控制变量前后的情况，结果表明，回归系数均显著为正，则在农村土地要素市场化配置配套机制作用下，农村土地要素市场化配置程度的自我强化效应明显，假设 5 成立。

（五）稳健性和内生性检验

本节采取系统 GMM（SYS-GMM）模型和 2SLS 模型进行稳健性和内生性检验，同时考虑到动态性、异方差以及内生性问题，与差分 GMM 类似，加入农村土地要素市场化配置程度的滞后一阶项作为解释变量。

由表 5-31 列（1）~（2）可得，所有 AR（1）、AR（2）检验结果显示，PAR（1）< 0.05 且 PAR（2）> 0.05，则模型存在一阶自相关但不存在二阶自相关；Sargan 检验中 P 值至少大于 0.976，工具变量有效，模型能通过过度识别检验，建立的 SYS-GMM 模型有效。由表 5-31 列（3）~（4）可得，$R^2$ 结果较大，模型拟合优度较好。

表 5-31　　　　　　　稳健性和内生性检验

| 解释变量 | （1） | （2） | （3） | （4） |
|---|---|---|---|---|
| L1. lcd | 0.477 *** (0.067) | 0.518 *** (0.074) | 0.590 *** (0.044) | 0.580 *** (0.045) |
| lores | 0.025 *** (0.007) | 0.017 * (0.009) | 0.001 * (0.001) | 0.001 * (0.002) |
| rl | 0.024 ** (0.01) | 0.014 * (0.014) | 0.024 ** (0.092) | 0.023 ** (0.106) |
| fss | 0.036 *** (0.009) | 0.034 *** (0.012) | 0.801 * (0.829) | 0.827 * (0.833) |
| pt | -0.021 ** (0.008) | -0.021 * (0.013) | -0.021 ** (0.001) | -0.022 ** (0.001) |

续表

| 解释变量 | （1） | （2） | （3） | （4） |
|---|---|---|---|---|
| is | 0. 021 ** <br> (0. 008) | 0. 016 ** <br> (0. 007) | 0. 024 ** <br> (0. 094) | 0. 025 ** <br> (0. 098) |
| dim | 0. 017 *** <br> (0. 04) | 0. 027 ** <br> (0. 011) | 0. 080 ** <br> (0. 034) | 0. 079 * <br> (0. 041) |
| pc | 0. 016 * <br> (0. 008) | 0. 013 * <br> (0. 008) | 0. 024 * <br> (0. 017) | 0. 026 * <br> (0. 017) |
| Cons | 0. 117 *** <br> (0. 016) | 0. 095 *** <br> (0. 022) | 0. 102 *** <br> (0. 116) | 0. 095 *** <br> (0. 129) |
| $R^2$ | | | 0. 681 | 0. 685 |
| N | 240 | 240 | 240 | 240 |
| AR（1） | − 2. 184 <br> [0. 03] | − 2. 215 <br> [0. 027] | | |
| AR（2） | 0. 665 <br> [0. 506] | 0. 675 <br> [0. 5] | | |
| sargan | 22. 214 <br> [0. 993] | 21. 287 <br> [0. 976] | | |
| Control | NO | YES | NO | YES |
| 个体效应 | Control | Control | Control | Control |
| 时间效应 | Control | Control | Control | Control |
| Model | SYS – GMM | SYS – GMM | SYS – GMM | SYS – GMM |

注：1. * 、 ** 、 *** 分别表示在10% 、5% 、1% 的水平上显著。
2. （）内为标准差，[ ] 内为 p 值。

土地产权情况、农民获得的贷款额、农民社保水平、农村缴纳税款总额、农村土地要素市场中介服务情况、农村土地要素市场信息化程度核心解释变量的回归系数均显著为正，与表 5 – 29 和表 5 – 30 的结论类似，验证假设 4；所有农村土地要素市场化配置程度滞后一阶 L1. led 为正且通过 1% 水平的显著性检验，表明在市场化配置配套机制的推动下，农村土地要素市场化配置程度的路径依赖明显，假设 5 成立。

# 第五节 我国农村土地要素市场化配置影响机制综合分析

## 一、农村土地要素市场化配置影响机制的综合影响效果实证研究设计

为解决回归过程中的内生性问题，需要综合研究四大农村土地要素市场化配置影响机制对农村土地要素市场化配置程度的影响效果，同时将供求均衡指数、竞争强度、利益分配指数和配套指数纳入回归模型中进行考察。

（一）变量设定

为综合研究四大农村土地要素市场化配置影响机制对农村土地要素市场化配置程度的影响，把我国农村土地要素市场化配置程度作为被解释变量，供求均衡指数、竞争强度、利益分配指数和配套指数作为解释变量，经济发展水平和二元经济结构水平为控制变量，具体作如下说明。

第一，被解释变量。以前文测度的我国农村土地要素市场化配置程度结果作为本节计量模型的被解释变量，我国农村土地要素市场化配置程度介于 $0 \sim 1$ 之间。

第二，核心解释变量。根据本部分前四节的分析，本节选取农村土地要素市场化配置供求均衡指数、农村土地要素市场化配置竞争强度、农村土地要素市场化配置利益分配指数和农村土地要素市场化配置配套指数作为解释变量，分别表示农村土地要素市场化配置的供求机制、竞争机制、利益分配机制和配套机制[1]，取值范围在 $0 \sim 1$ 之间。

---

① 由于配套指数是将"土地产权情况""农民获得的贷款额""农民社保水平""农村缴纳税款总额""农村土地要素市场中介服务情况""农村土地要素市场信息化程度""农村专业合作社数"7组指标用熵权法测算而得，则该7个指标的权重被分散，与被解释变量的多重共线性和内生性问题基本可以忽略，为支持这一观点，本书会在后续回归分析中进行详细的内生性检验和多重共线性检验。

第三，控制变量。与上一节的控制变量设定一致，对除影响机制以外的其他可能影响到农村土地要素市场化配置程度的因素进行控制，将经济发展水平[1]和二元经济结构水平[2]作为控制变量。

表 5 – 32                                    变量设定

| 变量类型 | 变量名称 | 变量符号 | 变量含义 | 单位 | 变量属性 |
|---|---|---|---|---|---|
| 被解释变量 | 农村土地要素市场化配置程度 | M | $M = \sum_{k=1}^{25} W_k X_k$ | — | 正指标 |
| 核心解释变量 | 农村土地要素市场化配置供求均衡指数 | gqjz | $gqjz_{in} = 0.5 (cl_{in} + ccl_{in})$ | — | 正指标 |
| | 农村土地要素市场化配置竞争强度 | jzjz | $jzjz_{in} = 0.5 (ghhi_{in} + jhhi_{in})$ | — | 正指标 |
| | 农村土地要素市场化配置利益分配指数 | lyfpjz | iceo | — | 正指标 |
| | 农村土地要素市场化配置配套指数 | ptjz | $ptjz_{in} = ptjz (lores, rl, fss, pt, is, dim, pc)$ | — | 正指标 |
| 控制变量 | 经济发展水平 | led | 人均 GDP | 元 | 正指标 |
| | 二元经济结构水平 | des | 农业部门生产率/非农部门生产率[3] | — | 正指标 |

（二）数据来源和处理

第一，数据来源。选取 2010~2019 年我国农村土地要素市场化配置作为研究对象。

"农村土地要素市场化配置程度"数据源于前文我国农村土地要素市

---

① Long H. L.，Tu S. S.，Ge D. Z. et al. "The Allocation and Management of Critical Resources in Rural China under Restructuring: Problems and Prospects". Journal of Rural Studies，2016，3：6 – 12.

② 张海鹏：《中国城乡关系演变 70 年：从分割到融合》，载于《中国农村经济》2019 年第 3 期，第 2~18 页。

③ 农业部门生产率 =（农业部门产值/总产值）/（农业部门劳动力数/总劳动力数）；非农业部门生产率 =（非农业部门产值/总产值）/（非农业部门劳动力数/总劳动力数）

场化配置程度测度结果；被解释变量计算函数中用到的"农用地供求均衡指数""农村集体建设用地供求均衡指数""农用地赫芬因德指数""农村集体建设用地赫芬因德指数""利益分配指数"均来源于本部分前三节的计算结果；"颁发土地承包经营权证份数""农村缴纳税款总额""县乡土地流转服务中心数据""县乡线上土地档案和流转信息系统总数""年末专业合作社数量"数据均来源于《2019 年中国农村改革政策与改革统计年报》和历年《中国农村经营管理统计年报》；"农村居民养老保险参保人数"数据源于历年《中国社会统计年鉴》；"涉农贷款"数据源于 wind数据库；"人均 GDP""农业生产部门产值""非农业部门产值""农业生产部门劳动力数""非农业部门劳动力数""总劳动力数""总产值"数据源于历年《中国统计年鉴》。

第二，指标计算和数据处理。农村土地要素市场化配置供求均衡指数。用本部分第一节中"农用地供求均衡指数"和"农村集体建设用地供求均衡指数"加权计算，给两者赋予相同的权重。

农村土地要素市场化配置竞争强度。用本部分第二节中"农用地赫芬因德指数""农村集体建设用地赫芬因德指数"加权计算得到，给两者赋予相同的权重。

农村土地要素市场化配置利益分配指数。用本部分第三节得到"利益分配指数"指代。

农村土地要素市场化配置配套指数。根据本部分第四节的分析，选取"土地产权情况""农民获得的贷款额""农民社保水平""农村缴纳税款总额""农村土地要素市场中介服务情况""农村土地要素市场信息化程度""农村专业合作社数"7 组指标，对指标进行标准化处理，再采用熵权法计算农村土地要素市场化配置配套指数。

首先，对指标的标准化处理。由于所用到的指标之间的单位及数量级存在差异，为了减少模型结果误差，进行极值化处理，处理后数值在 [0，1] 之间，越接近 1，代表该指标发展越好。在所选取的指标中有逆指标（"农村缴纳税款总额"）和正指标（除"农村缴纳税款总额"外其他所有指标），极值化处理与前文的处理步骤类似。

其次，用熵权法计算农村土地要素市场化配置配套指数。

计算指标熵值：

$$e_j = -\frac{1}{\ln(n)} \sum_{i=1}^{n} p_{ij} \ln(p_{ij}) \qquad (5-32)$$

$$p_{ij} = \frac{z_{ij}}{\sum_{i=1}^{n} z_{ij}} \qquad (5-33)$$

计算指标权重：

$$w_j = \frac{1-e_j}{\sum_{j=1}^{m}(1-e_j)} \qquad (5-34)$$

其中，$1-e_j$ 为信息熵冗余度。

计算综合得分：

$$s_i = \sum_{j=1}^{m} w_j z_{ij} \qquad (5-35)$$

其中，$z_{ij}$ 为无量纲指标标准化后的数据。此外，本节对"经济发展水平"进行对数化处理。

（三）计量模型构建

建立农村土地欧式市场化配置影响机制实证研究基准模型：

$$M_{it} = \alpha_0 + \beta_1 gqjz_{it} + \beta_2 jzjz_{it} + \beta_3 lyfpjz_{it} + \beta_4 ptjz_{it} + \beta_5 led_{it}$$
$$+ \beta_6 des_{it} + \alpha_i + \lambda_t + \varepsilon_{it} \qquad (5-36)$$

其中，$i$ 和 $t$ 分别表示省份和年份，$M_{it}$ 为 $i$ 省 $t$ 年农村土地要素市场化配置程度，$gqjz_{it}$、$jzjz_{it}$、$lyfpjz_{it}$、$ptjz_{it}$ 分别为 $i$ 省 $t$ 年的农村土地要素市场化配置供求机制指数、竞争机制指数、利益分配机制指数、配套机制指数，$led_{it}$、$des_{it}$ 分别为 $i$ 省 $t$ 年的经济发展水平、二元经济结构水平，$\alpha_0$ 为截距项，$\alpha_i$ 和 $\lambda_t$ 分别为 $i$ 省的个体效应和 $t$ 年的时间效应，$\varepsilon_{it}$ 为随机扰动项，且 $\varepsilon_{it} \sim (0, \sigma^2)$。若 $\beta_i > 0$，则该解释变量与农村土地要素市场化配置程度正相关，$\beta_i \leq 0$，则非正相关。

本节实证分析的思路为：第一，设定 OLS 模型和变截距面板静态模型，作为基准模型分析，考察农村土地要素市场化配置影响机制对农村土地要素市场化配置程度的影响效果；第二，为解决基准模型中可能存在的内生性和自相关问题，分别引入农村土地要素市场化配置程度的一阶和二阶滞后项，用农村土地要素市场供求机制的滞后一阶作为工具变量，建立差分 GMM 动态短面板模型；第三，用系统 GMM 模型进行稳健性检验，同时用狭义的农村土地要素市场化配置程度替代农村土地要素市场化配置程度，再次建立系统 GMM 回归模型进行稳健性检验。

## 二、农村土地要素市场化配置影响机制的综合影响效果实证分析

（一）描述性检验

表 5-34 为所有变量初始数据的描述性统计。农村土地要素市场化配置、利益分配机制、经济发展水平、二元经济结构水平 4 个指标的统计结果与前文一致。此处重点分析供求机制、竞争机制和配套机制的描述性统计结果。

从统计结果可得，供求均衡指数均值为 0.151，中位数为 0.138，较多省份供求均衡水平低于总样本的均值，数据呈右偏分布，最大值、最小值分别为 0.013 和 0.441，最值差距较大，各省供求均衡水平整体较低且差异较大，供求不均衡情况普遍存在；竞争强度均值为 0.054，中位数为 0.017，较多省份竞争强度低于总样本均值，数据同样呈右偏分布，最大值、最小值分别为 0.001 和 0.839，最值差距较大，各省竞争强度差异大，所选样本具有代表性；配套指数均值为 0.231，中位数为 0.208，配套数据也呈右偏分布，最大值、最小值分别为 0.029 和 0.763，最大值和最小值的差距明显，各省份配套指数各不相同，省份个体异质性较强。

表 5-33　　　　　　　　　　描述性统计

| 变量 | 观测值 | 均值 | 中位数 | 标准差 | 最小值 | 最大值 |
|---|---|---|---|---|---|---|
| M | 300 | 0.204 | 0.191 | 0.066 | 0.087 | 0.413 |
| gqjz | 300 | 0.151 | 0.138 | 0.083 | 0.013 | 0.441 |
| jzjz | 300 | 0.054 | 0.017 | 0.136 | 0.001 | 0.839 |
| lyfpjz | 300 | 0.260 | 0.215 | 0.198 | 0.004 | 0.865 |

续表

| 变量 | 观测值 | 均值 | 中位数 | 标准差 | 最小值 | 最大值 |
| --- | --- | --- | --- | --- | --- | --- |
| ptjz | 300 | 0.231 | 0.208 | 0.154 | 0.029 | 0.763 |
| des | 300 | 1551.968 | 1239.275 | 1234.236 | 35.408 | 6231.215 |
| led | 300 | 222916.9 | 67190.19 | 446017.9 | 1764.401 | 2689689 |

注：描述性统计所用数据为处理前的数据。

（二）相关性分析

用 Stata15.1 软件进行 pwcorr 相关性分析，重点关注我国农村土地要素市场化配置程度与四大影响机制间的相关性。由表5-34可知，我国农村土地要素市场化配置程度与4个影响机制的相关系数分别为0.35、0.365、0.041和0.41，且均能通过至少10%水平的显著性检验，说明4个影响机制对农村土地要素市场化配置程度有良好的解释能力。其余相关系数小于0.5，也均能通过至少10%水平的显著性检验，基本不存在多重共线性问题，指标设定较为合理。

表5-34 变量相关性分析

| 变量 | M | gqjz | jzjz | lyfpjz | ptjz | des | led |
| --- | --- | --- | --- | --- | --- | --- | --- |
| M | 1 | | | | | | |
| gqjz | 0.35 *** | 1 | | | | | |
| jzjz | 0.365 *** | 0.217 *** | 1 | | | | |
| lyfpjz | 0.041 * | 0.003 ** | 0.017 *** | 1 | | | |
| ptjz | 0.41 *** | 0.188 *** | 0.319 *** | 0.077 *** | 1 | | |
| des | 0.137 ** | 0.037 * | 0.039 ** | 0.194 *** | 0.104 * | 1 | |
| led | 0.395 *** | 0.13 *** | 0.319 *** | 0.168 *** | 0.312 *** | 0.065 *** | 1 |

注：1. 相关性分析所用数据为原始数据。
2. *、**、*** 分别表示在10%、5%、1%的水平上显著。

（三）基准静态回归结果及分析

对农村土地要素市场化配置程度与影响机制进行线性回归。

首先，进行 OLS 检验，得到表 5 - 35 列（1）。$R^2$ 为 0.866 和 0.872，模型的拟合优度良好，模型设定较为合理。供求机制、竞争机制、利益分配机制以及配套机制的回归系数分别为 0.302、0.019、0.029、0.326，且显著为正，配套机制和供求机制的回归系数最大，表明影响机制对农村土地要素市场化配置具有促进作用，配套机制和供求机制越健全，农村土地要素市场化配置程度越高；其次，加入控制变量，得到表 5 - 35 列（2），各回归系数变小，但仍然得到类似的显著性结果，回归系数大于 0，假设 1、假设 2、假设 3 和假设 4 成立。

表 5 - 35　　农村土地要素市场化配置四大影响机制综合影响效果回归结果

| 解释变量 | （1） | （2） | （3） | （4） |
|---|---|---|---|---|
| gqjz | 0.302 *** (0.017) | 0.278 *** (0.02) | 0.376 *** (0.031) | 0.287 *** (0.037) |
| jzjz | 0.019 * (0.011) | 0.018 * (0.011) | 0.026 *** (0.008) | 0.021 ** (0.008) |
| lyfpjz | 0.029 *** (0.006) | 0.028 *** (0.007) | 0.011 * (0.009) | 0.002 * (0.009) |
| ptjz | 0.326 *** (0.01) | 0.302 *** (0.014) | 0.265 *** (0.026) | 0.255 *** (0.025) |
| des | | 0.053 *** (0.018) | | 0.021 * (0.033) |
| led | | 0.006 ** (0.003) | | 0.022 *** (0.006) |
| Cons | 0.074 *** (0.004) | 0.016 (0.024) | 0.088 *** (0.006) | 0.125 ** (0.056) |
| N | 300 | 300 | 300 | 300 |
| $R^2$ | 0.866 | 0.872 | 0.779 | 0.792 |
| F/Wald | 476.64 [0] | 331.77 [0] | 12.05 [0] | 12.25 [0] |
| Control | NO | YES | NO | YES |

| 解释变量 | （1） | （2） | （3） | （4） |
|---|---|---|---|---|
| 个体效应 | Control | Control | Control | Control |
| 时间效应 | Control | Control | Control | Control |
| Model | OLS | OLS | FE | FE |

注：1. ＊、＊＊、＊＊＊分别表示在10%、5%、1%的水平上显著。
2. （ ）内为标准差，［ ］内为 p 值。

表 5 - 35 列（3）和表 5 - 35 列（4）为加入控制变量前后的固定效应模型结果。$R^2$ 为 0.779 和 0.792，模型的拟合优度良好，模型设定较为合理。供求机制、竞争机制、利益分配机制以及配套机制的回归系数均显著为正，再次验证假设 1、假设 2、假设 3 和假设 4。

（四）差分 GMM 动态回归结果及分析

与本部分前几节相同，借鉴张建平和葛杨（2020）、胡雪萍和许佩（2020）对动态性和内生性的处理方法，引入农村土地要素市场化配置程度的滞后一期和滞后二期，同时处理市场"惯性"导致的动态性问题，同时参考陈强（2010）处理内生性的办法，选择农村土地要素市场供求均衡指数的滞后变量作为工具变量，建立差分 GMM 模型，得到表 5 - 36 列（1）、列（2）。由表 5 - 36 可得，AR（1）、AR（2）检验结果显示，PAR（1）< 0.05 且 PAR（2）> 0.05，则模型存在一阶自相关但不存在二阶自相关；Sargan 检验中 P 值至少大于 0.328，则工具变量有效，模型能够通过过度识别检验，建立的 DIFF - GMM 模型有效。

表 5 - 36 列（1）、列（2）中 4 个核心解释变量的回归系数均显著为正，再次证实影响机制对农村土地要素市场化程度有促进作用，验证假设 1、假设 2、假设 3 和假设 4；所有被解释变量滞后一阶、滞后二阶项 L1. M、L2. M 均为正且通过 1% 或 10% 的显著性检验，表明市场化配置影响机制影响下农村土地要素市场化配置路径依赖明显，假设 5成立。

表 5 - 36    四大机制综合影响下农村土地要素市场化配置"惯性"检验

| 解释变量 | （1） | （2） |
|---|---|---|
| L1. M | 0. 094 *** <br> （0. 018） | 0. 060 ** <br> （0. 025） |
| L2. M | 0. 065 *** <br> （0. 02） | 0. 032 * <br> （0. 021） |
| gqjz | 0. 215 *** <br> （0. 011） | 0. 223 *** <br> （0. 026） |
| jzjz | 0. 039 *** <br> （0. 002） | 0. 042 *** <br> （0. 004） |
| lyfpjz | 0. 011 *** <br> （0. 002） | 0. 009 *** <br> （0. 002） |
| ptjz | 0. 202 *** <br> （0. 011） | 0. 225 *** <br> （0. 01） |
| des | | 0. 041 ** <br> （0. 017） |
| led | | 0. 002 <br> （0. 0004） |
| Cons | 0. 098 *** <br> （0. 005） | 0. 092 ** <br> （0. 044） |
| N | 210 | 210 |
| AR（1） | - 2. 328 <br> [0. 02] | - 2. 258 <br> [0. 024] |
| AR（2） | 1. 518 <br> [0. 129] | 1. 574 <br> [0. 116] |
| sargan | 26. 718 <br> [0. 318] | 25. 370 <br> [0. 356] |
| Control | NO | YES |
| 个体效应 | Control | Control |
| 时间效应 | Control | Control |
| Model | DIFF - GMM | DIFF - GMM |

注：1. * 、 ** 、 *** 分别表示在10% 、5% 、1% 的水平上显著。

2. （ ）内为标准差，[ ] 内为 p 值。

（五）稳健性和内生性检验

为保证研究结论的可靠性，首先，与差分 GMM 的变量和滞后期选取方法类似，采用系统 GMM（SYS – GMM）回归模型进行稳健性检验，考虑到动态性、异方差以及内生性问题，加入农村土地要素市场化配置程度的滞后一阶和滞后二阶项作为解释变量，建立表 5 – 37 列（1）~（2）；其次，用狭义的农村土地要素市场化配置程度作为被解释变量，再次进行系统 GMM 回归，作进一步的稳健性检验，见表 5 – 37 中列（3）~（4）。

与本节所做的基准模型和市场化配置的"惯性"检验结果相比，系统 GMM 模型结果的解释变量系数大小存在一定的差异，但系数符号基本一致，都能通过显著性检验，因此，认为回归结果稳健性较强。

系统 GMM 解决了差分 GMM 的遗漏误差问题，由表 5 – 37 可知，模型通过 Sargan – P 的过度识别检验，PAR 值表明存在一阶自相关但不存在二阶自相关，选择一阶和二阶滞后具有合理性。农村土地要素市场化配置程度受其一阶和二阶滞后项的正向影响，证实了在影响机制作用下，农村土地要素市场化配置的自我强化效应明显，假设 5 成立。

表 5 – 37　　　　　　　　　稳健性和内生性检验

| 被解释变量 | M | | lcd | |
|---|---|---|---|---|
| 解释变量 | （1） | （2） | （3） | （4） |
| L1. M | 0.101 ***<br>（0.031） | 0.083 ***<br>（0.032） | 0.239 ***<br>（0.021） | 0.280 ***<br>（0.041） |
| L2. M | 0.001 *<br>（0.03） | 0.022 *<br>（0.042） | 0.004 *<br>（0.01） | 0.020 *<br>（0.034） |
| gqjz | 0.214 ***<br>（0.016） | 0.172 ***<br>（0.037） | 0.236 ***<br>（0.072） | 0.229 ***<br>（0.065） |
| jzjz | 0.044 ***<br>（0.004） | 0.042 ***<br>（0.006） | 0.007 *<br>（0.009） | 0.023 *<br>（0.014） |
| lyfpjz | 0.011 **<br>（0.005） | 0.008 **<br>（0.005） | 0.019 *<br>（0.011） | 0.023 *<br>（0.014） |

续表

| 被解释变量 | M | | lcd | |
|---|---|---|---|---|
| 解释变量 | （1） | （2） | （3） | （4） |
| ptjz | 0.272 *** (0.011) | 0.242 *** (0.018) | 0.142 *** (0.032) | 0.125 ** (0.063) |
| N | 240 | 240 | 240 | 240 |
| AR（1） | -2.365 [0.018] | -2.408 [0.016] | -2.032 [0.042] | -2.098 [0.036] |
| AR（2） | 1.83 [0.167] | 1.607 [0.108] | 0.991 [0.032] | 1.162 [0.245] |
| sargan | 23.945 [0.996] | 22.132 [0.99] | 27.911 [0.925] | 26.070 [0.96] |
| Control | NO | YES | NO | YES |
| 个体效应 | Control | Control | Control | Control |
| 时间效应 | Control | Control | Control | Control |
| Model | SYS - GMM | SYS - GMM | SYS - GMM | SYS - GMM |

注：1. *、**、*** 分别表示在10%、5%、1%的水平上显著。
2.（）内为标准差，[ ]内为 p 值。

# 第六节 小 结

本部分以 2010～2019 年作为考察期，从供求机制、竞争机制、利益分配机制和市场化配置配套机制出发，对农村土地要素市场化配置影响机制的作用机理、影响效果和相互关系进行学理分析。

第一，农村土地要素市场供求均衡水平与农村土地要素市场化配置程度正相关。农村土地要素市场供求均衡水平越高，农村土地要素市场化配置程度越高；反之，农村土地要素市场供求均衡水平越低，农村土地要素市场化配置程度越低。

健全的农用地市场化配置供求机制和农村集体建设用地市场化配置供求机制均能提升农村土地要素市场化配置程度。农用地供求均衡指数、农村集体建设用地供求指数与农村土地要素市场化配置程度变化趋势一致，农用地供给均衡指数和农村集体建设用地供给均衡指数的回归系数均显著为正，表明其与农村土地要素市场化配置程度显著正相关。

农用地市场化配置供求机制对市场化配置程度的驱动性更强。农用地供求指数曲线位于农村集体建设用地供求指数曲线的上方，农用地市场化配置供求均衡指数的回归系数大于农村集体市场化配置供求均衡指数的回归系数，表明农用地市场化配置供求均衡对农村土地要素市场化配置的正向拉动作用更大。

在市场化配置供求机制作用下，农村土地要素市场化配置路径依赖明显。农村土地要素市场化配置程度一阶、二阶滞后项和农用地市场化配置供求均衡指数、农村集体建设用地市场化配置供求均衡指数滞后项的回归系数显著为正，农村土地要素市场化配置建设是循序渐进的，市场化配置具有明显的"惯性"。随着滞后期的延长，农村土地要素市场各项基础设施和政策效果在较长时期的累积效应更强，农用地和农村集体建设用地市场化配置供求机制的正向冲击在滞后二期得到更好的释放。

区域间土地要素市场化配置供求机制驱动能力异质性较强。东北部地区、东部以及中部地区农村土地要素市场化配置供求机制对市场化配置程度的驱动作用强于西部地区。

供求机制阈值效应明显。供求均衡指数的二次项系数为负，一次项系数为正，土地要素市场化配置供求均衡指数对农村土地要素市场化配置程度的提升作用呈倒"U"形，当农用地、农村集体建设用地市场化配置供求均衡指数分别为 1.224 和 1.563 时，供求机制对农村土地要素市场化配置程度的正向作用达到最大。

第二，农村土地要素市场竞争强度与农村土地要素市场化配置程度正相关。当前阶段，农村土地要素市场竞争越激烈，农村土地要素市场化配置程度越高；反之，农村土地要素市场化配置程度越低。

健全的农用地市场化配置竞争机制和农村集体建设用地市场化配置竞争机制均能提升农村土地要素市场化配置程度。农用地赫芬因德指数、农村集体建设用地赫芬因德指数与农村土地要素市场化配置程度变化趋势一致，农用地赫芬因德指数和农村集体建设用地赫芬因德指数的回归系数均显著为正，表明其与农村土地要素市场化配置程度显著正相关。

农用地市场化配置竞争机制对市场化配置程度的驱动性更强。农用地市场化配置赫芬因德指数的回归系数大于农村集体市场化配置赫芬因德指数的回归系数。

在市场化配置竞争机制作用下，农村土地要素市场化配置路径依赖明显。农村土地要素市场化配置程度一阶、二阶滞后项和农用地市场化配置赫芬因德指数、农村集体建设用地市场化配置赫芬因德指数滞后项的回归系数显著为正，农村土地要素市场化配置建设是循序渐进的，市场化配置具有明显的"惯性"。随着滞后期的延长，农村土地要素市场各项基础设施和政策效果在较长时期的累积效应更强，农用地和农村集体建设用地市场化配置竞争机制的正向冲击在滞后二期得到更好的释放。

区域间土地要素市场化配置竞争机制驱动能力异质性较强。东北部地区、东部以及中部地区的农村土地要素市场化配置竞争机制对市场化配置程度的驱动作用强于西部地区。

竞争机制阈值效应明显。赫芬因德指数的二次项系数为负，一次项系数为正，土地要素市场化配置赫芬因德指数对农村土地要素市场化配置程度的提升作用呈倒"U"形，当农用地、农村集体建设用地市场化配置赫芬因德指数分别等于 0.406 和 0.74 时，竞争机制对农村土地要素市场化配置程度的正向作用达到最大。

第三，农村土地要素市场化配置策略选择与农户、基层地方政府从市场化配置中获得的收益正相关。当联合农户组织转出土地的概率越高或是基层地方政府从土地要素市场化配置中获得的收益更高、成本更低时，基层地方政府越有可能组织土地要素市场化配置。而联合农户从市场化配置中获得的收益越高、成本越低或在农村土地隐性流转市场上受到的处罚越低时，农户更倾向于转出土地要素，此时农村土地要素市场化配置程度越高。农村土地要素市场化配置分配利益越高，农村土地要素市场化配置程度越高。

健全的农村土地要素市场化配置利益分配机制能够提升农村土地要素

市场化配置程度。农村土地要素市场利益分配指数与农村土地要素市场化配置程度变化趋势一致，农村土地要素市场利益分配指数的回归系数均显著为正，表明其与农村土地要素市场化配置程度显著正相关。

在市场化配置利益分配机制作用下，农村土地要素市场化配置路径依赖明显。农村土地要素市场化配置程度一阶、二阶滞后项和农村土地要素市场利益分配指数滞后一阶的回归系数显著为正，农村土地要素市场化配置建设是循序渐进的，市场化配置具有明显的"惯性"。随着滞后期的延长，农村土地要素市场各项基础设施和政策效果在较长时期的累积效应更强，市场化配置利益分配机制的正向冲击在较长时间内得到更好的释放。

区域间土地要素市场化配置利益分配机制驱动能力异质性较强。东北部地区、东部以及中部地区的农村土地要素市场化配置利益分配机制对市场化配置程度的驱动作用强于西部地区。

利益分配机制阈值效应明显。竞争均衡指数的二次项系数为负，一次项系数为正，农村土地要素市场利益分配指数对农村土地要素市场化配置程度的提升作用呈倒"U"形，当农村土地要素市场利益分配指数为0.978时，利益分配机制对农村土地要素市场化配置程度的正向作用达到最大。

第四，在农村土地要素市场化配置配套机制中，土地确权范围、农民获得的贷款额、农民社保水平、农村土地要素市场中介服务覆盖指数、农村土地要素市场信息化指数、农村专业合作社数均与农村土地要素市场化配置程度正相关，农村土地市场纳税额与农村土地要素市场化配置程度负相关。

健全农村土地要素市场化配置配套机制推动农村土地要素市场化配置程度的提升。土地确权范围、农民获得的贷款额、农民社保水平、农村土地要素市场中介服务覆盖指数、农村土地要素市场信息化指数、农村专业合作社数与农村土地要素市场化配置程度变化趋势一致，农村土地市场纳税额与农村土地要素市场化配置程度变化趋势相反。土地确权范围、农民获得的贷款额、农民社保水平、农村土地要素市场中介服务覆盖指数、农村土地要素市场信息化指数、农村专业合作社数的回归系数显著为正，农村土地市场纳税额的回归系数显著为负。

在市场化配置配套机制作用下，农村土地要素市场化配置路径依赖明显。农村土地要素市场化配置程度一阶滞后项的回归系数显著为正，农村土地要素市场化配置建设是循序渐进的，市场化配置具有明显的"惯性"。

第五，在影响机制综合作用下，供求机制、竞争机制、利益分配机制、配套机制与农村土地要素市场化配置程度正相关，且农村土地要素市场化配置的自我强化效应明显。

—————————— 第六章 ——————————

# 结论、建议与展望

本部分首先总结本书的主要结论，提出本书的创新之处，在此基础上提出政策建议，以期通过提高农村土地要素市场化配置程度，激发农村内生活力；最后，指出未来的研究方向。

## 第一节　主要结论和创新之处

### 一、主要结论

本书利用定性和定量分析的分析方法，厘清我国农村土地要素市场化配置现状，探究我国农村土地要素市场化配置过程中存在的问题及影响因素，构建农村土地要素市场化配置程度测度体系，再通过翔实和严密的机理分析和学理分析，探索农村土地要素市场化配置影响机制如何作用，以及对农村土地要素市场化配置程度影响效果。

其一，本书在梳理和总结相关研究成果的基础上，限定了研究对象的概念、范围和框架；其二，厘清了农村土地要素配置改革背景和历程，提出当前农村土地要素配置过程中存在的问题，针对性地提出提高农村土地要素配置的市场化配置程度及其效率是土地改革的重要解题思路；其三，构建了我国农村土地要素市场化配置程度测度体系，用具体数据从时间和空间角度，对我国农村土地要素市场化配置程度的分布特征进行探究；第四，对我国农村土地要素市场化影响机制进行学理分析，分别构建农村土地要素市场化配置供求均衡指数、市场竞争赫芬因德指数、利益分配指数以及配套机制指数（产权、农村金融、税收、中介机构、市场信息化平台、专业合作社、农村社会保障）多个核心解释变量，基于静态回归模型和动态回归模型，多角度探究市场化配置诸多机制对农村土地要素市场化配置程度的作用机理和效果。基于以上研究，得出以下主要结论。

第一，当前我国农村土地要素配置效率仍旧不高，仍有较多的问题。我国的农村土地改革是在农村人口结构、就业结构等背景下进行的，通过调整农村土地政策，逐步引导农村土地要素向规范化、规模化方向发展。但在当前制度条件下，农村土地要素配置效率较低，土地要素供给和需求错位、土地要素市场竞争扭曲、土地要素增值收益难以实现公平性和共享性、市场化配置配套机制不健全。随着政府弱化对市场的直接干预，市场的基础性和决定性作用得以发挥，应将提高农村土地要素市场化配置程度及其效率作为农村土地改革的方向。

第二，虽然我国农村土地要素市场化配置程度逐年提高，但当前市场化程度仍然不高，农村土地要素市场化配置程度低下，且地区间差距较为明显，市场化程度高的地区土地要素市场化配置程度越高，农村土地要素市场化配置效率越高，市场化改革过程伴随着农村土地要素市场化改革。从全国和不同地区来看，2010～2019 年，农村土地要素市场化配置程度不断提高，且市场化程度越高，农村土地要素市场化配置程度越高。同时，农用地市场、农村集体建设用地市场、征地市场、农村隐性流转土地市场的商品化程度差异明显；农村土地要素流转率低，农村土地要素市场上土地需求不足和供给过剩共存，市场化配置供给和需求错位，市场竞争扭曲；农民在土地要素配置中的收益较少，农村土地要素增值利益公平性和共享性较难实现；农村土地要素市场产权保护、资金支持、市场中介服务规模、信息化平台等支撑不足，市场化配置配套机制不健全。具体来说包括以下方面。

（1）全国农村土地要素市场化配置程度虽在阶段性上升，但仍然不高。2019 年，全国农村土地要素市场化配置程度综合水平为 0.482，2010～2019 年的年均增速为 17.735%。全国农村土地要素市场化进程与我国农业发展进程基本吻合，农村土地要素市场化配置程度增速先快后慢，呈现出阶段性特征，2011～2013 年，市场化配置程度增长速度较快；2014 年出现短暂的放缓；2015 年出现新的增长峰值；2016～2017 年，农村土地要素市场化配置程度波动上升；2017 年以后，农村土地要素市场化配置程度稳步提升。

全国农村土地要素一级指标结果逐年增长，但当前仍旧较低，各指标水平存在差异。2019 年，全国市场运行机制健全程度最低，全国农村土地要素商品化程度均值不高，市场供需均衡度和竞争水平不高。从各指标年增速来看，农民适应市场和政府调控市场程度增速最快，市场体系发育程度增速最慢。从均值来看，农村市场体系发育程度最高，农村土地要素商品化程度次高，全国市场运行机制健全程度最低，土地要素市场化配置程度综合水平均值高于全国市场运行机制健全程度、农民逐步适应市场和政府调控市场程度。

各一级指标对农村土地要素市场化配置程度综合水平均有一定的贡献，其贡献有一定差异。土地要素商品化程度对全国农村土地要素市场化配置程度综合水平有持续向上的拉动作用；2010～2018 年，农村市场体系发展程度对市场化配置程度综合水平有向上的拉动作用，2019 年，表现出一定的抑制性；2010～2014 年，市场运行机制健全程度对全国农村土地要素市场化配置程度综合水平的拉动作用强，但 2015～2019 年，有一定的抑制作用；2010～2014 年，农民适应市场和政府调控市场程度对市场化配置程度综合水平有一定程度的抑制作用，但 2015 年以后对市场化配置程度综合水平有较为明显的拉动作用。

全国农村土地要素市场化配置程度二级指标水平整体不高。平等竞争机制健全程度最高，农村土地要素商品化程度较低，特别是农村集体建设用地和征地市场的配置程度较低，农村土地要素流转率低，农村土地要素市场上土地需求不足和供给过剩共存，市场化配置供给和需求错位，市场竞争扭曲；农民在土地要素配置中的收益较少，农民很难享受农村土地要素市场化配置带来的红利，农村土地要素增值利益公平性和共享性较难实现；农村土地要素市场产权保护、资金支持、市场中介服务规模、信息化平台等支撑不足，农村专业合作社发展程度较低，市场化配置配套机制不健全。

（2）各省份农村土地要素市场化配置程度逐年提升，但当前水平仍然较低，地区差异明显。地区农村土地要素市场化配置程度与市场化发展状况基本一致，市场化程度越高的地区，农村土地要素市场化配置程度越高，其配置效率越高；反之，市场化程度越低的地区，农村土地要素市场化配置程度越低，配置效率越低。各省份农村土地要素市场化配置程度均值排名与农业贡献率有一致性；一级指标水平差异明显，基本上表现为东部和中部地区的结果高于西部地区，且各二级指标异质性强。

（3）东部、中部、西部、东北部地区的农村土地要素市场化配置程度不高，区域间农村土地要素市场化配置程度差异明显，基本上呈现出东高西低的趋势。市场化程度越高，农村土地要素市场化配置程度越高，东部、中部地区对全国平均水平有上拉的作用，西部地区对全国平均水平具有一定的抑制作用。

第三，健全的供求机制、竞争机制、利益分配机制和配套机制促进农村土地要素市场化配置程度提升。为了提升我国农村土地要素市场化配置程度，需要从市场化配置供求机制、竞争机制、利益分配机制和配套机制入手。

（1）农村土地要素市场供求均衡水平与农村土地要素市场化配置程度正相关。农村土地要素市场供求均衡水平越高，农村土地要素市场化配置程度越高；反之，农村土地要素市场供求均衡水平越低，农村土地要素市场化配置程度越低。

健全的农用地市场化配置供求机制和农村集体建设用地市场化配置供求机制均能提升农村土地要素市场化配置程度。农用地供求均衡指数、农村集体建设用地供求指数与农村土地要素市场化配置程度变化趋势一致，农用地供给均衡指数和农村集体建设用地供给均衡指数的回归系数均显著为正，表明其与农村土地要素市场化配置程度显著正相关。

供求机制、竞争机制、利益分配机制和配套机制是促进农村土地要素市场化配置程度提升的动力，健全农村土地要素市场化配置影响机制能够提高农村土地要素市场化配置程度，推动农村土地资源利用效率。当前，农村土地要素市场化配置供求均衡水平、市场竞争强度、利益分配指数以及配套机制指数对市场化配置程度均表现出明显的驱动作用。

农用地市场化配置供求机制对市场化配置程度的驱动性较强。与征地市场和农村土地要素隐形流转市场相比，农用地市场和农村集体建设用地市场的规范和竞争等方面都较符合现代市场的特征，对农用地市场和农村集体建设用地市场影响机制的驱动作用实证研究发现，两者对市场化程度的驱动能力差异性明显，农用地供求指数曲线位于农村集体建设用地供求指数曲线的上面，农用地市场化配置供求均衡指数的回归系数大于农村集体市场化配置供求均衡指数的回归系数，表明农用地市场化配置供求均衡对农村土地要素市场化配置的正向拉动作用更大。

在市场化配置供求机制作用下，农村土地要素市场化配置路径依赖明显。农村土地要素市场化配置程度一阶、二阶滞后项和农用地市场化配置供求均衡指数、农村集体建设用地市场化配置供求均衡指数滞后项的回归系数显著为正，农村土地要素市场化配置建设是循序渐进的，市场化配置具有明显的"惯性"。随着滞后期的延长，农村土地要素市场各项基础设施和政策效果在较长时期的累积效应更强，农用地和农村集体建设用地市场化配置供求机制的正向冲击在滞后二期得到更好的释放。

区域间土地要素市场化配置供求机制驱动能力异质性强。东北部地区、东部以及中部地区农村土地要素市场化配置供求机制对市场化配置程度的驱动作用强于西部地区。

供求机制阈值效应明显。供求均衡指数的二次项系数为负，一次项系数为正，土地要素市场化配置供求均衡指数对农村土地要素市场化配置程度的提升作用呈倒"U"形，当农用地、农村集体建设用地市场化配置供求均衡指数分别为 1.224 和 1.563 时，供求机制对农村土地要素市场化配置程度的正向作用达到最大。

（2）农村土地要素市场竞争强度与农村土地要素市场化配置程度正相关。当前阶段，农村土地要素市场竞争越激烈，农村土地要素市场化配置程度越高；反之，农村土地要素市场化配置程度越低。

健全的农用地市场化配置竞争机制和农村集体建设用地市场化配置竞争机制均能提升农村土地要素市场化配置程度。农用地赫芬因德指数、农村集体建设用地赫芬因德指数与农村土地要素市场化配置程度变化趋势一致，农用地赫芬因德指数和农村集体建设用地赫芬因德指数的回归系数均显著为正，表明其与农村土地要素市场化配置程度显著正相关。

　　农用地市场化配置竞争机制对市场化配置程度的驱动性更强。农用地市场化配置赫芬因德指数的回归系数大于农村集体市场化配置赫芬因德指数的回归系数。

　　在市场化配置竞争机制作用下，农村土地要素市场化配置路径依赖明显。农村土地要素市场化配置程度一阶、二阶滞后项和农用地市场化配置赫芬因德指数、农村集体建设用地市场化配置赫芬因德指数滞后项的回归系数显著为正，农村土地要素市场化配置建设是循序渐进的，市场化配置具有明显的"惯性"。随着滞后期的延长，农村土地要素市场各项基础设施和政策效果在较长时期的累积效应更强，农用地和农村集体建设用地市场化配置竞争机制的正向冲击在滞后二期得到更好的释放。

　　区域间土地要素市场化配置竞争机制驱动能力异质性强。东北部地区、东部以及中部地区农村土地要素市场化配置竞争机制对市场化配置程度的驱动作用强于西部地区。

　　竞争机制阈值效应明显。赫芬因德指数的二次项系数为负，一次项系数为正，土地要素市场化配置赫芬因德指数对农村土地要素市场化配置程度的提升作用呈倒"U"形，当农用地、农村集体建设用地市场化配置赫芬因德指数分别等于 0.406 和 0.74 时，竞争机制对农村土地要素市场化配置程度的正向作用达到最大。

　　（3）农村土地要素市场化配置策略选择与农户、基层地方政府从市场化配置中获得的收益正相关。当联合农户组织转出土地的概率越高或是基层地方政府从土地要素市场化配置中获得的收益更高、成本更低时，基层地方政府越有可能组织土地要素市场化配置。而联合农户从市场化配置中获得的收益越高、成本越低或在农村土地隐性流转市场上受到的处罚越低时，农户更倾向于转出土地要素，此时农村土地要素市场化配置程度越高。农村土地要素市场化配置分配利益越高，农村土地要素市场化配置程度越高。

健全的农村土地要素市场化配置利益分配机制能够提升农村土地要素市场化配置程度。农村土地要素市场利益分配指数与农村土地要素市场化配置程度变化趋势一致，农村土地要素市场利益分配指数的回归系数均显著为正，表明其与农村土地要素市场化配置程度显著正相关。

在市场化配置利益分配机制作用下，农村土地要素市场化配置路径依赖明显。农村土地要素市场化配置程度一阶、二阶滞后项和农村土地要素市场利益分配指数滞后一阶的回归系数显著为正，农村土地要素市场化配置建设是循序渐进的，市场化配置具有明显的"惯性"。随着滞后期的延长，农村土地要素市场各项基础设施和政策效果在较长时期的累积效应更强，市场化配置利益分配机制的正向冲击在较长时间内得到更好的释放。

区域间土地要素市场化配置利益分配机制驱动能力异质性较强。东北部地区、东部以及中部地区农村土地要素市场化配置利益分配机制对市场化配置程度的驱动作用强于西部地区。

利益分配机制阈值效应明显。竞争均衡指数的二次项系数为负，一次项系数为正，农村土地要素市场利益分配指数对农村土地要素市场化配置程度的提升作用呈倒"U"形，当农村土地要素市场利益分配指数为0.978时，利益分配机制对农村土地要素市场化配置程度的正向作用达到最大。

（4）农村土地要素市场化配置配套机制指数与农村土地要素市场化配置程度直接相关。土地确权范围、农村贷款额、农民社保水平、农村土地要素市场中介服务覆盖指数、农村土地要素市场信息化指数、农村专业合作社数均与农村土地要素市场化配置程度正相关，农村土地市场纳税额与农村土地要素市场化配置程度负相关。

健全农村土地要素市场化配置配套机制、推动农村土地要素市场化配置程度的提升。土地确权范围、农村贷款额、农民社保水平、农村土地要素市场中介服务覆盖指数、农村土地要素市场信息化指数、农村专业合作社数与农村土地要素市场化配置程度变化趋势一致，农村土地市场纳税额与农村土地要素市场化配置程度变化趋势相反。土地确权范围、农村贷款额、农民社保水平、农村土地要素市场中介服务覆盖指数、农村土地要素市场信息化指数、农村专业合作社数的回归系数显著为正，农村土地市场纳税额的回归系数显著为负。

在市场化配置配套机制作用下，农村土地要素市场化配置路径依赖明显。农村土地要素市场化配置程度一阶滞后项的回归系数显著为正，农村土地要素市场化配置建设是循序渐进的，市场化配置具有明显的"惯性"。

（5）在影响机制综合作用下，供求机制、竞争机制、利益分配机制、配套机制对农村土地要素市场化配置程度仍具有促进作用，农村土地要素市场化配置的自我强化效应明显。

## 二、创新之处

要素市场化配置是我国经济改革的重要方向，充分激发农村内生潜力需要将市场化配置机制引入农村土地改革之中，这是当前我国面临的重大理论和现实问题。本书在厘清农村土地要素市场化配置、市场化配置影响机制相关研究的基础上，结合我国农村土地要素改革背景和问题，提出"农村土地要素市场化配置并提高其配置程度和效率是农村土地改革的主攻方向"。由此，划定研究范围，构建我国农村土地要素市场化配置程度的测度体系，并探究供求机制、竞争机制、利益分配机制和配套机制的影响效果，旨在从学理角度证实市场化配置机制对农村土地要素市场化配置程度提升的积极作用，扩宽农业农村现代化建设思路。本书主要有以下三个方面的特色和创新。

第一，创新性地设定较为全面的农村土地要素市场化配置程度的测度范围。本书进一步对农村土地要素市场化配置程度测度的范围进行界定，尽可能地全面考虑农村发生的"地"和"钱"的所有交易，以农用地、农村集体建设用地、"四荒地"的四个流动方向作为研究切入点，从农用地市场、农村集体建设用地市场、征地市场、农村土地隐性流转市场 4 个方面对农村土地要素市场化配置程度进行探究。不同于已有学者从农用地市场或农村集体建设用地市场或征地市场出发测度农村土地要素市场化程度的研究方法，已有文献多是针对某一类特定交易市场的独立研究。本书对更大范围的农村土地要素市场化配置程度进行测度和研究，在研究范围上具有一定的创新性。

第二，探索性地构建了农村土地要素市场化配置程度测度体系。本书通过构建农村要素市场化配置程度的测度指标体系，将农村土地要素市场的商品化水平（FCD）、市场发育程度（DSD）、市场运行机制健全程度（OMD）、农民适应市场和政府调控市场的程度（FAGED）四个方面测度市场化配置程度的方法应用到农村土地要素市场化配置程度的测度中，从四个方向综合测度我国农村土地要素市场化配置程度。区别于已有的从市场化结果、市场化配置行为和内涵、外部环境因素出发的研究，往往用单一指标或较少的几个复合指标，针对某一类市场特性的独立研究。本书充分考虑市场运行情况、市场主体、市场参与者等诸多方面，探索我国农村土地要素市场化配置程度的时间特征和空间特征，是对现有研究的较为有益的补充。

第三，有针对性地从学理角度分析农村土地要素市场化配置影响机制的作用机理和影响效果。本书探究了农村土地要素市场化配置供求机制、竞争机制、利益分配机制和配套机制的作用机理，在此基础上从学理角度，验证农村土地要素市场化配置供求机制、竞争机制、利益分配机制和配套机制对农村土地要素市场化配置程度的影响效果，证实了供求机制、竞争机制、利益分配机制和配套机制与农村土地要素市场化配置程度的内在联系，探索影响机制对农村土地要素市场化配置程度的驱动作用和影响效果的地区异质性、市场化配置的自我强化效应和影响机制促进作用的阈值效应，弥补了现有研究中关于市场化配置影响机制学理研究的空白，为农村土地要素市场化配置改革提供了理论和实证依据。

# 第二节　政策建议

根据本书的研究结论，为了激发农村内生活力，推动农村土地要素配置的市场化配置改革，应以提高农村土地要素市场化配置程度及其效率为重点，规范农村土地要素市场，推动农村土地要素市场供求机制、竞争机制、利益分配机制以及配套机制（土地确权、农村贷款、农民社保、中介服务、信息化、农村专业合作社、税收）改革，维护农村土地要素市场化配置改革成果，从以下几点入手。

## 一、稳妥推动农村土地市场化配置改革

### （一）提高农用地产出收益，扩大市场化范围

我国农用地流转的相关政策支持相当充足，但农用地配置程度仍旧不高，造成此局面是由于农用地流转动因不足，农用地市场化发展最根本的驱动力在于提高农用地流转的产出收益[1]。因此，农用地市场化政策支撑应从实现农业产业链增值入手，激发农用地专业化和规模化需求。

在充分尊重农户意愿的前提下，探索土地股份合作等多种形式，适时放开对承包经营权和处分权的限制，"活化"农地产权权能，进一步恢复其财产权属性。同时，完善农产品市场价格形成机制，减少信息不对称、降低市场交易成本，以农产品市场的升级带动土地等要素市场的竞争，在土地流转的竞争中促进产权的明晰，如此循环往复，最终实现农村土地要素的有效利用，促进农业现代化的发展。

### （二）统筹农村集体建设用地市场

第一，改革农村集体经营性建设用地入市方式。改变当前指标交易的做法，由指标产生和落地双方或多方，采用股份合作方式推动入市，实现股权量化、成本共担、收益共享。比如，可以由拆旧区和建新区的村集体组建一个产业联合体或者股份公司，共同参与建设用地市场交易过程，使得真正拥有存量建设用地的村庄具有更多、更长远的收益。

第二，建立城乡建设用地统一市场。构建统一市场的交易平台，推动土地需求方和提供方依据市场规则自发交易，政府主要负责平台运行维护、划定基准地价、提供交易信息等基础性工作，实现国有土地和农村集

---

① 王振坡、梅林、詹卉：《产权、市场及其绩效：我国农村土地制度变革探讨》，载于《农业经济问题》2015 年第 4 期，第 44~50 页。

体建设用地同网运行、同网竞价、同网交易。同时，积极应对市场失灵，进行风险防控，防止农村集体经营性建设用地使用权的过度集中，防范寡头的出现。

第三，优化宅基地的财产权，保护宅基地的用益物权①。完整、明晰的宅基地财产权是宅基地进行市场化配置的基础②，健全宅基地产权制度。农村集体经济组织成员的身份是获取宅基地用益物权的前提条件③，保护成员资格权；削弱政府对宅基地的审批权，尊重本集体组织民主决定成员权利，防止基层地方政府越俎代庖。

第四，锁死宅基地总量，逐步打破宅基地流转闭环方式。维持宅基地市场总量稳定④，防止无限制扩张的宅基地挤占现有基本农用地。同时，通过市场化配置盘活现有存量宅基地资源，减少宅基地流转过程中繁杂的程序，有宅基地用地需求的主体需经集体经济组织民主决议和审批，通过市场化的交易、依法备案便可有偿取得宅基地使用权；随着农村人口向城镇的转移，农村集体内的农民对宅基地的需求减少，应逐步突破宅基地在本集体内部流转的限制，适度扩大宅基地使用权流转参与主体的覆盖范围。

第五，防范宅基地入市风险。宅基地入市改革在满足农村流入人口居住需求的同时，必然会加速传统村庄的社会形态转型进程，挑战原有的农村社会治理模式。应严格防止针对宅基地的资本投机行为，势必要抑制圈地炒作行为，通过建立城乡不动产统一登记体系，有效化解社会风险⑤。

第六，构建宅基地退出机制。宅基地使用权退出障碍主要在于退出制

① 荣晨：《土地要素市场化改革：进展、障碍、建议》，载于《宏观经济管理》2019年第8期，第25~31、38页。
② 吕萍、陈卫华、陈泓冰：《农村住宅市场建设：理论意义和现实路径》，载于《经济体制改革》2017年第2期，第62~68页。
③ 丁国民、龙圣锦：《乡村振兴战略背景下农村宅基地"三权分置"的障碍与破解》，载于《西北农林科技大学学报》（社会科学版）2019年第1期，第39~50页。
④ 黄延信：《破解农村宅基地制度改革难题之道》，载于《农业经济问题》2021年第8期，第83~89页。
⑤ 吴宇哲、于浩洋：《农村集体建设用地住宅用途入市的现实约束与赋能探索》，载于《中国土地科学》2021年第5期，第93~99页。

度构建和退出价格的确定两方面。农民宅基地退出的经济抉择行为更多与对家庭代际关系的价值观有关，由非农和农业生产并存的特殊社会背景决定，无法完全用新自由主义经济学中对成本的理性抉择来解释，因此，宅基地退出机制的制度安排也应更多地考量宅基地所承载的代际功能。

（三）改革征地范围、征地程序和保障机制

第一，持续缩小征地范围。已有研究证实，在较长的发展时期，政府通过农地征收或批准获得的土地租金收入，与通过征税获得税收收入是等价的，采取何种方式获得收入与政府获得收入的总量无关，土地资源面积大小才是决定政府获取收入的关键因素①，征地和税收之间存在长期的替代关系。政府持续缩小征地范围，逐步通过市场化协商的方式获得非公共利益的农村用地。

第二，扩大征收补偿范围。将土地管制性征收纳入土地征收补偿，管制性征收②产生的国家对私人财产全部权利中的部分权利进行过度的管制或限制，从而使得私人财产权发生较严重的减损（施春风，2020），产生与土地征收相同的后果，对于农村土地管制性征收产生的损失也应当按照常规征地补偿标准给予补偿。

第三，明确农民为被征收人。使被征地农民有权直接或委托村集体代替与征收人直接协商征地补偿和费用，提升农民在征地环节中的地位。同时，确定农民作为征地补偿的最终对象，减少村集体向被征地农民发放补偿费用的程序，由征地方向被征地农民直接支付补偿款，减少中间环节，节约人力成本。

第四，建立公平的征地补偿机制。引入总体收入法和重置资本法，征地费用依旧以征地对象的前三年产值作为计算基础，增加征地对象用途转变后三年的预期产值，综合征收土地前后共六年的产值作为补偿标准；安置费按照征地对象用途转变后，失地农民重新组织生产和生活的成本作为

---

① 张奎磊：《土地财政的演进：从征地过渡到征税吗？——基于法经济学的分析》，载于《经济问题探索》2019 年 7 期，第 130～139、161 页。

② 农村土地要素的管制性征收指的是国家或行政授权机构并非通过征收方式占用农村土地，而是依靠立法或者行政行为对农村土地要素使用权进行过度限制，农民和农村集体的土地财产权受到损害，从而导致较大程度的财产损失，此类行政行为与农村土地要素征收对农民的影响类似。

计算标准，将征地对象转变为建设用地后的土地价格提升带来的农民生活成本上升作为重要计算标准。将算得的征地费用和安置费总和作为失地农民获得的最终补偿费用。此外，征补双方协商定价，引入专业土地评估机构作为第三方对土地价格进行评估，允许农民和集体经济组织就征地补偿费用与征地方协商，邀请非政府的审判机构作为中间人协调。

（四）引导农村土地隐性流转市场规范化

修补土地制度的纵向和横向裂缝是规范农村土地要素市场的关键之举。针对农村土地要素的隐性流转市场，需要进行分类引导与规范，严厉清查违法市场，有序规范失范市场。同时，在保证农用地用途不改变的前提下，引导农村土地要素在区域间、主体间、产业间的优化配置，积极稳妥地引入市场化配置机制，逐步消灭隐性流转市场。

规范政府自身行为是规范农村土地要素隐性交易的重中之重。一方面，需要进一步加强农村土地要素的垂直监管力度，明确定位土地管理部门的职能，规范管理制度，不断地创新管理手段，加大违法处罚力度。另一方面，需要加强上级政府对下级政府土地违法的问责力度，出现土地违法行为时，上级主管部门必须对相关责任部门和责任人进行行政问责，必要时报送司法部门，严肃追究其法律责任。

## 二、完善土地产权制度

当前对农村土地的使用权、发展权等产权缺乏完整的制度规定①，产权归属并不明晰，导致农村经济关系中出现多重矛盾，农民的土地权益缺乏有效的制度保护。明晰和保护农民现有土地法权是相对占有的改革路径（Kong et al.，2018）②。因此，需要对农村土地要素各项权能和内容进行明确规定。

第一，农村土地要素产权显化。产权制度改革首先要实现农村土地要

① 宋涛、蔡建明、刘彦随、倪攀：《农地流转模式与机制创新研究》，载于《农村经济》2012年第8期，第23~26页。
② Kong X.，Liu Y.，Jiang P. et al. "A Novel Framework for Rural Homestead Land Transfer under Collective Ownership in China". Land Use Policy，2018，78：138－146.

素产权的显化。显化和明晰的农村土地产权是保护农民和村集体经济组织对农村土地要素以及农村土地上的附属物占用、使用以及收益权利[1]的依据,赋予农村土地要素与城市国有土地要素同等的发展权。加快未确权的地区《土地使用证》以及《房屋产权证》的发放工作进度,实现每块地、每项附属建筑物都做到物有其主。除保证土地产权的明晰外,还要保证土地要素产权使用权的透明和公开化。

第二,保护农村土地要素利益相关方的合法权利。对于进入农村土地要素市场化正规流转的土地,保证土地产权所有人通过合同对土地要素的使用权人实施管控监督权,确保土地要素使用者遵照合同的约定合法使用土地。

第三,土地要素市场化交易登记信息透明化。确保农村土地要素使用权入市信息和交易信息的公开性,保证农村土地要素所有市场化入市以及交易等相关进度信息的透明化,从而减少市场化交易过程中因信息模糊产生的纠纷,防止信息漏洞导致的贪腐行为发生[2],实现农村土地要素市场完全替代农村土地要素隐形流转市场,减少因农村土地要素的私下非公开交易造成的农民损失,实现农村土地要素交易的规范化和公开化。

### 三、积极推动农村金融改革

农村金融改革应以提高金融对乡村振兴的服务水平为目标,以农村金融供给侧结构性改革为导向[3],引导资金资源要素向农村重点领域和薄弱环节聚集,更好地服务于农业农村现代化,为农村土地要素市场化配置改革提供有力保障。

(一)探索多种农村合作金融基层实践模式

国际上解决农村金融供需矛盾问题主要是依靠发展农村合作金融[4],发挥农村的内生动力,利用植根于乡村的信息优势,开展多种形式的农村

---

① 张衍毓、刘彦随:《大城市边缘区统筹城乡土地利用战略探讨——以天津市东丽区为例》,载于《中国土地科学》2010年第2期,第3~8页。

② 吴兴国:《集体建设用地市场化配置的制度障碍及其克服》,载于《行政论坛》2014年第3期,第54~58页。

③④ 王春雨:《提高金融服务乡村振兴能力》,载于《中国金融》2020年第1期,第67~69页。

合作金融基层实践探索模式，建立能够实现农村土地要素产权等具有乡村特点的抵押品价值转化的系统性合作金融机构，构建符合我国乡村特色的农村合作金融体系。

1. 村集体牵头组建土地市场化流转专用小型贷款服务机构

第一，村集体充分发挥经济组织的性质，整合村集体资产、集体经营性建设用地租金收入、农村土地要素市场化流转相关的专项财政资金、村集体从合作社分得的留作土地要素市场化发展的资金分红等其他与农村土地要素市场化相关的资金，将其作为组建贷款服务机构的启动金，组建面向农村土地市场化流转的专门性农村合作金融机构，报当地银保监会审批。

第二，在本村党支部的领导下，鼓励股份合作形式，将贷款服务机构的49%以下的股份让渡给本村村民或其他团体，执行现代公司运营模式，但不允许扩展出存款和储蓄业务。

第三，村集体负责土地要素市场化流转融资相关信息的搜集和整理、土地产权抵押物的评估、贷款发放、贷后催收以及不良债权的处置等各项工作。根据本村集体具体实际设置贷款税率标准，所得收益用作贷款服务机构的运营和下一轮贷款资金的发放。

第四，贷款服务机构服务对象可以是本村集体的成员或合作社，也可以是非本村集体的、有合法土地产权证书作为抵押物的集体或个人。贷款服务的前提是服务对象所持有的产权证书或使用合同合法且能实现抵押物价值转化，一旦不良债权形成，服务对象抵押的土地产权证书或使用合同能够顺利转化为资产，因此，就需要贷款服务机构对当地产业结构极其熟悉，否则就需要引入较为专业的抵押物价值评估机构。

第五，与当地中国工商银行等五大国有银行或农商行等金融机构签订服务合同，① 定期对本村贷款服务机构进行考核和评估，对本村贷款机构的各项业务予以指导。

2. 村集体牵头成立土地要素市场化流转专用担保互助机构

第一，与农商行或其他金融机构合作，由村集体牵头成立专门服务于

---

① 王春雨：《提高金融服务乡村振兴能力》，载于《中国金融》2020 年第 1 期，第 67～69 页。

土地要素市场化流转的担保互助机构。与小型贷款服务机构启动资金的来源相似，将来自于农村土地要素市场化流转的专项资金用作担保互助金，将担保互助金作为存款存于合作的银行，获取一定的利息收入。

第二，担保互助机构与合作银行签订服务合同，银行协助其完成现代化和市场化公司建设。允许担保互助机构根据其存在合作银行的担保互助金作为杠杆获得贷款信用支撑，两者形成风险共担、收益共享的利益共同体。

第三，担保互助机构服务对象为本村集体村民或合作社等组织。这是由于担保互助机构承担"第三方担保"角色，为服务对象提供贷款担保前需要进行较为全面的风险评估，由担保互助机构专门负责担保审议的工作人员负责，对担保服务对象作为抵押物的土地产权证书和使用合同的有效性进行第一轮评估。通过第一轮评估后，担保互助服务机构对服务对象提供担保，将材料报送至合作的银行，再由合作银行对抵押物进行第二轮评估，通过两轮评估后，担保对象方能由村担保互助机构作为担保，从合作银行内获得一定数额的贷款。

第四，设置反担保措施。担保互助机构作为第三方担保，一旦担保服务对象发生违约，需要由担保互助机构偿还担保服务对象在合作银行中的贷款，并从合作银行获得反担保抵押的农村土地要素产权证书或使用权合同，允许担保互助机构将目标产权证书或合同在土地交易平台上进行转让。

3. 审批一定数量的由合作社或村民提供资金来源的小额贷款服务公司

有提供小额贷款服务的合作社或村民个人向村委会申请，由村集体对申请人择优向合作银行上报，再由合作银行对申请人进行评估和授信，批准申请人一定标准、较小额度的贷款发放服务。获得授权的小额贷款服务公司可以独立向贷款服务对象发放贷款，并收取稍高于银行的市场化贷款利率。严格禁止小额贷款服务公司开展存款业务。

（二）以农村金融供给侧结构性改革为抓手，构建多层次金融供给体系

调整针对农村土地要素市场化的金融供给结构，结合农业以及农产品初级加工业等较长生产周期的特点，增加较长回收期的土地要素市场化贷

款规模，引入期货保险产品，丰富为农村土地要素市场化配置服务的金融产品种类。

1. 筹建农村土地要素市场化投资基金

成立省级农村土地要素市场化投资基金。由于农村土地要素市场化过程是一个循序渐进的过程，财政拨付给各省的专项资金不可能同时全部用于市场化配置建设，则会有相当一部分的财政资金并未支出，未使用的资金若不加以利用就会出现一定程度的浪费。因此，可以将财政拨付的用于农村土地要素市场化配置的相关资金中的 30% ~ 40% 用于投资，交由省级或市级专业化的投资公司建立以省为单位的投资基金；将参与农村土地要素市场化流转的主体作为投资对象，为农村土地专业合作社或者规模化生产农户提供维持规模生产或扩大生产规模所需的资金或中长期贷款；对所有基金投资者进行严格的资质评估，对基金投资者按照市场化方式进行过程监管以及动态调整。

2. 鼓励延长贷款涉贷期限，增加中长期贷款占比

农村土地要素生产投资收益期长，不管是农用地生产还是建设用地生产，较长的生产周期都不可避免，生产初期投入的资金只有完成本轮生产周期才有可能收回成本。此外，还需提高农户对风险的认知水平，提供农业保险制度保障；增加农村土地要素相关期货、保险等多样化资金来源。

（三）利用当地政府公信力做背书，鼓励农村土地经营权和使用权抵押贷款规模扩大

农村土地要素市场化流转过程中抵押贷款不足的一个重要原因在于金融机构关于农村土地要素使用权抵押信贷政策存在一定程度的偏差，负责农地经营权抵押风险评估的信贷工作人员对抵押品贷款风险的认知过于谨慎，对贷款者获得较多的抵押贷款额度具有抑制作用[1]。因此，应以农村土地要素确权工作推进为基础，以农用地承包经营权证书为依据，以政府公信力作背书和担保，将农村土地要素市场化风险防范在可控范围内，在合法和合理的范围内，激励信贷工作人员扩大农村土地经营权抵押贷款业

---

[1] 林建伟：《风险认知对农地经营权抵押贷款供给意愿的影响——基于信贷员认知的视角》，载于《经济问题》2018 年第 3 期，第 47 ~ 51 页。

务。给予农村土地要素市场化流转行为一定的贷款利率优惠，政府再根据抵押贷款利率优惠设定银行等金融机构企业所得税优惠，鼓励银行业支持农村土地要素市场化配置。

（四）调整农村土地抵押的商业性贷款结构

当前，农民或农村组织多用土地要素的承包经营权作抵押物进行贷款，此类抵押贷款大多属于政策性融资，贷款的商业性质相对较低；对于涉农商业金融机构来说，参与农村土地要素市场化贷款会面临较高的运营成本、较高的涉农放款风险以及机构运营能力有限等方面的问题，可能会出现一定程度的成本缺口，影响商业性金融机构的贷款意愿。若完全依靠政策性金融贷款或政府补贴弥补商业金融机构的成本缺口，会大大加重地方财政负担，长此以往，金融风险逐渐向财政体系转移，破坏财政系统的平衡。已有研究证实，农商行通过调整贷款结构，增加涉农贷款能够带来利润率的提升，涉农信贷与盈利目标可以实现兼容（马九杰等，2020）①。因此，应刺激商业性金融机构寻找盈利目标与农村贷款间的平衡点，控制不良贷款利率，根据农村地区发展水平、特征设定合理的贷款结构和贷款模式，调整贷款结构，扩大农村土地要素经营权抵押的商业性支持规模。

农村大规模生产的种植专业户或农村专业合作社等新型农业经营主体通过农村土地要素市场获得土地，整合出较大面积用于生产和办公的土地，实现规模化生产和产业化经营，此类新型农业经营主体抵抗风险的能力以及管理能力较强。在商业性银行以营利为主要目标的经营前提下，新型农业经营主体能够用市场化途径整合出较大范围的土地经营权作为抵押，更容易达到银行的贷款条件。因此，鼓励商业性金融机构优先选择向新型农业经营主体发放抵押贷款，为其扩大生产规模提供资金支持。

（五）政策性融资向小规模经营和分散化农户倾斜

对于小规模经营主体和分散化生产的农户来说，其风险的承受能力和判断力较弱，对金融的管理能力较差。完全商业化的金融机构为覆盖其运营成本，所提供的贷款利率较高，小农户很难承担完全商业化的贷款利

---

① 马九杰、亓浩、吴本健：《农村金融机构市场化对金融支农的影响：抑制还是促进？——来自农信社改制农商行的证据》，载于《中国农村经济》2020年第11期，第79~96页。

率，加上农业生产周期性加剧了农户收入的不稳定性①，小农户抵押贷款存在较高的法律风险，从商业金融机构获得信贷支持的条件恶化②，因此，外部商业性金融机构的支持无法实现小农户持续性的发展；但当前农村合作金融尚不健全，单纯依靠农村合作金融机构完全支持广大农民的难度较大，因此，为小规模经营和分散化农户扩宽政策性融资渠道，提供抵押贷款补充是缓解小农户融资困难的有效途径。需要农业开发银行等政策性银行为小生产农户的土地流转相关业务提供金融支持③，政策性银行与具备相关资质的村镇银行、农民合作金融组织等机构合作，探索发展小生产者的金融层级架构，构建服务于小农户土地流转的金融支持网络，逐步规范和壮大农村金融。

## 四、推动农村土地要素市场化税制改革

在市场发挥基础性作用的同时，政府需要设计合理的财政政策进行宏观调控，依靠税收手段，设置高低相济的税率体系对农村土地要素市场进行再分配。

第一，提升契税征管在农村土地要素市场化税收体系中的作用。对参与市场化的农村土地要素进行契税征收是在农用地或农村集体建设用地使用权发生转移时，按照合同签订的农村土地要素转让价格，依照一定的比例，向土地受让方征收的一次性的税收。当前，农用地确权工作已基本完成，但是宅基地以及其他农村集体建设用地的确权工作还在进行，强化农村土地要素市场化流转的契税作用，可以通过税收手段进一步明确农村土地要素交易主体，保护和推动合法的农村土地要素市场化交易，而并非出于提升税收收入的目的。通过契税征管工具引导农村土地要素市场化有序运行，对契税的征管主要包括以下两方面：一方面，明确农村土地要素流

---

① 汪昌云、钟腾、郑华懋：《金融市场化提高了农户信贷获得吗？——基于农户调查的实证研究》，载于《经济研究》2014 年第 10 期，第 33 ~ 45 页。

② 马九杰、亓浩、吴本健：《农村金融机构市场化对金融支农的影响：抑制还是促进？——来自农信社改制农商行的证据》，载于《中国农村经济》2020 年第 11 期，第 79 ~ 96 页。

③ 陈彤：《论农村土地流转市场化的权益分配机制》，载于《福建论坛》（人文社会科学版）2013 年第 10 期，第 32 ~ 37 页。

入方向，确定土地受让方为契税纳税义务人，保护土地出让方的利益；另一方面，根据农村土地的交易次数设立乘数累计阶梯式契税税率。通过契税缴纳记录确定农村土地要素交易次数，加入市场化交易的土地本周期内的流转次数记为纳税依据，增加过于频繁农村土地要素流转的交易成本，保护农村土地要素，特别是农用地、集体经营性建设用地的利用效率，防止农村土地要素交易的频繁发生，杜绝土地市场投机行为。

第二，适当扣减农村土地要素初次流转的所得税。我国农用地配置面临家庭承包小规模、细碎化经营与农业现代化要求的适度规模经营之间存在矛盾，《中国农村经营管理统计年报（2019）》数据显示，2019 年我国家庭承包耕地总面积为 15.458 亿亩，家庭承包耕地流转总面积为 5.55 亿亩，流转率仅为 35.903%，大量农用地未参与过土地市场化流转。鼓励农民承包土地参与市场化流转，特别是对初次参与流转的农用地市场化的农民采取有效激励。随着农用地产权确权工作的完成，承包经营权证书成为农民参与农用地要素市场化流转的依据。针对签订合法的农用地承包合同的、持有农用地承包经营权，且初次流转的农用地，对合同范围内的参与市场化流转的农用地免征所有税费。

此外，针对农村集体建设用地的初次流转设定科学的税收方案。农村集体经济组织通过农村集体建设用地使用权或使用指标的出让获得的收益，扣除分配给农民的份额、用于缴纳本集体村民社保、用于本村基础设施建设的支出，剩余的流转收益仍可扣除本村公益性支出，对于扣除以上四项开支后剩下的收益部分设置较低的所得税税率。

第三，增设不同档次的农用地特别流转税。农用地生产的底线是保证国家粮食安全，应对农用地中原来用于种植粮食作物，流转后用于种植经济作物的市场化流转土地进行征税。相对于种植粮食作物而言，种植经济作物能产生更高的经济效益，能有效增加农民收入，是市场经济条件下价值规律引起的必然趋势。针对土地要素用途"由粮转经"的农用地市场化流转行为，根据当前市场化流转的参与主体设置不同档次的税率：对于农村集体内部农用地的市场化流转，包括本村村民内以及本村村民与本村农民专业合作社两类流转主体，设置较低的农用地特别流转税；对于跨集体、跨村、跨县的农用地市场化流转，非本村集体的农民承包农用地，并变更农用地种植作物种类的，设置中等的农用地特别流转税；对于流向企业的农用地，或由企业参与开发的农用地，一旦发生作物种类变更，需要缴纳较高等级的农业特别流转税。

第四，对农村土地要素再次流转获得的收益征收较高的所得税。与二次流转契税税率的设置类似，对于从村集体或农民手中获得的农村集体建设用地或农用地后再次进行流转的收益设置较高税率。以农用地或农村集体建设用地为流转对象，设置目标土地要素在本年度内发生的流转次数为函数的乘数累计阶梯式税率，根据土地要素的流转次数计算税率等级和所得税纳税标准，将土地要素流转全部收益、流转的土地在本年度内的流转次数两项作为计税依据，防止农村土地要素市场的恶意炒地行为发生。

第五，对服务于农村土地要素市场化的机构或企业给予税收政策优惠。对农村基层合作金融组织、农村专业生产合作社、设立农村土地要素市场化平台和机构的企业，在企业所得税和增值税等方面设定优惠政策，鼓励服务于农村土地要素市场化流转的配套服务组织构建。

## 五、构建中介服务体系和信息化平台

依托市场和土地管理经营机构，建立中介服务体系、健全土地要素市场化信息管理平台，将独立第三方机构的引入地价评估、风险测评、信息提供等服务中，构建完善多元、全面、透明的服务和管理平台，建立公共参与和信息公开机制，降低信息不对称风险。

第一，构建多元化中介服务体系。中介服务机构的成立应由政府授权，以政府公信力作为担保，形成包括法律、财税和金融服务，涉及合同和融资等业务的中介服务体系。首先，必须明确中介服务体系权利和责任的法律界定，基于法律法规制定对中介服务机构进行约束；其次，提供完善的农村土地流转相关法律和政策咨询服务、建立全面的地价评估体系和风险测评体系，允许法律和财税规定的第三方机构或者专门人才介入，第三方中介机构必须基于客观的中间立场，接受市场主体委托，顾问或者代理执行农村土地流转的合规化流程。

第二，分级设立土地要素产权交易平台。以乡镇为分界，构建两级农村土地要素市场化交易服务体系。首先，成立县、市、区级农村产权流转服务中心。依托各县、市、区负责确权工作的国土资源管理部门，由市、县和区级政府组织新增成立农村产权流转服务中心，除设置农村土地要素产权交易服务部门外，同时设立日后服务于农产品、房屋使用权等其他产权部门，实现综合化和多门类的产权交易服务；其次，在乡镇及以下行政级别地区设立农村产权流转服务中心办公点，设立期初除负责农村土地要素市场化产权交易外，还负责相关政策的宣传以及农民咨询问题的解答工作。县、市、区政府也可以与下属乡镇当地设有农村土地要素市场化服务的中介机构合作，签订市场化协议，由中介机构负责土地要素流转信息的解答以及政策宣传，并将有农村土地市场化交易意愿的资料汇总，直接向县、市、区相关部门申报。

## 六、推进农村土地专业合作社建设

借鉴美国、法国和日本合作社的发展理念，将小生产者集中起来，发挥合作经营模式下的资金、人力和土地集中的优势，提升农民收益。具体包括以下方面。

第一，保证农村土地合作社利益分配公平。合作社可持续发展的关键在于如何处理合作收益的归属和分配问题，公平合理的分配机制可以调节成员的预期收益，激励行为人付出最优努力水平，规避道德风险和机会主义行为，维系合作稳定。政府应将制度制定的重点放在如何保障公平分配机制上，具体的分配比例应由合作社自行决定，即采用按贡献分配确定分配比例，[1] 在合作社总收益增加的前提下保障合作社成员利益，使合作双方形成合作博弈下的紧密合作关系。

第二，政府应加大对运行规范的合作社扶持力度。合作社初创期收益并不乐观，主要通过政府财政补贴对冲初创期的经营风险，对核心社员来说，政府的各项支持是激励其成立合作社的主要原因之一。需要注意的

---

① 曾博、毛瑞男：《农民专业合作社普通成员利益实现及保障机制研究》，载于《上海经济研究》2021年第4期，第43~54页。

是，财政补贴资金也容易产生机会主义行为，如以套取国家补贴为目的的空头合作社、假合作社等行为，因此，政府在给予补贴的同时，还应加强对补贴资金的监管，对于滥用补贴资金的行为进行相应的惩罚，追究相关人员的法律责任，对于情节严重的可通过公示系统给予曝光，并记录在征信系统，采取联合惩戒；对于保障农户利益、运行规范的合作社，可给予税收优惠、政策补贴和项目支持，在生产经营贷款上简化审批手续优先发放，优惠贷款利率，延长贷款期限。

## 七、健全农村社会保障兜底制度

推动农村社会保障体系的建立，主要从农民、社保资金和政府三方面入手。

第一，宣传基本社保知识，提高农民参保热情。我国农民社保参保率较低的重要原因是农民对参保的必要性认识不足[1]，因此，加强宣传力度，在农村普及社保知识，提升农民参保积极性。首先，渐进性改变农民传统观念。农民受教育程度偏低，年长的农民对农村社会保障现实变化认识有限，应充分借助现代信息网络平台，通过高频次的宣传活动和生动的文化活动引导农民意识到社会保障参保的必要性。其次，对农民宣传社会保障制度的实施、管理等相关过程，实现社会保障制度体系公开化、透明化，让农民理解社会保障资金的使用途径和管理办法，提高政府公信力，增强农民对社会保障制度的信心。

第二，拓宽社保资金来源渠道，提高社会保险资金安全性。首先，发展村集体形式的合作社经济。鼓励农民以土地入股获得社员股本，为集体内农民提供一定的合作社就业岗位，以土地补偿金、土地分红以及工资收入保障农民长期的稳定收入，提升农民缴纳社保的能力，同时合作社收益中的一部分用作补贴农民社保。其次，保障社保账户资金收益稳健性，扩宽社保资金投资收益多渠道，专人管理以提高社保资金投资收益率，用稳健的收益补贴农村社保账户。

---

① 郎大鹏：《农村土地流转制度下农民养老保障问题思考》，载于《农业经济》2016 年第 9 期，第 78 ~ 80 页。

第三，加大政府扶持力度，增加财政补贴。政府是社会保障系统的主体，健全的社会保障体系需要政府的支持。其一，增加政府财政补贴，一方面，可以为农村社保提供雄厚的资金来源，缓解社保资金压力，增加农民对社会保障体系的信心；另一方面，释放政策信号，有利于改善农村地区营商环境，吸引资金和人才流入农村。其二，完善农村最低生活保障制度，根据地区发展实际提高低保标准，真正解决低收入者生活困难状况，改善农村老年人的保障机制，借鉴韩国"农民退休支付计划"[①] 中关于老农流出土地的补偿，对老年农民将土地出租、出售或被划到征地范围内的，给予更多的资金补贴或其他非资金补贴。

# 第三节 未来展望

本书在文献分析和影响效果机理分析的基础上，以翔实的定性分析和系统的学理分析作为支撑，运用较为科学的量化分析方法，尽可能全面地对我国农村土地要素市场化配置、市场化配置影响机制进行深入剖析。但受限于本人的研究时间和研究能力，本书存在诸多不足，未来的研究还需从以下几个方面进行进一步的深入探究。

第一，农村土地要素市场化配置影响机制的分析有待进一步拓展。关于农村要素市场影响机制的分析，已有文献多集中在对农村土地要素市场的理论分析和规范分析上，尽管本书尝试性地从供求机制、竞争机制、利益分配机制和配套机制四个方面，进行独立性和综合性的学理分析，证实了一些假设，但由于本人当前研究能力的限制，在机理分析中，较依赖新古典价格模型，农村土地要素市场背后的复杂制度结构尚缺少严格的理论分析，也未考虑到不同影响机制之间的影响效果；加上数据可得性的问题，暂时未把价格机制引入市场化配置影响机制的机理分析和学理分析中。因此，关于农村土地要素市场化配置机制的分析有待进一步提升。

---

① 史卫：《国外的农业土地流转及其财政政策》，载于《农村财政与财务》2013 年第 2 期，第 47～48 页。

　　第二，农村土地要素市场化配置利益分配机制分析有待进一步深化。已有文献关于土地要素市场化配置的利益分配分析多从定性角度，集中在对市场参与者（中央政府、基层地方政府、农户、土地受让方）中的两方或三方博弈分析。本书从农村土地要素市场利益分配出发，建立基层地方政府与农户的动态演化博弈模型，并从实证角度验证，在农村经济组织与农户的利益分配比中农户利益占比越高对农村土地要素市场化配置程度的推动作用越强，有效地证实了一些假设。但对市场利益参与者的博弈分析只是初步的、探索性的，是在比较理想的经济假设中建立的，仍需将更多现实条件纳入分析框架内，进行更加复杂的多方市场参与者博弈推演和实证分析。

　　第三，农村土地要素市场化配置程度及影响机制研究的实证支撑有待进一步补充。本书虽然围绕农村土地要素市场化配置程度及影响机制尝试了较多的计量工具和模型方法进行论证，并获得了较为有利的结论，但计量分析面临的最大困难是指标选取的科学性和全面性以及数据的可得性。因此，对一些指标和数据的选取用近似或替代的方法进行设定，可能一些结果与预期存在差距，这部分是需要在以后的研究中进行进一步的探索和补充。

# 参 考 文 献

［1］［英］阿尔弗雷德·马歇尔：《经济学原理》，高建刚编译，中国工人出版社 2016 年版。

［2］［美］阿曼·阿尔钦：《现代制度经济学》，北京大学出版社 2004 年版．

［3］［美］哈罗德·德姆塞茨：《关于产权的理论》，刘守英等译：《财产权利与制度变迁——产权学派与新制度学派译文集》，格致出版社 2014 年版。

［4］［美］哈罗德·德姆塞茨：《所有制、控制与企业》，经济科学出版社 1999 年版。

［5］高鸿业：《西方经济学》，中国人民大学出版社 2000 年版。

［6］毕宝德：《土地经济学》，中国人民大学出版社 2016 年版。

［7］陈强：《高级计量经济学及 stata 应用》，高等教育出版社 2010 年版。

［8］陈宗胜、吴浙、谢思全：《中国经济体制市场化进程研究》，上海人民出版社 1999 年版。

［9］［美］道格拉斯·诺思：《经济史中的结构与变迁》，陈昕、陈郁等译，上海三联书店 1991 年版。

［10］丁关良、童日晖：《农村土地承包经营权流转制度立法研究》，中国农业出版社 2009 年版。

［11］丁辉：《管理定量分析》，经济管理出版社 2009 年版。

［12］［法］弗尔南·布若代尔：《资本主义论丛》，顾良、张慧君译，中央编译出版社 1997 年版。

〔13〕高鸿业：《西方经济学》，中国人民大学出版社 2000 年版。

〔14〕〔美〕加里·利贝卡普：《产权的缔约分析》，中国社会科学出版社 2001 年版。

〔15〕娄培敏：《中国城市化：农民、土地与城市发展》，中国经济出版社 2004 年版。

〔16〕李静、韩斌：《中国农村市场化研究报告》，东方出版社 2011 年版。

〔17〕〔英〕罗纳德·H. 、科斯等：《财产权利与制度变迁》，刘守英等译，格致出版社 2014 年版。

〔18〕〔德〕马克思：《资本论（第 3 卷）》，人民出版社 1998 年版。

〔19〕〔德〕马克斯·韦伯：《中国的宗教：儒教与道教》，康乐、简惠美译，广西大学出版社 2020 年版。

〔20〕农业农村部农业合作经济指导司、农业农村部政策与改革司：《中国农村经营管理统计年报（2019）》，中国农业出版社 2019 年版。

〔21〕农业农村部政策与改革司：《中国农村改革政策与改革统计年报（2019）》，中国农业出版社 2020 年版。

〔22〕农业农村部政策与改革司：《中国农村经济管理统计年报（2018）》，中国农业出版社 2019 年版。

〔23〕曲福田等：《中国工业化、城镇化进程中的农村土地问题研究》，经济科学出版社 2012 年版。

〔24〕王利明：《物权法研究（下卷）》，中国人民大学出版社 2007 年版。

〔25〕王小鲁、樊纲、胡李鹏：《中国分省份市场化指数报告（2018）》，社会科学文献出版社 2019 年版。

〔26〕姚洋：《土地、制度和农业发展》，北京大学出版社 2004 年版。

〔27〕张五常：《私有产权与分成租佃》，刘守英等译：《财产权利与制度变迁——产权学派与新制度学派译文集》，格致出版社 2014 年版。

〔28〕陈旭：《乡村振兴背景下吉林省农机需求影响因素与趋势研究》，吉林大学，2020 年。

〔29〕吴郁玲：《基于土地市场发育的土地集约利用机制研究》，南京

农业大学，2007 年。

[30] 米强：《基于农民感知的城市边缘区土地征收社会效率研究》，南京农业大学，2016 年。

[31] 薛红霞：《中国农村土地资产化机制研究》，武汉理工大学，2012 年。

[32] 党国英：《农村要素市场改革要相互呼应》，载于《中国国土资源报》2009 年 2 月 23 日，第 5 版。

[33] 任大鹏：《盘活土地要素，依法保障乡村振兴的建设用地需求》，载于《农民日报》2021 年 5 月 26 日，第 3 版。

[34] 习近平：《决胜全面建成小康社会  夺取新时代中国特色社会主义伟大旗帜——在中国共产党第十九次全国代表大会上的报告》，载于《人民日报》2017 年 10 月 28 日，第 1 版。

[35] 严金明：《深化土地市场化改革要把握好五大价值导向》，载于《中国自然资源报》2020 年 4 月 13 日，第 3 版。

[36] 中共中央、国务院：《关于构建更加完善的要素市场化体制机制的意见》，载于《人民日报》2020 年 4 月 10 日，第 1 版。

[37] 卞琦娟、周曙东、易小燕、王玉霞：《农户农地流转现状、特征及其区域差异分析——以浙江省为例》，载于《资源科学》2011 年第 2 期。

[38] 包宗顺、徐志明、高珊、周春芳：《农村土地流转的区域差异与影响因素——以江苏省为例》，载于《中国农村经济》2009 年第 4 期。

[39] 白景明、吴笑晗：《经济增长换挡期土地税收状况研究》，载于《价格理论与实践》2019 年第 2 期。

[40] 卞文忠：《别让"人才短板"制约乡村振兴》，载于《人民论坛》2019 年第 1 期。

[41] 曹斌：《乡村振兴的日本实践：背景、措施与启示》，载于《中国农村经济》2018 年第 8 期。

[42] 曹阳、王春超、李鲲鹏：《农户、地方政府和中央政府决策中的三重博弈——以农村土地流转为例》，载于《产经评论》2011 年第 1 期。

[43] 曾博、毛瑞男：《农民专业合作社普通成员利益实现及保障机

制研究》，载于《上海经济研究》2021 年第 4 期。

　　[44] 常敏：《农村集体土地隐性市场的双重效应分析》，载于《现代经济探讨》2013 年第 6 期。

　　[45] 陈寒冰：《农村集体经营性建设用地入市：进展、困境与破解路径》，载于《现代经济探讨》2019 年第 7 期。

　　[46] 陈佳湘：《制度视角下美国失地农民利益保障研究》，载于《世界农业》2014 年第 9 期。

　　[47] 陈江峰：《土地经营权抵押贷款盘活土地资本——以武汉农村商业银行创新为例》，载于《中国银行业》2014 年第 4 期。

　　[48] 陈明：《农村集体经营性建设用地入市改革的评估与展望》，载于《农业经济问题》2018 年第 4 期。

　　[49] 陈明、陈泽萍：《加快农地流转与发展农业适度规模经营的政策选择》，载于《求实》2012 年第 6 期。

　　[50] 陈彤：《论农村土地流转市场化的权益分配机制》，载于《福建论坛》（人文社会科学版）2013 年第 10 期。

　　[51] 陈潇：《美国农业现代化发展的经验及启示》，载于《经济体制改革》2019 年第 6 期。

　　[52] 陈心想、蒲威东：《城乡资源有机循环与乡村振兴》，载于《北京工业大学学报》（社会科学版）2021 年第 4 期。

　　[53] 陈宗胜、周云波：《加速市场化进程推进经济体制转型》，载于《社会主义经济理论与实践》2001 年第 8 期。

　　[54] 程世勇、李伟群：《地权市场演进和要素组合的制度绩效：1978－2008》，载于《社会科学研究》2009 年第 5 期。

　　[55] 崔宝玉、孙迪：《组织印记、生态位与农民合作社联合社发展》，载于《北京理工大学学报》（社会科学版）2020 年第 5 期。

　　[56] 党国英：《深化土地要素市场化改革》，载于《中国经贸导刊》2020 年第 24 期。

　　[57] 丁从明、吴羽佳、秦姝媛、梁甄桥：《社会信任与公共政策的实施效率——基于农村居民新农保参与的微观证据》，载于《中国农村经

济》2019 年第 5 期。

　　[58] 丁国民、龙圣锦:《乡村振兴战略背景下农村宅基地"三权分置"的障碍与破解》,载于《西北农林科技大学学报》(社会科学版)2019 年第 1 期。

　　[59] 丁香香:《中国与加拿大农业现代化发展的差异性分析》,载于《世界农业》2019 年第 5 期。

　　[60] 董群:《中国共产党对农民土地问题的探索与贡献——近现代农民土地问题比较研究初探》,载于《清华大学学报》(哲学社会科学版)1991 年第 2 期。

　　[61] 党国英:《完善产权制度和要素市场化配置为乡村增活力》,载于《农村工作通讯》2018 年第 2 期。

　　[62] 邓晰隆、陈娟:《农村土地要素市场化测度的实证研究》,载于《商业研究》2009 年第 10 期。

　　[63] 樊纲、王小鲁、马光荣:《中国市场化进程对经济增长的贡献》,载于《经济研究》2011 年第 9 期。

　　[64] 方江涛:《农村集体建设用地配置模式及利益相关者行为探索》,载于《社会科学家》2016 年第 3 期。

　　[65] 冯海发:《推动乡村振兴应把握好的几个关系》,载于《农业经济问题》2018 年第 5 期。

　　[66] 冯金华:《价值规律、供求关系和市场机制——基于马克思主义劳动价值论的研究》,载于《上海经济研究》2020 年第 5 期。

　　[67] 高耿子:《从二元分割到城乡融合发展新思路——中国农村经济高质量发展研究》,载于《现代经济探讨》2020 年第 1 期。

　　[68] 高国力、王继源:《新中国 70 年来我国农业用地制度改革:回顾与展望》,载于《经济问题》2019 年第 11 期。

　　[69] 高强:《宅基地制度改革试点回顾与未来走向》,载于《农村经营管理》2019 年第 3 期。

　　[70] 郭晨浩:《基于乡村振兴战略视阈的农村土地流转问题分析——以陕西省西安市为例》,载于《中国经贸导刊》(理论版)2018 年第 11 期。

〔71〕郭冠男：《深化要素市场化配置改革以"拆除藩篱"推动要素自由流动》，载于《中国经贸导刊》2019年第2期。

〔72〕郭熙保、吴方：《家庭农场经营规模、信贷获得与固定资产投资》，载于《经济纵横》2020年第7期。

〔73〕郭晓川、刘虹、张晓英：《双元创新选择、市场竞争强度与商业模式迭代——基于高新技术制造企业的实证研究》，载于《软科学》2021年第10期。

〔74〕郭晓鸣：《中国农村土地制度改革：需求、困境与发展态势》，载于《中国农村经济》2011年第4期。

〔75〕郭雪剑：《土地住宅制度的国际比较与经验借鉴》，载于《财经问题研究》2016年第1期。

〔76〕郭云、黄炳昭、蒋玉丹、韦正峥：《"十一五"以来各省份环保投资供求水平及其空间均衡性分析》，载于《生态经济》2021年第5期。

〔77〕龚广祥、吴清华、高思涵：《土地市场化对区域技术创新的影响及作用机制》，载于《城市问题》2020年第3期。

〔78〕桂华：《地权形态与土地征收秩序——征地制度及其改革》，载于《求索》2021年第2期。

〔79〕韩长赋：《中国农村土地制度改革》，载于《农村工作通讯》2018年第Z1期。

〔80〕韩长赋：《中国农村土地制度改革》，载于《农业经济问题》2019年第1期。

〔81〕韩长赋：《中国农村土地制度改革的历史变迁与创新实践》，载于《农村·农业·农民》2019年第1B期。

〔82〕韩磊、刘长全：《乡村振兴背景下中国农村发展进程测评及地区比较》，载于《农村经济》2018年第12期。

〔83〕韩磊、王术坤、刘长全：《中国农村发展进程及地区比较——基于2011－2017年中国农村发展指数的研究》，载于《中国农村经济》2019年第7期。

〔84〕韩文龙、徐灿琳：《农民自发性合作社的组织功能探究——兼

论小农户与现代农业融合发展的路径》，载于《学习与探索》2020 年第 11 期。

［85］何虹、陆成林：《新型城镇化背景下农地流转的三个重要问题》，载于《学习与实践》2015 年第 4 期。

［86］何仁伟：《城乡融合与乡村振兴：理论探讨、机理阐释与实现路径》，载于《地理研究》2018 年第 11 期。

［87］贺雪峰：《关于实施乡村振兴战略的几个问题》，载于《南京农业大学学报》（社会科学版）2018 年第 3 期。

［88］何振立：《中国金融扶贫效率的时空差异及政策建议》，载于《区域经济评论》2020 年第 5 期。

［89］洪建国、杨钢桥：《生产要素市场发育与农户生产行为决策——基于江汉平原与太湖平原的农户调查》，载于《华中农业大学学报》（社会科学版）2012 年第 2 期。

［90］洪银兴：《完善产权制度和要素市场化配置机制研究》，载于《中国工业经济》2018 年第 6 期。

［91］侯建昀、霍学喜：《信息化能促进农户的市场参与吗？——来自中国苹果主产区的微观证据》，载于《财经研究》2017 年第 1 期。

［92］胡艳华：《农民职业教育培训供给侧改革的背景、问题及策略》，载于《职业技术教育》2019 年第 1 期。

［93］胡雪萍，许佩：《FDI 质量特征对中国经济高质量发展的影响研究》，载于《国际贸易问题》2020 年第 10 期。

［94］胡月、田志宏：《如何实现乡村的振兴？——基于美国乡村发展政策演变的经验借鉴》，载于《中国农村经济》2019 年第 3 期。

［95］黄国勤：《我国乡村生态系统的功能、问题及对策》，载于《中国生态农业学报》（中英文）2019 年第 2 期。

［96］黄凌翔、韩杰、艾萍、陈竹：《土地市场、财政压力与经济增长——基于省级面板 VAR 的实证分析》，载于《中国土地科学》2020 年第 11 期。

［97］黄庆华、姜松、吴卫红、张卫国：《发达国家农业现代化模式

选择对重庆的启示——来自美日法三国的经验比较》，载于《农业经济问题》2013 年第 4 期。

［98］黄延信：《破解农村宅基地制度改革难题之道》，载于《农业经济问题》2021 年第 8 期。

［99］黄延廷、刘轶：《日本农地规模化的制度、效果与启示》，载于《经济体制改革》2019 年第 5 期。

［100］黄增付：《土地经营权流转与乡村秩序整合》，载于《南京农业大学学报》（社会科学版）2018 年第 1 期。

［101］霍有光、沈红梅：《利益博弈视域下农村征地冲突与化解路径》，载于《农村经济》2015 年第 9 期。

［102］冀县卿、钱忠好：《中国农地产权制度改革 40 年——变迁分析及其启示》，载于《农业技术经济》2019 年第 1 期。

［103］贾晋，李雪峰，申云：《乡村振兴战略的指标体系构建与实证分析》，载于《财经科学》2018 年第 11 期。

［104］蒋永穆、安雅娜：《我国农村土地制度变迁的路径依赖及其创新》，载于《经济学家》2003 年第 3 期。

［105］蒋远胜、徐光顺：《乡村振兴战略下的中国农村金融改革——制度变迁、现实需求与未来方向》，载于《西南民族大学学报》（人文社科版）2019 年第 8 期。

［106］阚立娜、李录堂、文龙娇：《金融支持对农地产权流转效率影响的实证研究——以陕西省杨凌示范区为例》，载于《华东经济管理》2015 年第 8 期。

［107］康妮、万攀兵、陈林：《新中国土地产权制度变迁的理论与实践——兼议深圳"小产权房"问题》，载于《财经问题研究》2017 年第 11 期。

［108］匡贤明：《改革再出发：实现资源要素市场化配置》，载于《群众》2018 年第 9 期。

［109］孔祥智：《农业供给侧结构性改革的基本内涵与政策建议》，载于《改革》2016 年第 2 期。

［110］孔阳、何伟军、覃朝晖、谭江涛：《中国西部大开发政策净效应评估》，载于《统计与决策》2018 年第 24 期。

［111］郎大鹏：《农村土地流转制度下农民养老保障问题思考》，载于《农业经济》2016 年第 9 期。

［112］龙云安、张健、王雪梅：《科技创新支撑自贸区与长江上游地区协同发展：效应与模式》，载于《科学管理研究》，2019 年第 4 期。

［113］李博伟：《转入土地连片程度对生产效率的影响》，载于《资源科学》2019 年第 9 期。

［114］李东雷、刘晓梦：《试论乡村振兴战略下农民主体意识的构建》，载于《农业经济》2020 年第 3 期。

［115］李国平、彭思奇、曾先峰、杨洋：《中国西部大开发战略经济效应评价——基于经济增长质量的视角》，载于《当代经济科学》2011 年第 4 期。

［116］李家祥：《农村土地流转市场化建设国内外经验比较研究》，载于《改革与战略》2010 年第 9 期。

［117］李江涛、熊柴、蔡继明：《开启城乡土地产权同权化和资源配置市场化改革新里程》，载于《管理世界》2020 年第 6 期。

［118］李莉、张文秀、郑华伟：《城市土地市场化程度研究——以四川省简阳市为例》，载于《价格理论与实践》2009 年第 11 期。

［119］李隆伟、郭沛：《中国土地市场化水平及其影响因素研究——基于 2006—2011 年全国 31 个省（市）面板数据的证据》，载于《北京理工大学学报》（社会科学版）2015 年第 4 期。

［120］李沛桐：《基于大样本农户土地承包决策的行为特征与影响因素》，载于《贵州农业科学》2016 年第 5 期。

［121］李平：《广东东莞村组集体经济大事记》，载于《农村．农业．农民（A 版）》2014 年第 7 期。

［122］李三辉：《乡村治理现代化：基本内涵、发展困境与推进路径》，载于《中州学刊》2021 年第 3 期。

［123］李尚蒲、罗必良：《中国城乡土地市场化：估算与比较》，载

于《南方经济》2016 年第 4 期。

[124] 李中、彭魏倬加：《征地补偿谈判与农民权益维护的实证分析》，载于《经济地理》2019 年第 4 期。

[125] 李哲：《日本集落营农组织、相关政策及评析》，载于《世界农业》2019 年第 10 期。

[126] 李哲、李梦娜：《供给侧结构性改革背景下农村土地整治路径探析》，载于《农村经济》2018 年第 8 期。

[127] 廖彩荣、陈美球：《乡村振兴战略的理论逻辑、科学内涵与实现路径》，载于《农林经济管理学报》2017 年第 6 期。

[128] 林建伟：《风险认知对农地经营权抵押贷款供给意愿的影响——基于信贷员认知的视角》，载于《经济问题》2018 年第 3 期。

[129] 林劲松：《村社集体再造与农民组织化研究——以绵阳三清观村为例》，载于《四川农业科技》2020 年第 11 期。

[130] 林瑞瑞、朱道林、刘晶、周鑫：《土地增值产生环节及收益分配关系研究》，载于《中国土地科学》2013 年第 2 期。

[131] 林毅夫、杨建平：《健全土地制度 发育土地市场》，载于《中国农村经济》1993 年第 12 期。

[132] 林鹰漳：《农村市场化进程测度与实证分析》，载于《调研世界》2002 年第 6 期。

[133] 刘长全：《以农地经营权配置与保护为重点的农地制度改革——法国经验与启示》，载于《中国农村经济》2020 年第 11 期。

[134] 刘广栋、程久苗：《1949 年以来中国农村土地制度变迁的理论和实践》，载于《中国农村观察》2007 年第 2 期。

[135] 刘俊杰、张龙耀、王梦珺、许玉韫：《农村土地产权制度改革对农民收入的影响——来自山东枣庄的初步证据》，载于《农业经济问题》2015 年第 6 期。

[136] 刘巧芹、阮松涛、尚国、郭爱请：《我国集体建设用地使用权流转收益分配问题及其管理创新思考》，载于《农村经济》2013 年第 12 期。

[137] 刘生龙、王亚华、胡鞍钢：《西部大开发成效与中国区域经济

收敛》，载于《经济研究》2009 年第 9 期。

[138] 刘守英：《中国土地制度改革：上半程及下半程》，载于《国际经济评论》2017 年第 5 期。

[139] 刘守英：《城乡中国的土地问题》，载于《北京大学学报》（哲学社会科学版）2018 年第 3 期。

[140] 刘世洪、许世卫：《中国农村信息化测评方法研究》，载于《中国农业科学》2008 年第 4 期。

[141] 刘文泽、王凯汐、郭若男、向小倩：《国外农地流转对中国农地经营权合理流转的启示——来自日本、越南、俄罗斯的经验》，载于《世界农业》2018 年第 11 期。

[142] 刘晓萍：《农村集体经营性建设用地入市制度研究》，载于《宏观经济研究》2020 年第 10 期。

[143] 刘耀彬、李仁东、宋学锋：《中国城市化与生态环境耦合度分析》，载于《自然资源学报》2005 年第 1 期。

[144] 刘志彪、姜付秀、卢二坡：《资本结构与产品市场竞争强度》，载于《经济研究》2003 年第 7 期。

[145] 刘志成：《要素市场化配置的主要障碍与改革对策》，载于《经济纵横》2019 年第 3 期。

[146] 吕萍、陈卫华、陈泓冰：《农村住宅市场建设：理论意义和现实路径》，载于《经济体制改革》2017 年第 2 期。

[147] 罗富政、何广航：《政府干预、市场内生型经济扭曲与区域经济协调发展》，载于《财贸研究》2021 年第 2 期。

[148] 罗湖平：《中国土地隐形市场研究综述》，载于《经济地理》2014 年第 4 期。

[149] 罗来军、王永苏：《城乡一体化实践的可操作"节点"：观照英法美》，载于《改革》2014 年第 3 期。

[150] 罗迈钦：《我国农地流转瓶颈及其破解——基于湖南省 225792 农户家庭土地流转情况的调查分析》，载于《求索》2014 年第 6 期。

[151] 陆文聪、朱志良：《农地流转供求关系实证分析——以上海为

例》，载于《中国农村经济》2007 年第 1 期。

［152］罗必良、林文声、邱泽元：《农地租约以及对象选择：来自农户问卷的证据》，载于《农业技术经济》2015 年第 9 期。

［153］马九杰、亓浩、吴本健：《农村金融机构市场化对金融支农的影响：抑制还是促进？——来自农信社改制农商行的证据》，载于《中国农村经济》2020 年第 11 期。

［154］南开大学中国市场质量研究中心课题组、李志辉、梁琪、Michael J.：《中国股票市场质量：内涵、度量与监测》，载于《南开经济研究》2020 年第 6 期。

［155］倪青玲：《重庆市农村土地流转交易市场中介服务体系探究》，载于《中国农业信息》2017 年第 2 期。

［156］宁新田：《土地合作社：一种新的农地经营模式——徐庄土地合作社的调查与思考》，载于《理论前沿》2009 年第 2 期。

［157］庞新军、况云武、龚晓红：《交易成本、土地流转与收入增长关系的实证研究》，载于《统计与决策》2014 年第 13 期。

［158］钱昱如、邱道持、王玲燕：《基于主成分分析的流转农地用途变化动力研究》，载于《中国土地科学》2009 年第 9 期。

［159］钱文荣、朱嘉晔、钱龙、郑淋议：《中国农村土地要素市场化改革探源》，载于《农业经济问题》2021 年第 2 期。

［160］钱忠好、牟燕：《中国土地市场化水平：测度及分析》，载于《管理世界》2012 年第 7 期。

［161］钱忠好、牟燕：《中国土地市场化改革：制度变迁及其特征分析》，载于《农业经济问题》2013 年第 5 期。

［162］钱忠好、牟燕：《征地制度、土地财政与中国土地市场化改革》，载于《农业经济问题》2015 年第 8 期。

［163］钱忠好、牟燕：《中国农地非农化市场改革为何举步维艰——基于地方政府土地财政视角的分析》，载于《农业技术经济》2017 年第 1 期。

［164］钱忠好、牟燕：《乡村振兴与农村土地制度改革》，载于《农业经济问题》2020 年第 4 期。

[165] 钱忠好、王兴稳：《农地流转何以促进农户收入增加——基于苏、桂、鄂、黑四省（区）农户调研数据的实证分析》，载于《中国农村经济》2016 年第 10 期。

[166] 秦琳贵、沈体雁：《科技创新促进中国海洋经济高质量发展了吗——基于科技创新对海洋经济绿色全要素生产率影响的实证检验》，载于《科技进步与对策》2020 年第 9 期。

[167] 渠鲲飞、左停：《乡村振兴的内源式建设路径研究——基于村社理性的视角》，载于《西南大学学报》（社会科学版）2019 年第 1 期。

[168] 荣晨：《土地要素市场化改革：进展、障碍、建议》，载于《宏观经济管理》2019 年第 8 期。

[169] 盛洪：《市场化的条件、限度和形式》，载于《经济研究》1992 年第 11 期。

[170] 施春风：《新时代我国征地制度的创新与发展》，载于《行政管理改革》2020 年第 6 期。

[171] 石琳：《从供地结构视角看城市土地市场化的动态演化》，载于《经济与管理》2020 年第 5 期。

[172] 史卫：《国外的农业土地流转及其财政政策》，载于《农村财政与财务》2013 年第 2 期。

[173] 宋涛、蔡建明、刘彦随、倪攀：《农地流转模式与机制创新研究》，载于《农村经济》2012 年第 8 期。

[174] 孙阿凡、杨遂全：《集体经营性建设用地入市与地方政府和村集体的博弈》，载于《华南农业大学学报》（社会科学版）2016 年第 1 期。

[175] 孙立田：《中世纪英国土地保有制类型及其法权形态》，载于《天津师范大学学报》（社会科学版）2016 年第 4 期。

[176] 孙琳琳、杨浩、郑海涛：《土地确权对中国农户资本投资的影响——基于异质性农户模型的微观分析》，载于《经济研究》2020 年第 11 期。

[177] 孙焱林、李格、石大千：《西部大开发与技术创新：溢出还是陷阱？——基于 PSM - DID 的再检验》，载于《云南财经大学学报》2019

年第 6 期。

[178] 汤惠君、董雪娇：《国内外农地规模经营述评》，载于《中国农业资源与区划》2015 年第 3 期。

[179] 唐烈英、唐立文：《中美两国土地征收补偿比较与借鉴》，载于《中州学刊》2014 年第 9 期。

[180] 田红宇、祝志勇：《农村劳动力转移、经营规模与粮食生产环境技术效率》，载于《华南农业大学学报》（社会科学版）2018 年第 5 期。

[181] 王朝才、张立承：《我国农村土地流转过程中的税收问题研究》，载于《财政研究》2010 年第 9 期。

[182] 王成璋、龙志和、贾志永：《非均衡模型的设定》，载于《数量经济技术经济研究》1992 年第 10 期。

[183] 汪昌云、钟腾、郑华懋：《金融市场化提高了农户信贷获得吗？——基于农户调查的实证研究》，载于《经济研究》2014 年第 10 期。

[184] 王春雨：《提高金融服务乡村振兴能力》，载于《中国金融》2020 年第 1 期。

[185] 王敬尧、段雪珊：《“人”“地”关系：日本农地制度变迁与农业现代化》，载于《清华大学学报》（哲学社会科学版）2018 年第 4 期。

[186] 王磊、梁俊：《中国现代市场体系建设进程评价研究》，载于《经济纵横》2021 年第 2 期。

[187] 王丽媛、韩媛媛：《劳动力回流与土地流转相悖吗？——论异质型非农就业如何影响土地流转》，载于《经济问题》2020 年第 9 期。

[188] 王凌飞、陈小辉：《市场化能增加涉农贷款吗?》，载于《世界农业》2020 年第 4 期。

[189] 王玲燕、邱道持、钱昱如、陈斌：《重庆市忠县农村土地流转市场化程度评价》，载于《中国农学通报》2009 年第 17 期。

[190] 王婷婷：《缺位与再造：农村集体建设用地流转的税收问题检思》，载于《广西社会科学》2016 年第 8 期。

[191] 王习明：《村社治理能力与小农户和现代农业的有机衔接——兼论合作社的理论及相关政策》，载于《兰州学刊》2021 年第 5 期。

［192］汪先平：《当代日本农村土地制度变迁及其启示》，载于《中国农村经济》2008 年第 10 期。

［193］王兴稳、钱忠好：《教育能促进农地承包经营权流转吗——基于江苏、湖北、广西、黑龙江 4 省 1120 户农户的调查数据》，载于《农业技术经济》2015 年第 1 期。

［194］王亚晨、张合林：《城乡互动下农村土地市场化与脱贫效应》，载于《统计与决策》2021 年第 21 期。

［195］王雅军、张波：《"农民职业化"与农村土地制度改革》，载于《改革》2019 年第 5 期。

［196］王颜齐、王福临：《农村土地承包经营权流转议价机理及成因分析》，载于《农业经济与管理》2016 年第 4 期。

［197］王勇辉、管一凡：《英国城乡统筹政策对我国城乡一体化战略的启示》，载于《城市观察》2014 年第 5 期。

［198］王小广：《加快培育上层市场组织　促进新经济快速发展》，载于《行政管理改革》2016 年第 9 期。

［199］王悦、霍学喜：《财政支农、涉农贷款对农业发展的影响——基于河北省数据的实证研究》，载于《河北经贸大学学报》2014 年第 4 期。

［200］王振坡、梅林：《我国农业生产经营方式转变研究——基于新兴古典经济学框架》，载于《江汉论坛》2016 年第 6 期。

［201］王振坡、梅林、詹卉：《产权、市场及其绩效：我国农村土地制度变革探讨》，载于《农业经济问题》2015 年第 4 期。

［202］王忠林、韩立民：《我国农村土地流转的市场机制及相关问题探析》，载于《齐鲁学刊》2011 年第 1 期。

［203］魏后凯、刘长全：《中国农村改革的基本脉络、经验与展望》，载于《中国农村经济》2019 年第 2 期。

［204］魏后凯：《全面推进乡村振兴重在激发内生活力》，载于《中国农村经济》2021 年第 1 期。

［205］吴垠：《商品交换的价值论与产权论——社会主义市场经济 30余年改革及其发展趋势的纵贯研究》，载于《河南大学学报》（社会科学

版）2015 年第 3 期。

［206］吴兴国：《集体建设用地市场化配置的制度障碍及其克服》，载于《行政论坛》2014 年第 3 期。

［207］吴义龙：《集体经营性建设用地入市的现实困境与理论误区——以"同地同权"切入》，载于《学术月刊》2020 年第 4 期。

［208］吴杰华：《利益博弈与制度变迁：基于制度经济学角度的理论反思——以现阶段农村土地流转为实例的分析》，载于《理论月刊》2009 年第 7 期。

［209］吴宇哲，于浩洋：《农村集体建设用地住宅用途入市的现实约束与赋能探索》，载于《中国土地科学》2021 年第 5 期。

［210］习近平：《论中国农村市场化进程测度》，载于《经济学动态》2001 年第 11 期。

［211］向静林：《市场纠纷与政府介入——一个风险转化的解释框架》，载于《社会学研究》2016 年第 4 期。

［212］肖鹏：《日本家庭农村法律制度研究》，载于《亚太经济》2014 年第 6 期。

［213］熊清华、聂元飞：《中国市场化改革的社会学底蕴》，载于《管理世界》1998 年第 4 期。

［214］许恒周、金晶：《农地流转市场发育对农民养老保障模式选择的影响分析——基于有序 Probit 模型的估计》，载于《资源科学》2011 年第 8 期。

［215］徐立敏、赵永刚：《推进农村"四荒地"开发利用》，载于《宏观经济管理》2021 年第 6 期。

［216］徐美银：《我国农地产权结构与市场化流转：理论与实证分析》，载于《华南农业大学学报》（社会科学版）2012 年第 4 期。

［217］徐斯伊白：《农村土地流转中相关主体行为的博弈分析》，载于《广东土地科学》2016 年第 6 期。

［218］徐亚东、张应良：《脱贫攻坚与乡村振兴有效衔接的制度供给研究：以重庆 S 乡农村"三变"改革为例》，载于《农林经济管理学报》

2021 年第 2 期。

［219］许迎春：《论美国管制性征收制度及其对我国的启示》，载于《法治研究》2019 年第 4 期。

［220］徐忠：《当前农村金融市场存在的问题》，载于《财富时代》2020 年第 7 期。

［221］严金明、陈昊、夏方舟：《深化农村"三块地"改革：问题、要义和取向》，载于《改革》2018 年第 5 期。

［222］严金明、李储、夏方舟：《深化土地要素市场化改革的战略思考》，载于《改革》2020 年第 10 期。

［223］杨秉珣：《美国和日本的农用土地流转制度》，载于《世界农业》2015 年第 5 期。

［224］叶前林、何伦志：《越南推进农村土地改革的经验及启示》，载于《世界农业》2015 年第 2 期。

［225］叶兴庆、翁凝：《拖延了半个世纪的农地集中——日本小农生产向规模经营转变的艰难历程及启示》，载于《中国农村经济》2018 年第 1 期。

［226］叶裕民、戚斌、于立：《基于土地管制视角的中国乡村内生性发展乏力问题分析：以英国为鉴》，载于《中国农村经济》2018 年第 3 期。

［227］余慕溪、王林秀、袁亮、常江、罗萍嘉：《资源型城市矿区土地增值收益分配影响因素研究》，载于《中国软科学》2019 年第 4 期。

［228］虞小曼、虞龙：《中美加农业现代化对比研究》，载于《世界农业》2017 年第 11 期。

［229］袁方成、靳永广：《深化农地改革推进乡村振兴：关键问题与优化路径》，载于《理论与改革》2020 年第 4 期。

［230］袁鹏：《新冠疫情与百年变局》，载于《现代国际关系》2020 年第 5 期。

［231］张广庆、刘永文、汪磊：《乡村振兴背景下农村土地经营权抵押贷款风险研究》，载于《金融理论与实践》2021 年第 5 期。

［232］张海鹏：《中国城乡关系演变 70 年：从分割到融合》，载于

《中国农村经济》2019 年第 3 期。

［233］张合林：《以土地市场制度创新推动城乡融合发展》，载于《中州学刊》2019 年第 3 期。

［234］张合林、郝寿义：《城乡统一土地市场制度创新及政策建议》，载于《中国软科学》2007 年第 2 期。

［235］张合林、刘颖：《我国城乡一体化与土地市场制度关系的实证研究》，载于《财经科学》2017 年第 9 期。

［236］张合林、王亚晨、刘颖：《城乡融合发展与土地资源利用效率》，载于《财经科学》2020 年第 10 期。

［237］张衍毓、刘彦随：《大城市边缘区统筹城乡土地利用战略探讨——以天津市东丽区为例》，载于《中国土地科学》2010 年第 2 期。

［238］张建平、葛扬：《土地市场化与城乡收入分配》，载于《山西财经大学学报》2020 年第 11 期。

［239］张建英：《博弈论的发展及其在现实中的应用》，载于《理论探索》2005 年第 2 期。

［240］张垒磊：《土地财政的演进：从征地过渡到征税吗？——基于法经济学的分析》，载于《经济问题探索》2019 年第 7 期。

［241］张明斗、王姿雯：《新型城镇化中的城乡社保制度统筹发展研究》，载于《当代经济管理》2017 年第 5 期。

［242］张钦霖：《农村集体建设用地使用权流转的税收政策建议》，载于《当代农村财经》2014 年第 11 期。

［243］张清勇、刘守英：《宅基地的生产资料属性及其政策意义——兼论宅基地制度变迁的过程和逻辑》，载于《中国农村经济》2021 年第 8 期。

［244］张瑞娟、高鸣：《新技术采纳行为与技术效率差异：基于小农户与种粮大户的比较》，载于《中国农村经济》2018 年第 5 期。

［245］张赛梅：《农村土地融资破冰四川井研县信用联社探索"土地流转收益保证贷款"》，载于《当代县域经济》2014 年第 8 期。

［246］张曙光、赵农：《市场化及其测度——兼评〈中国经济体制市场化进程研究〉》，载于《经济研究》2000 年第 10 期。

［247］张挺、李闻榕、徐艳梅：《乡村振兴评价指标体系构建与实证研究》，载于《管理世界》2018 年第 8 期。

［248］张婷婷：《市场理性与乡土伦理：一项基于征地补偿引发的家庭纠纷的社会学研究》，载于《华东理工大学学报》（社会科学版）2012 年第 1 期。

［249］章文飞：《农地使用权市场化流转与规模经营——基于土地专业合作社的考察》，载于《当代经济》2019 年第 3 期。

［250］张献、邓蕾蕾：《中介组织介入下交易成本对土地流转差异性影响》，载于《中国农机化学报》2017 年第 6 期。

［251］张笑寒：《农村土地家庭承包制度的性别视角反思》，载于《江西财经大学学报》2013 年第 2 期。

［252］张学艳、田明华、周小虎：《农地"三权分置"结构下参与主体的目标取向和互动博弈》，载于《现代经济探讨》2019 年第 7 期。

［253］张杨、贾建楠、刘伟娜：《河北省农村土地流转信托化中介服务平台的构建与长效机制研究》，载于《中国市场》2017 年第 32 期。

［254］张元庆、邱爱莲：《英国、德国和美国征地补偿制度对比研究》，载于《世界农业》2013 年第 6 期。

［255］张月娥、杨庆媛、焦庆东、翟辉、杨逢渤：《重庆市农村土地市场发育程度评价》，载于《西南大学学报》（自然科学版）2011 年第 4 期。

［256］张照新：《中国农村土地流转市场发展及其方式》，载于《中国农村经济》2002 年第 2 期。

［257］张智勇、杨再惠：《当前农村土地制度改革与土地经营市场化问题研究》，载于《江西社会科学》2015 年第 7 期。

［258］赵俊臣：《土地承包权抵押贷款的破冰之旅——成都试点土地承包权抵押贷款有感》，载于《农村工作通讯》2011 年第 6 期。

［259］赵思诚、许庆、刘进：《劳动力转移、资本深化与农地流转》，载于《农业技术经济》2020 年第 3 期。

［260］赵雲泰、黄贤金、钟太洋、彭佳雯、王小丽：《中国土地市场化测度方法与实证研究》，载于《资源科学》2012 年第 7 期。

［261］郑振源、蔡继明：《城乡融合发展的制度保障：集体土地与国有土地同权》，载于《中国农村经济》2019 年第 11 期。

［262］仲崇峻、刘大海、邢文秀、马云瑞、马雪健：《海洋生态岛建设评价方法研究与应用——以崇明岛为例》，载于《海洋环境科学》2015年第 2 期。

［263］周京奎、王文波、龚明远、黄征学：《农地流转、职业分层与减贫效应》，载于《经济研究》2020 年第 6 期。

［264］周应恒、李强、耿献辉：《日本农协发展的新动向》，载于《世界农业》2013 年第 9 期。

［265］朱明芬、常敏：《农用地隐性市场特征及其归因分析》，载于《中国农村经济》2011 年第 11 期。

［266］Aberra A. , Chemin M. "Does Legal Representation Increase Investment? Evidence from A Field Experiment in Kenya". Journal of Development Economics, 2021, 150.

［267］Alfred R. B. , James O. O. "Assessing the Impacts of Land Tenure Regularization：Evidence from Rwanda and Ethiopia". Land Use Policy, 2021, 100.

［268］Aminova S. F. , Shafkarova M. X. "Integrated Regional Development Based on Future Land Use". Academicia：An International Multidisciplinary Research Journal, 2020, 5.

［269］Arbuckle J. J. "Ecological Embeddedness, Agricultural "Modernization" and Land Use Change in the US Midwest：Past, Present and Future". Soil and Water Conservation：A Celebration of 75 Years, 2020, 58.

［270］Ayobami O. K. , Bin H. N. "Host's Supports for Volunm Tourism：A Pragmatic Approach to Rural Revitalization". Australian Journal of Basic & Applied Sciences, 2013.

［271］Banzhaf H. S. , Lavery N. "Can the Land Tax Help Curb Urban Sprawl? Evidence from Growth Patterns in Pennsylvania". Social Science Electronic Publishing, 2010, 2.

［272］Bai C. E., Hsieh C., Qian Y. "The Return to Capital in China". Social Science Electronic Publishing, 2006, 2.

［273］Bai X., Shi P., Liu Y. "Realizing China's Urban Dream". Nature, 2014, 509.

［274］Benjamin D., Brandt L. "Land, Factor Markets and Inequality in Rural China: Historical Evidence". Explorations in Economic History, 1997, 4.

［275］Besley T. J., Burchardi K. B., Ghatak M. "Incentives and the De Soto Effect". The Quarterly Journal of Economics, 2011, 1.

［276］Brandt L., Whiting S. H., Zhang L. X. et al. "Changing Property – Rights Regimes: A Study of Rural Land Tenure in China". China Quarterly, 2017, 1.

［277］Brueckner J. K., Hyun A. K. "Land Markets in the Harris – Todaro Model: A New Factor Equilibrating Rural – Urban Migration". Journal of Regional Science, 2001, 3.

［278］Cao Y., Zhang X. L. "Are they Satisfied with Land Taking? Aspects on Procedural Fairness, Monetary Compensation and Behavioral Simulation in China's Land Expropriation Story". Land Use Policy, 2018, 74.

［279］Carletto C., Savastano S., Zezza A. "Fact or Artifact: The Impact of Measurement Errors on the Farm Size – Productivity Relationship". Journal of Development Economics, 2013, 103.

［280］Chaney T., Sraer D., Thesmar D. "The Collateral Channel: How Real Estate Shocks Affect Corporate Investment". The American Economic Review, 2012, 6.

［281］Chen J. C. "Peasant Protests Over Land Seizures in Rural China". The Journal of Peasant Studies, 2020, 6.

［282］Chen S. Y., Ma Z. Y. "Influencing Factors of Rural Land Internal Circulation Market in Guangdong Province". Asian Agricultural Research, 2020, 4.

［283］Chesbrough H. "Business Model Innovation: Opportunities and

Barriers". Long Range Planning, 2010, 2.

[284] Chung H. K. , Kyng H. K. "The Political Economy of Government Policy on Real Estate: with Applications to Korea". Present at the Forth Pacific Rim REAL Estate Society Conference in Perth, 1998, 1.

[285] Clifford G. "Studies in Peasant Life: Community and Society". Annual Review of Anthropology, 1961, 2.

[286] Cobbinah P. B. , Asibey M. O. , Gyedu P. Y. "Urban Land Use Planning in Ghana: Navigating Complex Coalescence of Land Ownership and Administration". Land Use Policy, 2020, 99.

[287] Dean R. , Damm L. T. "A Current Review of Chinese Land Use and Policy: A 'Breakthrough' in Rural Reform". Washington International Law Journal, 2010, 19.

[288] Galiani S. , Schargrodsky E. "Property Rights for the Poor: Effects of Land Titling". Journal of Public Economics, 2010, 9.

[289] Gedefaw A. A. , Atzberger C. , Seher W. , Agegnehu S. K. , Mansberger R. "Effects of Land Certification for Rural Farm Households in Ethiopia: Evidence from Gozamin District, Ethiopia". Land, 2020, 11.

[290] Gladwin C. H. , Long B. F. , Babb E. M. et al. "Rural Entrepreneurship: One Key to Rural Revitalization". American Journal of Agricultural Economics, 1989, 5.

[291] Haji J. "Production Efficiency of Smallholders' Vegetable-dominated Mixed Farming System in Eastern Ethiopia: A Non-parametric Approach". Journal of American Economics, 2007, 1.

[292] Fan X. , Qiu S. N. , Sun Y. K. "Land Finance Dependence and Urban Land Marketization in China: The Perspective of Strategic Choice of Local Governments on Land Transfer". Land Use Policy, 2020, 99.

[293] Hans P. , Binswanger K. D. , Gershon F. P. "Distortions, Revolt and Reform in Agricultural Land Relations". Handbook of Development Economics, 1995, 3.

［294］ Hare W. P. , Mather M. , Dupuis G. , Land K. C. , Lamb V. L. , Fu Q. "Analyzing Differences in Child Well-being among U. S. States". Child Indicators Research, 2013, 6.

［295］ Hennessy T. C. , Tahir R. "Assessing the Impact of the 'Decoupling Reform of the Common Agricultural Policy on Irish Farmers 'Off-farm Labor Market Participation Decisions". Journal of Agricultural Economics, 2008, 1.

［296］ Huang J. K. , Rozelle S. , Wang H. L. "Fostering or Stripping Rural China: Modernizing Agriculture and Rural to Urban Capital Flows". The Developing Economies, 2006, 1.

［297］ Ho H. A. "Land Tenure and Economic Development: Evidence from Vietnam". World Development, 2020, 140.

［298］ Jiang R. H. , Lin G. C. "Placing China's Land Marketization: The State, Market and the Changing Geography of Land Use in Chinese Cities". Land Use Policy, 2021, 103.

［299］ Johnson T. G. "Entrepreneurship and Development Finance: Keys to Rural revitalization". American Journal of Agricultural Economics, 1989, 5.

［300］ Kawate T. "Rural Revitalization and Reform of Rural Organizations in Contemporary Rural Japan". Journal of Rural Problems, 2005, 4.

［301］ Kong X. , Liu Y. , Jiang P. et al. "A Novel Framework for Rural Homestead Land Transfer under Collective Ownership in China". Land Use Policy, 2018, 78.

［302］ Korsching P. "Multi-community Collaboration: An Evolving Rural Revitalization Strategy". Rural Development News, 1992, 1.

［303］ Latruffe L. , Piet L. "Does Land Fragmentation Affect Farm Performance? A Case Study from Brittany, France". Agricultural Systems, 2014, 7.

［304］ Lahav J. , Essig A. , Caplan S. R. "The Thermodynamic Degree of Coupling Between Metabolism and Sodium Transport in Frog Skin". Biochimica Et Biophysica Acta, 1976, 2.

［305］ Land K. C. , Lamb V. L. , Mustillo S. K. "Child and Youth Well-

being in the United States (1975 – 1998): Some Findings from A New Index".
Social Indicators Research, 2001, 56.

[306] Lawrence T. J. , Morreale S. J. , Stedman R. C. , Louis L. V. "Linking Changes in Ejido Land Tenure to Changes in Landscape Patterns over 30 Years Across Yucatán, México". Regional Environmental Change, 2020, 20.

[307] Leger C. M. , Houdart S. L. , Le P. M. "Changes in Property-use Relationships on French Farmland: A Social Innovation Perspective". Land Use Policy, 2020, 94.

[308] Leonard C. S. "Rational Resistance to Land Privatization: The Response of Rural Producers to Agrarian Reforms in Pre-and Post – Soviet Russia".
Post – Soviet Geography and Economics, 2000, 8.

[309] Long H. L. , Tu S. S. , Ge D. Z. et al. "The Allocation and Management of Critical Resources in Rural China under Restructuring: Problems and Prospects". Journal of Rural Studies, 2016, 3.

[310] Li L. , Helen X. H. , Guy M. R. "The Return of State Control and Its Impact on Land Market Efficiency in Urban China". Land Use Policy, 2020, 99.

[311] Li Z. "Introductions for Rural Planning and Development in East Asia". Rural revitalization, 2016, 10.

[312] Liu H. B. , Zhou Y. P. "The Marketization of Rural Collective Construction Land in Northeastern China: The Mechanism Exploration". Sustainability, 2020, 1.

[313] Liu Y. , Fang F. , Li Y. "Key Issues of Land Use in China and Implications for Policy Making". Land Use Policy, 2014, 40.

[314] Liu Y. S. , Li Y. H. "Revitelize the World's Countryside". Nature, 2017, 548.

[315] Liu Z. M. , Zhang L. , Jens R. , Feng S. Y. "Do Land Markets Improve Land-use Efficiency? Evidence from Jiangsu, China". Applied Economics, 2020, 3.

[316] Manjunatha A. V. , Anik A. R. , Speelman S. "Impact of Land Fragmentation, Farm Size, Land Ownership and Crop Diversity on Profit and Efficiency of Irrigated Farms in India". Land Use Policy, 2013, 4.

[317] Manjur H. P. , Amir H. M. , Muhammad N. B. , Abdul H. C. , Jaforullah T. "Legal and Administrative Challenges of Alternative Dispute Resolution (ADR) as a Peaceful Means of Resolving the Land Dispute in the Rural Areas of Bangladesh". Beijing Law Review, 2020, 2.

[318] Mcdonald J. F. "Cost – Benefit Analysis of Local Land Use Allocation Decisions". Journal of Regional Science, 2001, 2.

[319] Nee V. A. "Theory of Market Transition: From Redistribution to Market in State Socialism". American Sociological Review, 1989, 10.

[320] Melot R. "Property Rights and Usage Rights on Farmland: A Statistical Study of Litigation Concerning Farm Tenancy". Economics Rurale, 2014, 4.

[321] Nestor G. , Colin L. "An Empirical Approach to Urban Land Monopoly: A Case Study of the City of Barranquilla, Colombia". Urban Studies, 2019, 10.

[322] North D. C. , Thomas R. P. "The First Economic Revolution". Economic History Review, 1977, 2.

[323] Nicolas D. V. "The Rural Land Market in Early Modern Inland Flanders and Brabant: A Long Run Perspective". Rural History, 2018, 2.

[324] Nirmal V. P. "Part-time Brokers in Financialised Rural Land Markets: Processes, Typology and Implications". Review of Development and Change, 2020, 1.

[325] Nonaka A. , Ono H. "Revitalization of Rural Economies Though the Restructuring the Self-sufficient Realm: Growth in Small Scale Rapeseed Production in Japan". Japan Agricultural Research Quarterly, 2015, 4.

[326] Orhan E. "A Closer Look at Turkish Cadastre and Its Successful Completion". Land Use Policy, 2020, 9.

[327] Petras J. F. , Laporte R. J. "Modernization from Above Versus Reform from Below: U. S. Policy Toward Latin American Agricultural Development". The Journal of Development Studies, 2007, 23.

[328] Pereira J. M. "The World Bank and Market-assisted Land Reform in Colombia, Brazil and Guatemala". Land Use Policy, 2021, 100.

[329] Pham B. D. , Yoichi I. "Rural Development Finance in Vietnam: A Microeconometric Analysis of Household Surveys". World Development, 2002, 2.

[330] Rahman S. , Rahman M. "Impact of Land Fragmentation and Resource Ownership on Productivity and Efficiency: The Case of Rice Producers in Bangladesh". Land Use Policy, 2008, 1.

[331] Robin N. , Aleksandra A. , Peter S. "Fragmentation in Trader Preferences among Multiple Markets: Market Coexistence Versus Single Market Dominance". Royal Society Open Science, 2021, 8.

[332] Richard S. K. "The Agricultural Colleges: Between Tradition and Modernization". Agricultural Histiory, 1986, 2.

[333] Rosine T. D. , Mathijs V. L. , Gemma V. D. "Defusing Land Disputes? The Politics of Land Certification and Dispute Resolution in Burundi". Development and Change, 2020, 6.

[334] Samwel A. S. , Agnes N. M. "Land and Housing Transactions in Tanzania: an Evaluation of Title Risk Vulnerabilities in Kinondoni Municipality Dar es Salaam". Urban Forum, 2019, 3.

[335] Shi C. , Kenneth C. L. "The Data Envelopment Analysis and Equal Weights/Minimax Methods of Composite Social Indicator Construction: A Methodological Study of Data Sensitivity and Robustness". Applied Research in Quality of Life, 2020, 16.

[336] Shi X. P. , Chen S. J. , Ma X. L. , Lan J. "Heterogeneity in Interventions in Village Committee and Farmland Circulation: Intermediary Versus Regulatory Effects". Land Use Policy, 2018, 74.

［337］ Stephen K. W. "Why Rural Russians Participate in the Land Market: Socio-economic Factors". Post – Communist Economies, 2003, 4.

［338］ Tan R., Wang R. Y., Nico H. "Liberalizing Rural-to-urban Construction Land Transfers in China: Distribution Effects". China Economic Review, 2020, 60.

［339］ Theodore W. S. "Transition Readjustments in Agriculture". American Journal of Agricultural Economics, 1944, 1.

［340］ Tim U. "Agricultural Restructuring and Integrated Rural Development in Estonia". Journal of Rural Studiesm, 1997, 1.

［341］ Uchida E., Scott R., Xu J. T. "Conservation Payments, Liquidity Constraints and Off-farm Labor : Impact of the Grain-for-green Program on Rural Households in China". American Journal of Agricultural Economics, 2009, 1.

［342］ Wang R. Y., Tan R. "Efficiency and Distribution of Rural Construction Land Marketization in Contemporary China". China Economic Review, 2020, 60.

［343］ Wang X. L. "Different Roles of Land in Rural – Urban Migration: Evidence from China's Household Survey". China & World Economy, 2013, 21.

［344］ Wen L. J., Van B., Jared R. S., Zhang A. L. "What Happens to Land Price When A Rural Construction Land Market Legally Opens in China? A Spatiotemporal Analysis of Nanhai District from 2010 to 2015". China Economic Review, 2020, 62.

［345］ Winters M. S., Conroy K. J. "Preferences for Traditional and Formal Sector Justice Institutions to Address Land Disputes in Rural Mali". World Development, 2021, 142.

［346］ Wu Z. X. "Rural Road Improvement and Farmland Circulation: The Production Cost Perspective". American Journal of Industrial and Business Management, 2018, 10.

〔347〕 Xiong J. W. "Which Type of Urbanization Better Matches China's Factor Endowment: A Comparison of Population – Intensive Old Puxi and Land – Capital – Intensive New Pudong". Frontiers of Economics in China, 2013, 4.

〔348〕 Xu X., Zweifel P. "A Framework for the Evaluation of In-surTech". Risk Managerment and Insurance Review, 2020, 4.

〔349〕 Yoko K., Rayner T. "Efficiency and Equity of Rural Land Markets and the Impact on Income: Evidence in Kenya and Uganda from 2003 to 2015". Land Use Policy, 2020, 91.

〔350〕 Zhang M. Y., Chen Q. X., Zhang K. W., Yang D. Y. "Will Rural Collective – Owned Commercial Construction Land Marketization Impact Local Governments' Interest Distribution? Evidence from Mainland China". Land, 2021, 2.

〔351〕秋吉祐子"日本の農地制度の課題 – 国際的視点において". Macro Review, 2011, 23.

〔352〕荒井貴史"日本の農業及び農地について——その現状と課題". 尾道大学経済情報論集, 2009, 9.

〔353〕坂下明彦"農業近代化政策の受容と農事実行組合型集落の機能変化——北海道深川市巴第5集落を対象に". 農業史研究, 2006, 40.

# 致　　谢

在本书的创作历程中，我得到了太多人的帮助，心中满是感恩，在此，我想向他们一一倾诉。

我要先诚挚地感谢我的博士生导师——张合林教授。在学术这条充满挑战的道路上，张教授是那盏永不熄灭的明灯。从最初研究方向的确定，到研究过程中每一个难题的攻克，他都给予了我细致入微且专业的指导。张教授严谨的治学态度、渊博的学术知识，让我在迷茫时找到方向，在懈怠时重新振作。不仅传授我学术的精髓，更教会我如何做一个有担当、有追求的学者。

感谢我的丈夫李博文博士，他总能给我持续的理解和陪伴，在我沮丧的时候给我足够的鼓励和安慰，在我彷徨的时候帮助我厘清思绪，让我在科研和生活的迷途中茅塞顿开。感谢我的女儿李茗苗小朋友，在那些日夜伏案的日子里，她纯真的笑容、成长点滴和无条件的爱，都是我疲惫时最温暖的慰藉，是我生活中最珍贵的宝藏，为我的创作注入了源源不断的情感力量。感谢我的父母，每当我心情低落时，他们总是给予我最温暖的鼓励，用质朴的话语告诉我不要放弃，这些话语成为我坚持下去的动力，他们的无私付出和殷切期望是我科研的坚强保障。

感谢编辑张立莉老师，从稿件的初次审阅到最终定稿，她凭借专业的编辑素养和敏锐的洞察力，提出许多建设性的修改意见，让这本书的内容更加严谨、逻辑更加清晰。她的辛勤付出是本书能够顺利呈现在读者面前的关键因素。

感谢河南省科学院的邱士可院长、地理所李世杰主任和贾晶主任对本书的大力支持，感谢冯鹏飞博士、刘莉博士、孔晨璐博士、赵艺扬博士、赵哲耘博士、田申博士、楚应敬博士的研究经验，感谢区域发展研究中心同事们的帮助和协作。

同时，我也深感荣幸与感激，本书得到了河南省科学院特聘研究员项目（220501003）、河南科技智库项目（HNKJZK – 2025 – 133B）、河南省重点研发与推广专项（软科学）（242400411182）的支持。这些项目提供的资金、研究资源以及交流平台，为我的研究注入了强大的动力，让我得以顺利开展各项调研与分析工作，使本书内容得以不断充实和完善。

在未来的学术道路上，我会带着这份感恩继续前行，努力创造更多有价值的成果，不辜负大家的期待与帮助。